KB069709

읽기의 심리학에 기초한

읽기잠재력
키우기

읽기의 심리학에 기초한

읽기잠재력 키우기

정종성 · 최진오 공저

학지사

머리말

흰 벽을 마주하고 앉아서 글을 쓰다가 지치거나 졸음이 쏟아질 때 '창'으로 시선을 돌리면 다채로운 장면에 정신이 다시 깨어난다. 반들거리는 대추나무의 이파리와 연둣빛 열매들, 대추나무 너머로 쭉 뻗어 오른 산뽕나무 가지와 진초록잎, 그 옆에 견고하게 서 있는 은행나무 그리고 이 나무들의 배경이 되는 파란 하늘과 뭉게구름은 눈길에 대한 충분한 보상이다. 창이 없는 방에서 흰 벽을 마주하고 종일 앉아 있어야 한다면 무척 답답하고 우울할 것이다. 창이 없는 건물에서도 전등을 이용하여 빛을 밝힐 수 있고 환풍 장치를 이용하여 공기를 순환시킬 수 있지만 창이 없는 건물은 삭막하다. 창은 통풍과 채광을 위한 구조물일 뿐만 아니라 건물 안에서 많은 시간을 보내는 이들이 눈길을 멈추고 마음을 쉬어 갈 수 있는 공간이기도 하다. 우리의 몸이 건물 안에 있더라도 창을 통해 마음이 바깥세상과 연결될 수 있는 것이다.

글을 읽지 못하는 상태를 까막눈이라 일컫는다. 까막눈은 시야에 들어오는 모든 사물을 보고 인식할 수는 있지만, 이들에게 글로 표현된 세상은 온통 어둠뿐이다. 글로 표현된 세상을 볼 수 없는 상태는 창이 없는 방 안에서 느끼는 답답함과는 비교할 수 없는 깊은 절망감을 안겨 준다. 현대인의 삶에서 글을 모른다는 것은 필수 생존 기술을 갖지 못한 것이나 다름없다. 읽고 쓸 수 있는 능력은 그것을 습득하거나 습득하지 않거나 둘 중 하나를 선택할 수 있는 성질의 것이 아니라 반드시 익혀야만 하는 생존 기술이다.

『책 읽어주는 남자(The Reader)』는 글을 읽고 쓸 수 없어서 겪는 삶의 고통을 현실감 있게 보여 주는 소설이다. 이 소설에 대한 독후감을 단 한마디로 표현하자면 '안타까움'이다. 주인공 한나는 자신이 글을 읽고 쓸 수 없다는 사실을 감추려고 끝없이 피해 다닌다. 그가 전차 차장의 역할을 성실하게 해내자 회사에서는 그에게 운전기사 교육을 시켜서 운전기사로 승진시켜 주려고 하였지만, 오히려 한나는 회사를 그만두어 버린다. 지멘스라는 회사에서도 그의 성실성이 인정받아 조장으로 승진할 수 있었지만 그는 회사를 그만두고 독일 친위대에 자원하여 수용소 감시원이 되었는데, 이것이 그가 유대인 학살의 전범이 되는 빌미가 되었다. 한나가 자신의 경력에 도움이 될 만한 기회를 모두 뿌리치고 사람들이 꺼리던 유대인 수용소의 감시원이 되어 결국 종신형 선고까지 받게 된 결정적인 이유는 자신이 문맹인이라는 사실과 이에 대한 극도의 수치심 때문이었다.

전차 운전기사가 되거나 지멘스 회사의 조장이 되는 것은 한나에게 정말 좋은 기회였다. 하지만 승진에 필요한 최소한의 문해력을 습득하지 못한 한나로서는 그러한 제안들을 거부할 수밖에 없었고, 이러한 거부에 대한 이유를 설명할 수 없었으므로 회사를 그만두어야 했던 것이다. 수용소 감시원으로 근무하면서 유대인 학살에 관여하였다는 죄목으로 재판을 받을 때 자신이 쓰지도 않은 보고서를 썼다고 거짓 시인하게 된 것도 자신의 문맹이 알려지는 것이 두려웠기 때문이다. 결국 한나는 자신이 범한 잘못에 비해 지나친 종신형 판결을 받아 교도소에서 복역하게 되었다. 자신이 보고서를 쓰지 않았음을 증명하기 위해 필체를 보여 주기만 하면 되었을 텐데 자신의 문맹이 드러나는 것에 대한 수치심으로 인해 차라리 종신형을 택한 것이다.

　문맹으로 인한 수치심을 안고 살아가는 사람이 한나뿐일까? 오늘날 대한민국에서도 한나와 같이 자신의 문맹이 드러날까 두려워 조심스럽게 살아가는 이들이 있지 않을까? 정확한 수치로 드러나지는 않았지만 필자들이 읽기부진 아동을 직접 관찰하였거나 읽기부진 아동을 지도하는 교사들에게 들었던 경험이나 간간이 보고되는 시 · 도 교육청 읽기진단 검사 결과들을 종합해 보면, 분명 우리 주변에도 문맹이나 문맹에 준하는 어려움을 겪으며 살아가는 아이가 많을 것으로 짐작된다. 문맹 아동은 자라서 문맹 성인이 되며, 한나와 같이 자신의 문맹을 감추려고 문자 세상을 부단히 회피하며 살아가게 될 것이다.

　문맹으로 인한 어려움은 문자를 다루는 일에만 국한되지 않으며, 구어를 사용하는 의사소통 상황에서도 명확히 드러난다. 문맹 학생은 또래와 비교하였을 때 어휘력이 낮고 배경지식 또한 부족한데, 이로 인해 학년이 높아질수록 수업 내용을 이해하지 못하여 교실 속의 이방인으로 살아가게 된다. 한국어로 진행되는 수업이지만 그에 대한 이해도는 낯선 외국어로 진행되는 수업과 큰 차이가 없다. 문해인도 자신이 배경지식을 전혀 갖고 있지 못한 분야의 전문가들이 그 분야의 최신 정보를 화제로 대화를 나눌 때 대화 내용을 이해하지 못하여 한마디도 거들 수 없다. 그런데 문맹 학생들은 대부분의 수업 상황에서 이러한 경험을 하면서 살아가야 한다.

현대인은 스마트폰을 기반으로 다양한 사회적 관계망을 형성하며 살아가기 때문에 문자를 해독하지 못하는 사람들은 삶의 특정 영역에서 세상과 단절된다. 앞으로 IT 기술이 발달할수록 문자를 기반으로 한 비대면 의사소통이 더 확대될 가능성이 높다는 사실을 감안한다면, 읽고 쓰는 능력은 생존을 위해 필수적으로 갖추어야 할 기술이다. 문해력을 갖추지 못한 삶은 생존 도구 없이 정글에서 혼자 살아가야 하는 삶과 마찬가지로 위태롭기 짝이 없다.

자신의 자녀나 학생이 한글을 쉽게 익히는 것을 본 학부모와 교사는 한글을 해득하는 일을 매우 간단한 일로 여긴다. 그렇지만 초등학교에 입학하여 교육과정에 따라 초기 문해 교육까지 받고도 읽고 쓰는 데 어려움을 보이는 아동에게 읽기를 가르치다 보면, 읽고 쓰는 능력을 습득하는 것이 단순하지 않다는 사실을 깨닫게 된다. 읽기와 쓰기는 매우 복잡한 심리적 과정을 포함하는 복합적인 작업이다. 읽고 쓰는 데 관련된 대표적인 심리적 과정으로는 주의집중, 시각과 시지각, 청각과 청지각, 기억,

문자와 그 말소리를 처리하는 뇌신경 회로의 형성이 있으며, 이
에 더하여 음운론·형태론·의미론·구문론적 지식과 같은 언어
지식의 형성도 문해력 형성에 결정적인 영향을 미친다. 또래들
이 한글을 습득한 방식으로 한글을 익히지 못하는 아동에게 문
해 지도를 해야 할 경우에는 이들의 심리적 과정 중 어디에서 문
제가 생긴 것인지를 파악할 수 있어야 한다. 이러한 이유 때문에
이 책의 제목을 '읽기의 심리학에 기초한 읽기잠재력 키우기'로
정하였다.

　이 책은 총 8개의 장으로 이루어져 있다. 1~4장에서는 읽
기 지도에 대한 전문성을 함양하기 위해 기본적으로 이해하고
있어야 할 핵심적인 내용들을 소개하였으며, 5~6장에서는 읽기
지도의 실제적인 측면을 다루고 있다. 7장에서는 난독증의 정의
를 구성하는 주요 개념들을 풀어서 설명하여 독자들이 난독증
을 정확하게 이해할 수 있도록 하였다. 8장에서는 읽기 지도가
읽기부진 아동이 형성하고 있는 문해 관련 인지망을 확장시키는
데 읽기 지도의 초점을 두어야 하며, 무의미한 반복학습을 통해
읽기의 하위 요소들을 기능적으로 숙달하는 데 치중하지 말아야
함을 강조하였다.

　또래 아동이 초기 문해력을 습득한 방법으로 읽기와 쓰기
를 배울 수 없는 아동에게는 다른 접근을 시도해야 한다. 예를
들어, 심각한 읽기부진 상태에 처한 아동을 지도하는 경우라면
우선 아동이 한글 문해력 발달 과정 중 어디에 도달하였는지를
파악하되 아동의 읽기 문제가 해독, 유창성, 독해 중 어느 영역

에서 두드러지는지, 그리고 아동이 주의집중, 감각과 지각, 기억에서 보이는 특성과 언어 지식을 총체적으로 고려하여 교수-학습 계획을 구상해야 한다. 이 책은 읽기부진 아동에게 읽기를 가르치면서 고군분투해 본 경험이 있는 교사, 학습코치, 학부모에게 초기 문해력 형성과 관련된 심리적 기제를 설명하고, 읽기부진 아동을 위한 문해 지도의 방향을 안내하기 위해 쓰였다.

　　한나의 삶에서 알 수 있듯이 문맹은 한 개인을 세상으로부터 단절시킨다. 문자를 습득하지 않고 오늘날과 같이 고도로 문명화된 세상을 살아가기란 무척 어렵다. 읽고 쓸 수 없다는 것은 세상과의 소통이 단절되어 버린다는 것을 의미한다. 읽기부진 아동을 지도하는 것은 아동의 '눈을 밝히는 것'이며, 아동의 인생을 세상과 이어 주는 고귀한 작업이다. 만백성이 쉽게 익혀 사용할 수 있도록 만들어진 한글을 모든 아동이 익혀서 그들의 삶이 세상으로부터 단절되지 않았으면 하는 바람을 가져 본다.

2022년 1월
정종성·최진오

차례
C O N T E N T S

08

읽기 교육에서 교수와 학습에 대한 소고 · · · · · 291

01

한글 교육의
책무성

읽기의 심리학에 기초한 **읽기잠재력 키우기**

초등학교 입학을 앞둔 자녀가 있는 부모라면 누구나 할 것 없이 아이가 초등학교에 입학하기 전까지 한글을 어느 정도 익혀야 하는지 궁금해한다. 이러한 궁금증을 갖는 이유는 초등학교 1학년 때 이루어지는 한글 교육의 내용을 잘 몰라서이기 때문일 수도 있겠으나, 그보다는 또래에 비해 자녀의 읽기 및 쓰기 능력이 뒤처지지 않을까 염려하기 때문일 것이다. 자녀가 초등학교에 입학할 때까지 한글 교육을 실시할 필요가 없다고 생각하는 부모들은 거의 없다. 대부분의 부모는 자녀가 초등학교에 입학하기 전까지 한글을 해득해야 한다는 것을 당연한 현실로 받아들인다. 홍순옥과 안영혜(2003)가 학령기 이전 유아의 읽기, 쓰기 교육 실태를 조사한 연구에 따르면, 초등학교 1학년 아동

의 부모 중 89.5%가 자녀에게 취학 전 한글 교육을 실시하였으며, 그중 24%는 만 3세, 35.1%는 만 4세, 28.8%는 만 5세부터 자녀에게 한글 교육을 실시한 것으로 나타났다. 이미 2000년대 초반부터 초등학교에 입학하는 아동은 취학 전에 한글 교육을 받는 것이 일반화되어 있었음을 알 수 있다.

홍순옥과 안영혜가 취학 전 유아의 읽기, 쓰기 교육 현황을 조사할 당시는 7차 교육과정이 적용되던 시기였다. 1997년부터 2007년까지 운영된 7차 교육과정에서는 6차 교육과정에 포함되었던 초기 문해 교육 내용이 대폭 축소되었고 배정된 시간 또한 고작 6차시에 불과했는데, 이러한 현실은 당시의 교육 당국이 초등학교에 입학하는 아동은 이미 한글을 해득한 것으로 간주하고 있었다는 사실을 반영한다. 한글을 해득한 상태로 초등학교에 입학하는 아동의 비율이 높기 때문에 초등학교에서 굳이 상당 기간 초기 문해 교육을 실시할 필요가 없다는 주장이 교육과정을 개정하는 과정에서 반영되었을 것으로 추정된다. 당시의 시대적 상황에 대해 정확하게 알 수는 없지만, 분명한 것은 최소한 7차 교육과정을 운영할 당시 초등학교에서는 초기 문해 교육을 하는 시늉만 하였을 뿐 실질적인 초기 문해 교육은 포기한 것으로 보인다.

한편 2007 교육과정에서는 14차시, 2009 교육과정에서는 27차시로 초기 문해 교육에 배당된 차시가 증가하였지만, 이러한 차시의 증가가 곧 초기 문해 교육의 강화로 보기는 어렵다. 2009 교육과정에서 국어과 초기 문해 교육에는 총 27차시가 배정되었는데 실제로 한글 교육은 20차시 동안만 이루어졌다. 초등학교 1학년 국어과 수업이 주당 최대 5시간이라고 가정한다면 초기 문해 지도는 겨우 1개월 정도 실시된 것이다.

2015년 중반에 EBS는 20부작 보도특집 〈한글 교육의 불편한 진실〉이라는 다큐멘터리 프로그램을 방송하여 공교육 기관을 통한 초기 문해 교육의 부실과 의외로 많은 아동이 읽기로 인한 어려움을 겪고 있다는 사실을 공론화하였다. 이 프로그램은 한글이 누구에게나 배우기 쉬운 문자가 아니란 사실과 초등학교에서 한글을 해득하지 못해 힘겨운 시간을 보내야 하는 아동들의 실태를 수면 위로 노출시켰다는 점에서 큰 의의를 지닌다.

초등학교에서 마땅히 이루어져야 할 초기 문해 교육이 부실하게 운영된 근본적인 이유는 무엇인가? 〈한글 교육의 불편한 진실〉에서 인터뷰한 초등학교 1학년 교사들은 초등학교에 입학하는 모든 아동이 당연히 한글을 읽고 쓸 수 있어야 한다는 기대를 가지고 있었는데, 교사들의 이러한 인식은 다른 선행연구에서도 똑같이 보고되었다(정종성, 2016). 초등학교에 갓 입학한 아동들에게 알림장을 쓰게 하고 받아쓰기 시험을 실시하는 교사들이 적지 않았는데, 이는 아동들이 초등학교에 입학하자마자 읽고 쓸 수 있어야 한다는 교사들의 기대가 그대로 드러난 예라고 할 수 있다. 초등학교 입학 당시에 초기 문해력을 형성하지 못한 아동의 부모에게 아이가 읽고 쓸 수 있도록 지도하라는 과제를 부여하는 교사들도 있었다고 하니 공교육의 존재 이유가 무엇인지 회의를 갖게 된다. 물론, 이럴 수밖에 없는 것에 대한 교사들의 하소연도 나름 일리가 있다. 대부분의 아동이 한글을 떼고 들어오는데 교과서에 제시된 내용은 이미 한글을 익힌 아동에게는 너무나 쉬운 내용이어서 건너뛴다는 것이다.

초등학교에서 한글 교육이 충분히 이루어지지 않는다는 사실이 분명해지면서 취학 전 자녀를 둔 학부모들은 아이가 초등학교에 입학하기 전에 반드시 한글 교육을 시켜야만 하는 부담을 떠안게 되었다. 한글 교육에 대한 공교육의 책무성 부재가 결국은 취학 전 한글 사교육을 강화하는 자극제가 되었다. 2007년부터 실시되고 있는 정부의 사교육 실태조사에서 영유아는 조사 대상에 포함되지 않기 때문에 공교육 체제에서 사실상 방기(放棄)되다시피 한 초기 문해 교육이 어떠한 형태로 실행되고 있었는지 정확하게 파악할 수는 없으나, 서문희, 양미선과 손창균(2012)의 연구를 통해 2012년 전후의 영유아 초기 문해 교육에 대한 사교육의 개입 정도를 짐작해 볼 수는 있다. 서문희 등(2012)은 어린이집, 유치원 등에 다니는 아동 3,392명을 표집한 후 이들의 부모를 대상으로 사교육 유형을 조사하였는데, 학습지를 이용하는 아동이 30.5%(1,006명)로 가장 많았고, 학원과 같은 시간제 교육기관을 이용하는 아동은 14.9%(506명), 개인지도나 그룹지도를 받는 아동이 3%(101명)로 나타났다. 사교육 유형 중에서 가장 높은 비중을 차지하는, 학습지를 이용하는 아동의 85.1%가 한글 학습지를 사용한다는 사실은 초등학교 취학 전 아동의 한글 교육에 대한 부모의 관심이 얼마나 큰지를 잘 보여 준다.

누리과정의 적용을 받는 어린이집, 유치원 과정에서는 문자 교육을 실시하지 않고 읽기와 쓰기에 흥미와 관심을 갖도록 하는 데 초점을 두어야 한다. 그렇지만 실제로는 누리과정에 제시된 성취 기준을 넘어 문자 교육을 실시하는 어린이집이나 유치원이 많을 것으로 짐작된다. 박은혜, 김정효와 박선혜(2013)의 조사연구에 따르면, 대부분의 유치원 교사는 간단한 문장을 읽고 쓸 수 있는 정도로 한글을 가르친다고 보고하였다. 초등학교에서의 초기 문해 교육이 부실하게 이루어지는 사이에 사교육이나 취학 전 교육기관에서 초기 문해 교육을 접수해 버린 것이다.

2015 초등학교 국어과 교육과정에서는 한글 초기 문해 교육이 대폭 강화되었다. 1학년 1학기에 61차시, 1학년 2학기에 5차시가 초기 문해 교육에 배정되었는데, 이전 교육과정에서 초기 문해 교육에 배정된 차시의 수와 비교하면 엄청나게 증가한 것이다. 특히 1학년 1학기에 61차시의 문해 교육을 집중적으로 이수하게 함으로써 초기 문해력을 습득하기 위한 기반을 확충하였다. 이처럼 초기 문해 교육을 실질적으로 강화하게 된 것은 교육 당국이 초기 문해 교육의 중요성을 깨닫고 그동안 한글 교육에 대한 공교육의 책무를 다하지 못한 것에 대해 반성하고 있음을 반영한다. 교육 당국이 초기 문해 교육의 중요성을 깨닫고 한글 교육에 대한 공교육의 책무를 챙기게 된 것은 읽기부진에 처한 아동의 비율이 결코 무시할 수 없는 수준이라는 현실을 감안할 때 다행이라 하지 않을 수 없다. 2013년에 실시한 기초학습진단평가에서 읽기 미도달 수준에 해당하는 초등학교 3학년 아

동은 4.55%, 쓰기 미도달 아동은 10.5%였다(김중훈, 2014에서 재인용). 초등학교 1학년 아동을 대상으로 2013년 5월에 실시한 기초문해력 검사에서도 약 15%의 아동이 읽기 위험군, 약 21%의 아동이 쓰기 위험군에 해당하는 것으로 보고되었다(김중훈, 2014).

 2015 교육과정은 2017년도부터 초등학교 1, 2학년을 기점으로 순차적으로 적용되어 왔기 때문에 지금쯤이면 강화된 초기 문해 교육의 효과가 발현되고 있는지를 객관적으로 평가하는 데 필요한 자료가 충분히 누적되었을 법하다. 그러나 안타깝게도 2015 교육과정에서 대폭 강화된 초기 문해 교육이 실시된 이후 초등학교 1학년 아동의 한글 문해력 발달 양상이 그 이전과 어떻게 달라졌는지를 객관적으로 파악하고자 하는 조사나 연구가 거의 없다. 그뿐만 아니라 각 시·도 교육청에서도 2015 교육과정이 적용된 이후 해당 지역 초등학생의 한글 해득 여부에 관한 정보를 구체적으로 밝히고 있지 않기 때문에 한글 교육이 제대로 자리를 잡아 가고 있는지 여부를 파악하기 어려운 실정이다.

 강원도교육청은 2017년 6월 도내 초등학생 75,296명을 대상으로 한글 해득 여부를 조사하였는데, 총 2,115명의 아동이 한글 미해득 상태인 것으로 밝혀졌다(이무완, 2017). 충청남도교육청은 2018년 9월과 12월 그리고 2019년 4월에 도내 초등학교와 중학교 학생들을 대상으로 문해력 검사를 실시하였으며, 그 결과 한글 미해득자의 수는 각각 1,117명, 589명, 449명으로 감소한 것으로 나타났다(나재필, 2019). 강원도교육청과 충청남도교육청의 한글 미해득 실태 정보는 향후 한글 초기 문해 교육과 관련된 정책을 수립하는 데 활용될 수는 있겠지만, 초기 문해 교육의 강화로 인한 효과를 파악하는 데는 아무런 도움이 되지 않는다.

강화된 초기 문해 교육의 효과를 파악하는 가장 간단한 방법은 초등학교에 입학한 아동을 대상으로 3월 중 초기 문해력을 측정하고, 61차시에 걸친 초기 문해 교육이 거의 완료되는 시점인 6월에 다시 한번 초기 문해력을 측정하여 두 시점 간 문해력의 차이를 비교하는 것이다. 그러나 아직까지는 대규모 집단을 대상으로 공식적인 초기 문해 교육을 받기 전과 받고 난 이후의 문해력 변화 양상을 비교·분석한 연구가 이루어지지 않았기 때문에 편의상 엄훈과 정종성(2019)이 개발한 초등학교 1학년용 초기 문해력 검사 도구에 제시된 구분점수를 바탕으로 공식적인 초기 문해 교육 전후의 문해력 발달 양상을 살펴볼 수 있을 뿐이다. 엄훈과 정종성(2019)은 초등학교 1학년용 초기 문해력 검사를 3월, 7월, 12월에 실시한 결과를 바탕으로 초기 문해력 발달의 규준을 구분점수로 제시하였는데, 이들이 제시한 구분점수 기준을 통해 공식적인 초기 문해 교육 이전과 이후의 문해 발달 정도를 부분적으로나마 파악할 수 있다.

초기 문해 교육의 효과를 확인하려면 각 구분점수에 해당하는 원점수의 분포가 검사 시기에 따라 어떻게 변화하는지를 살펴보면 되는데, 특히 검사 시점별 구분점수 1, 2에 해당하는 원점수 분포를 서로 비교하면 확연한 차이를 파악할 수 있다. 구분점수 1, 2는 심각한 읽기부진 상태로 신속한 교육적 개입이 요구되는 수준이며, 전체 피검사자의 하위 11%를 차지한다. 자모음자 이름대기 검사에서 3월과 7월의 구분점수 1에 해당하는 원점수 분포의 최고점은 각각 1, 19이며, 구분점수 2에 해당하는 원점수 분포의 최고점은 각각 8, 26으로 3월에 비해 7월의 성취 수준이 두드러지게 상승하였다. 단어 읽기, 유창성, 받아쓰기 검사에서도 구분점수 1과 2에 해당하는 원점수의 분포는 3월과 7월 사이에 뚜렷한 차이를 보인다. 〈표 1 - 1〉에서 알 수 있듯이, 검사 시기에 따른 구분점수별 원점수 분포의 변화는 학교에서 공식적으로 이루어지는 초기 문해 교육이 실질적인 효과가 있음을 증명한다. 그렇지만 〈표 1 - 1〉에 제시된 검사 결과만으로는 초기 문해 교육의 강화를 통해 초등학교 1학년 아동의 한글 문해력이 실질적으로 향상되고 있다고 결론짓기엔 무리가 있다. 앞으로 대도시, 중소도시, 읍·면 지역을 포괄하는 대규모 조사 연구가 이루어진다면 강화된 한글 교육의 효과에 대한 보다 타당하고 신뢰할 수 있는 결론을 도출할 수 있을 것으로 기대된다.

2015 국어과 교육과정을 초등학교 1, 2학년에게 실제로 운영해 본 초등학교 교사들을 대상으로 한글 교육 시수 확대에 대한 인식을 조사한 연구(이상아, 이인화, 2019)에 따르면, 74%의 교사들은 시수 확대가 적절한 수준이라고 응답하였고, 26%의 교사들은 현재보다 시수가 더 확대되어야 한다고 반응하였다. 이러한 결과는 초등학교 저학년을 담임해 본 교사들이 한글 교육을 위한 시수 확대가 초기 문해 교육의 효과를 높이는 데 긍정적인 영향을 미치는 것으로 인식하고 있음을 보여 준다. 물론 한글 교육 시수 확대만으로는 초등학교에 입학할 당시부터 또래에 비

●●●●● **표 1-1** ○ 초등학교 1학년 초기 문해력 검사 결과 구분점수 규준표

구분점수 소검사		1 (4%)	2 (7%)	3 (12%)	4 (17%)	5 (20%)	6 (17%)	7 (12%)	8 (7%)	9 (4%)
자모음자 이름대기	3월	0~1	2~8	9~16	17~25	26~29	30~34	35~36	37~38	39~40
	7월	0~19	20~26	27~29	30~33	34~35	36	37~38	39	40
단어 읽기	3월	0~2	3~7	8~14	15~17	18~19	20~21	22	23	24
	7월	0~11	12~14	15~17	18~19	20~21	22	23	23	24
유창성	3월	0	1~8	9~38	39~55	56~59	70~95	96~112	113~138	139~
	7월	0~12	13~43	44~69	70~86	87~99	100~115	116~131	132~145	146~
받아쓰기	3월	0	1~8	9~20	21~35	36~44	45~47	48	49	49
	7월	0~18	19~31	32~42	43~45	46~47	48	49	49	49

출처: 엄훈, 정종성(2019)

해 문해력이 심각하게 뒤처진 아동이 또래 수준만큼의 한글 문해력을 획득하게 되지는 않는다. 어쩌면 이러한 아동 중 상당수는 교육과정에서 명시한 수업 시간 이외에 별도의 보정 교육을 필요로 할지도 모른다. 초등학교 1, 2학년 담임교사들 중 26.7%는 방과 후에, 20.8%는 수업 시간 중 보조 교재를 사용하여 학급 내 한글 해득 수준이 낮은 아동에게 보정 교육을 실시한다고 반응하였다(이상아, 이인화, 2019).

그런데 이상아와 이인화(2019)의 연구에서 눈길을 끄는 부분은 담임교사들 중 33.4%가 한글 해득 수준이 낮은 아동의 부모에게 가정에서 한글 보충 교육을 해 줄 것을 요청한다는 점이

다. 담임교사가 방과 후에 아동을 학교에 남겨서 보정 교육을 제공하는 데 따른 현실적인 어려움을 감안하더라도 학부모에게 한글 해득을 위한 보충 교육의 의무를 전가하는 것은 공교육의 책무를 사실상 방기하는 것이다. 만약 자녀의 한글 교육에 대한 책임을 학부모가 전적으로 지게 된다면 한글 지도에 자신이 없는 학부모들은 자연스럽게 사교육에 의존할 수밖에 없으며, 결국 초기 문해 교육을 강화하려 했던 2015 교육과정의 취지는 무색해지게 된다.

초등학교 입학 전 한글 사교육이 오늘날과 같이 횡행하게 된 근본적인 원인을 정확히 파악하는 것은 쉽지 않다. 그 원인이 무엇이든 간에 한글 교육의 책무는 일차적으로 국가에 놓여 있으며, 이러한 국가적인 책무를 구체적으로 실현하는 것은 학교의 역할이라는 사실은 변하지 않는다. 교육과정의 최종적인 실현자는 교사라는 점에서 초기 문해 교육의 성패는 초등학교 1학년 담임교사의 손에 달려 있다고 해도 과언이 아닐 것이다. 어쩌면 한글 교육에 대한 공교육의 책무성 회복이 한글 사교육 시장을 구축(驅逐)할 수 있는 가장 획기적인 방법일지도 모른다.

02

읽기 준비도와
발생적 문해력

읽기의 심리학에 기초한 **읽기잠재력 키우기**

1. 읽기 준비도

우리나라에서 공식적인 읽기 교육의 시작점은 언제로 보아야 할까? 읽기와 쓰기 교육에 관한 국가 수준의 공식적인 진술이 처음 등장하는 곳은 누리과정의 '의사소통' 영역이다. 그런데 의사소통 영역은 주로 구어 활동에 초점을 맞추고 있으며 문어 활동에 대해서는 단지 읽기, 쓰기에 흥미를 갖도록 하는 것을 목표로 삼고 있기 때문에 공식적인 읽기 교육의 시작점은 초등학교 1학년으로 보는 것이 타당하다. 물론 공식적인 읽기 교육의 시작점이 초등학교 1학년인 것과는 별개로 초등학교에 입학하는 아동 대부분이 이미 자모음자 이름을 알고, 고빈도어는 물론 비단어 읽기도 할 수 있으며, 짧은 텍스트도 읽을 수 있다(정종성, 2014). 현재 초등학교 1학년 국어 교과에는 자모음자 이름 익히기, 고빈도 단어 읽기, 자음자와 기본 모음자를 결합하여 글자 만들기와 같은 교육 내용이 제시되어 있으나 초등학교에 입학하는 대부분의 아동은 이미 이러한 내용을 습득한 상태이다. 그렇다면 이처럼 초등학교 입문기 아동의 읽기 수준을 고려하지 않고 국가 수준의 공식적인 읽기 교육의 내용이 설정된 이유는 무엇일까?

1) 읽기 준비도 가설의 등장

초등학교 1학년을 공식적인 문해 교육의 출발점으로 삼게 된 데에는 읽기 준비도(reading readiness) 가설이 절대적인 영향을 미쳤다. 1925년 『미국 교육연구회 연감(Yearbook of the United States National Society for the Study of Education)』에 발표된 국가읽기위원회(National Committee on Reading)의 보고서에 읽기 준비도라는 용어가 처음 등장한 이후부터 1980년대까지 60여 년에 걸쳐 읽기 준비도 가설은 미국의 읽기 교육에 지대한 영향을 미쳤다. 읽기 준비도 가설의 핵심은 읽기를 배우기 위해서는 읽기를 배울 수 있을 정도의 신체적·지적 성숙 상태에 도달해 있어야 한다는 것이다. 읽기 준비도 가설을 지지하는 이들이 생각한 읽기 교육의 적기는 6.5세로 초등학교 1학년에 해당하는 연령이다(Durkin, 1970).

읽기 준비도 가설은 1920년대 미국 심리학계에서 게젤

(Gesell)의 성숙이론이 대두하면서 출현하였다. 내과 의사였던 게젤은 아동의 신체와 운동기능 발달에 대한 연구를 통해 신체 발달과 운동기능 발달은 훈련이나 연습이 아니라 인간에게 내재된 유전 정보의 조정을 받는 '성숙의 시간표'를 따라 이루어진다는 사실을 발견하였다(Durkin, 1970). 성숙이론에 따르면, 아이가 걷지 못하는 것은 아직 걸을 수 있을 만큼 신체적으로 충분히 성숙하지 못했기 때문이며, 아이가 걷기에 문제를 보일 경우 걸을 수 있는 준비를 갖출 때까지 기다리는 것이 유일한 해결책이다. 일정한 수준의 성숙에 도달하지 않으면 아무리 많은 훈련을 받거나 연습을 하더라도 신체 발달을 앞당기거나 운동기능을 습득할 수 없다는 것은 아이의 성숙 과정을 관찰하면서 쉽게 발견할 수 있다. 배밀이, 뒤집기, 걷기 및 뛰기를 하려면 그러한 행동을 수행할 수 있을 정도로 근육이나 신체 조정 능력이 일정한 성숙에 도달해 있어야 한다.

게젤과 그의 추종자들은 성숙이론의 타당성을 증명하기 위하여 쌍생아의 신체 발달과 운동기능 발달을 비교하였다. 일란성 쌍생아 중 한 아동에게는 블록 쌓기를 연습시키고 다른 아동에게는 아무런 연습을 시키지 않으며, 대부분의 아동이 블록 쌓기 능력을 습득하는 시기가 되었을 때 쌍생아 2명의 블록 쌓기 능력을 비교하였다. 결론적으로 블록 쌓기를 미리 연습한 아동과 블록 쌓기를 전혀 연습하지 않은 아동 사이에 블록 쌓기 능력에서의 유의한 차이는 발견되지 않았다. 이러한 연구결과를 통하여 게젤은 인간 내부에 존재하는 성숙의 시간표에 앞서서 무언가를 가르친다는 것은 무의미하며, 어떤 행동 또는 기능을 습득하기 위해서는 그것을 수행할 수 있는 내적 성숙이 이루어질 때까지 기다려야 한다는 결론을 도출하였다. 그렇다고 게젤이 신체 발달과 운동기능 발달에 미치는 환경의 영향을 무시한 것은 아니다. 그는 환경이 인간의 행동이나 기능에 영향을 줄 수는 있지만 유전적으로 형성되어 있는 성숙의 시간표를 거스를 수는 없다고 보았다.

1920년대의 교육자들은 게젤의 성숙이론을 통해 인간의 인지발달에 관한 영감을 얻게 되었다(Durkin, 1970). 당시의 교육자들은 아동의 인지발달이 유전정보에 의해 이미 설계된 성숙의 시간표에 따라 이루어지며 환경의 영향은 거의 받지 않는다고 생각하였다. 1920년대와 1930년대에는 자연과학 분야의 연구방법이 인문학 분야에서도 활용되기 시작하였고, 인간의 신체적 특성뿐만 아니라 인간의 행동과 심리적 특성도 과학적으로 측정하려는 시도가 이루어졌다. 당시 미국 전역에서 학교를 대상으로 한 대규모 설문조사들이 이루어진 것은 이러한 시대적 상황과 궤를 같이 한다(Durkin, 1970).

1920년대에는 초등학교 1학년 아동의 학업성취도를 파악하기 위한 대규모 설문조사들이 이루어졌고, 그 결과 초등학교 1학년 아동 중 상당수가 학업에서 실패한다는 사실이 밝혀졌다. 또래에 비해 유의하게 낮은 학업성취도를 보인 아동의 학업 실패의 원인으로 지목되었던 것이 바로 읽기 능력 부족이었다. 낮은 학업성취를 보인 아동의 읽기 능력 부족은 이들이 아직 읽기

를 배울 정도로 충분히 성숙하지 않았기 때문이므로, 이들에게
는 읽기 교육을 중단하고 대신 읽기를 학습할 수 있는 준비가 갖
추어질 때까지 별도의 읽기 준비 교육을 실시해야 한다는 주장
이 제기되었다. 이러한 주장의 근저에는 읽기를 배우기 위해서
는 우선 읽기를 배울 수 있는 준비를 갖출 때까지 기다려야 한다
는 성숙주의 관점이 깔려 있다. 읽기를 배우지 못하는 원인으로
는 부적절한 교수, 아동의 동기 부족, 가정의 문해환경 등 여러
가지가 있지만, 당시의 시대적 상황에서는 교육자들 또한 성숙
주의적 관점에 경도되어 있어서 읽기 발달에 미치는 다양한 요
인을 고려할 수 없었던 것이다.

　　과학적 측정을 통하여 인간의 행동을 정확하게 이해할 수
있다는 신념의 바탕 위에 읽기 준비도 가설의 추종자들은 아동
이 읽기를 배울 만큼 준비가 되어 있는지를 객관적으로 측정하
기 위하여 읽기 준비도 검사를 개발하였다. 메트로폴리탄 읽기
준비도 검사(Metropolitan Reading Readiness Tests: MRRT)는 몇 번의
수정을 거치긴 했지만 현재까지도 사용되고 있는 대표적인 읽기
준비도 검사이다. 초기 MRRT는 유사성 지각(similarities), 모사하
기(copying), 어휘(vocabulary), 문장(sentences), 숫자(numbers), 정보
(information) 검사로 이루어져 있다(Jellison, 1948). 유사성 지각 검
사는 그림, 상징, 숫자, 문자(letters), 단어가 하나의 쌍으로 제시
될 때 한 쌍을 이루는 2개의 자극이 서로 같은지를 찾아내는 소
검사이다. 모사하기 검사는 제시된 그림이나 상징을 똑같이 모
사하는 소검사이다. 어휘 검사는 검사자가 불러 주는 단어를 표

현하는 그림을 찾는 소검사이며, 문장 검사는 검사자가 불러 주는 문장을 묘사하는 그림을 찾는 소검사이다. 숫자 검사는 수 지식을 측정하는 소검사로 수 세기, 서수(序數), 숫자 인식하기, 숫자 쓰기, 숫자의 모양 인식, 시간 말하기와 같은 문항들로 이루어져 있다. 정보 검사는 검사자가 진술하는 것을 가장 잘 나타내는 그림 하나를 4개의 선택지 중에서 선택하는 소검사이다.

또 다른 대표적인 읽기 준비도 검사인 베츠 읽기 준비도 검사(Betts Ready to Read Tests, 1934)는 시각 및 시지각 검사, 단어 형태 검사, 청력 및 청각 기억폭 검사, 안구운동 검사로 이루어져 있다. 시각 및 시지각 검사에서는 양 눈의 협응에 의한 양안시 작동과 양 눈의 시력을 측정하며, 단어 형태 검사에서는 긴 단어와 짧은 단어, 단어의 첫 부분과 끝 부분, 거울상으로 보이는 단어들을 빠르게 변별해 내는 능력을 측정한다. 청력 및 청각 기억폭 검사는 양 귀의 청력, 검사자의 말소리를 기억할 수 있는 폭과 청각적 변별력을, 안구운동 검사는 쌍 망원 렌즈를 착용하게 하여 단어를 지각하거나 양 눈의 조합으로 읽는 습관을 측정하는 검사이다(Mills, 1941).

이러한 읽기 준비도 검사의 구성을 살펴보면 당시의 교육학자들이나 교육자들이 읽기를 배우기 위해 미리 습득해야 할 기술이 무엇이라고 생각하였는지를 파악할 수 있다. 읽기 준비도 검사를 구성하는 소검사들이 주로 시각적인 변별력, 시각 및 청각 기관의 정상적인 작동 등 주로 읽기와 관련된 시각, 청각과 같은 생물학적 기제의 작동을 측정하는 문항들로 구성되었다는 것은 교육학자들이나 교육자들이 감각기관의 정상적인 작동을 곧 읽기의 핵심 기반으로 인식하고 있었음을 가리킨다. 읽기 준비도 검사를 통해 읽기 준비도가 낮다고 판명된 아동들에 대해서는 검사 결과 프로파일에 드러난 아동의 부족한 준비도를 향상시키기 위한 읽기 준비도 교육이 이루어졌다. 가령, 시각변별력 검사 점수가 낮다면 시각변별력을 기르기 위한 반복 훈련을 실시하였고, 청각변별력 검사 점수가 낮다면 마찬가지로 청각변별력을 기르기 위한 반복 훈련을 실시하였다.

읽기 준비도 검사를 통해 읽기 준비도가 부족하다고 분류된 아동에게는 읽기 교육을 실시하지 않았으며, 대신 읽기 준비도 교육을 제공하였다. 이러한 읽기 준비도 교육을 통해 적정 수준의 읽기 준비를 갖추었다고 평가를 받은 아동은 비로소 읽기 교육을 받을 수 있었다. 1930년대 미국에서는 읽기 준비도를 기르기 위해 개발된 다양한 읽기 준비도 학습지(workbook)가 보급되었다. 그런데 역설적이게도 읽기 준비도를 향상시키기 위한 프로그램의 적용은 읽기 준비도 가설의 기본 전제를 무너뜨리는 촉발자극이 되었다. 읽기 준비도 교육을 실시하게 되자 아동의 읽기 준비도가 빠르게 향상되었고, 결과적으로 읽기 교육을 받는 시기가 앞당겨지게 된 것이다. 읽기 준비도 교육이 성공을 거둠으로써 읽기 학습은 신체적 성숙에 의해 제한되지 않으며 교육과 같은 환경적인 요인의 영향을 크게 받는다는 사실을 확인하게 된 것이다. 결국 읽기 준비도 교육의 시행은 읽기 준비도 가설의 논리를 무너뜨리는 데 결정적으로 기여하였다.

2) 읽기 준비도를 기르는 교육

1920년대부터 1950년대까지는 생물학적 성숙이 읽기 발달을 좌우한다는 관점이 지배적이었다. 이러한 성숙론적 관점에 따르면 읽기에 필수적인 심리적 과정들(mental processes)은 일정한 나이에 도달하면 자동적으로 발현되므로 그 이전에 읽기 교육을 시작하는 것은 무의미하다. 그런데 읽기 준비도 교육을 통해 읽기 준비도가 향상되고 그 결과 읽기 교육을 앞당겨 실시할 수 있게 되자 1950년대 후반부터는 읽기 준비도의 발달을 가속화시키기 위한 프로그램들이 더욱 많이 개발되었다.

읽기 준비도 교육이 탄력을 받게 된 이유 중의 하나는 1960년대부터 심리학 분야에서 학령기 이전 아동에 대한 연구가 본격적으로 이루어지면서 이들의 지적 능력이나 학업 수행 능력을 객관적으로 측정할 수 있게 되었고, 그 결과 학령기 이전 아동이 학습할 수 있는 지식과 기술의 수준을 가늠할 수 있게 되었기 때문이다. 블룸(Bloom, 1964)은 만 4~5세 즈음하여 지능 발달의 상당 부분이 완성된다고 보았는데, 그렇다면 읽기 준비도 교육이나 읽기 교육을 시작할 수 있는 연령이 1년 정도 더 앞당겨질 수 있다는 논리가 성립될 수 있다. 『교육의 과정(The Process of Education)』(Bruner, 1960)이라는 책에서 '지식의 구조'라는 개념을 설파한 브루너의 영향으로 인해 교과를 가르치는 학년이 낮아지게 된 것도 읽기 준비도 교육과 읽기 교육의 연령이 낮아지는 데 영향을 끼쳤다.

1960년대 미국에서는 저소득층에 대한 사회적 평등 개념이 대두되면서 사회문화적으로 소외된 계층에 속하는 아동들이 초등학교에 입학하였을 때 학업 실패를 겪지 않도록 이들에게 미리 읽기 준비도 교육을 실시해야 한다는 주장이 힘을 얻게 되었다. 이러한 사회적 맥락 속에서 출현한 것이 바로 헤드스타트 프로그램(Head Start Program)이다. 물론 헤드스타트 프로그램이 읽기 영역에 국한된 것은 아니지만 읽기는 이 프로그램의 중점 분야에 해당한다.

읽기 준비도 교육은 읽기를 배울 정도로 생물학적 성숙 상태에 도달하지 못한 아동이 읽기를 학습하기 전에 읽기의 기반이 되는 기술들을 미리 익힐 수 있도록 하려는 의도에서 비롯되었다는 점에서 성숙이론을 기반으로 한다. 그런데 읽기 준비도 교육으로 인해 읽기 준비도가 향상되자 생물학적 성숙뿐만 아니라 양육이라는 환경적 요인 또한 읽기 준비도 및 읽기 발달에 지대한 영향을 끼친다는 사실이 주목받기 시작하였다. 초기 읽기 준비도 교육 프로그램은 청각적 변별, 청각기억, 시각적 변별, 시각기억과 같이 읽기와 직접적으로 관련이 없는 영역들로 이루어졌으나 차츰 낱자의 이름과 소리, 단어 인식과 같이 읽기를 위한 필수 기술들을 포괄하기 시작하였다. 그런데 여기서 유념해야 할 것 중 하나는 비록 읽기 준비도 가설이 읽기 준비도 및 읽기 교육에 미치는 환경적 요인의 영향력을 강조하는 형태로 변화되긴 하였지만 여전히 생물학적 성숙의 영향력을 부인하지 않는다는 사실이다. 다만 읽기 발달을 위한 생물학적 성숙의 영향을 절대시하던 초기의 관점에서 벗어나 읽기 준비도와 읽기 발달에 대한 환경, 즉 교육의 영향력을 인정하기 시작하였다고 보는 것이 타당하다.

읽기 준비도 교육의 내용으로 낱자의 이름과 소릿값 익히기나 단어 인식하기와 같은 활동들이 포함되긴 하였지만, 여전히 읽기 준비도 교육의 초점은 대체로 구어 활동에 맞추어져 있었으며 문자에 대한 노출은 상당히 제한되었다(Stewart, 1985). 당시 유치원을 중심으로 이루어지던 읽기 준비도 교육의 내용을 검토해 보면 문자 언어 활동이 지극히 제한적으로만 이루어졌다는 사실을 확인할 수 있다. 그렇지만 구어 활동 위주로 이루어지던 읽기 준비도 교육도 발생적 문해력 관점의 출현으로 인해 차츰 문어 활동을 더 많이 포함하게 되었다. 문해력 발달은 생애 초기부터 시작된다는 인식을 기반으로 하는 발생적 문해력 관점이 편만함으로써 읽기 준비도 교육이 차츰 읽기 교육으로 변화하게 된 것이다.

3) 읽기 준비도 가설의 핵심 원리

읽기 준비도 가설이 읽기 교육에 미친 영향을 정확하게 파악하려면 읽기 준비도 가설이 강조하고 있는 핵심 원리들을 살펴볼 필요가 있다(Teale & Sulzby, 1986). 읽기 준비도 가설이 기반하고 있는 핵심 원리들은 크게 다섯 가지로 정리될 수 있다.

첫째, 공식적인 읽기 교육은 읽기에 선행하는 기본 기술들을 숙달한 이후에만 효과적이다. 읽기 준비도 관점에서는 읽기 기술(reading skills)과 읽기 준비도 기술(reading readiness skills)이 개념상 구분되었으며, 읽기를 학습하기 전에 먼저 읽기 준비도 기술을 익히는 것이 필수적이었다. 따라서 효과적인 읽기 교육을 실시하려면 우선은 읽기 기술을 익히기 위해 필수적으로 요구되는 읽기 준비도 기술을 선정하는 것이 최우선 과제였고, 이에 따라 학령기의 읽기 기술을 가장 정확하게 예측하는 읽기 준비도 기술을 파악하기 위한 연구들이 진행되었다.

읽기 준비도와 읽기 성취도 사이의 관련성을 가장 확실하게 파악할 수 있는 방법은 읽기 준비도 기술을 가르친 집단과 그렇지 않은 집단의 읽기 성취도를 비교하는 것이다. 헤르(Herr, 1946)는 스페인어를 사용하는 미국 이민자의 자녀들을 대상으로 초등학교에 입학하기 전 이들에게 학교 적응을 위한 '입학 전 학교 적응 훈련'을 실시한 후 이 훈련이 초등학교 입학 후의 읽기 준비도와 읽기 성취에 미치는 영향을 연구하였다. 헤르의 연구가 이루어질 당시 미국의 공교육 체제는 현재와 달라서 초등학교 입학 연령이 우리나라와 동일한 만 6세였고, 유치원과정은 공교육 체제에 포함되지 않았다. 실험집단의 아동에게는 만 6세 이전에 '입학 전 학교 적응 훈련'을 실시하였고, 이들과 지능과 나이가 동일한 통제집단의 아동에게는 아무런 훈련도 제공하지 않았다. 헤르가 실험집단 아동에게 제공한 '입학 전 학교 적응 훈련'은 사회정서적 적응, 어휘 발달, 신체 발달, 청지각 발달, 시지각 발달, 기억습관 발달, 협력적 태도 발달 등으로 구성되어 있는

데, 어휘 발달과 청지각 발달, 시지각 발달은 읽기 준비도 프로
그램의 구성 내용과 유사하였다. 어휘 발달 영역에 포함된 내용
은 게임, 토론, 대화, 듣기, 그림이나 사물에 대해 기술하기이며,
청지각 발달 영역은 문장, 시, 이야기 듣기를 포함하고 있으며,
시지각 발달 영역은 그림 보기, 사물의 유사점과 차이점 찾기 활
동으로 이루어져 있다.

　헤르는 두 집단의 아동이 초등학교 1학년에 입학하였을 때
읽기 준비도 검사를 실시하였고, 이들이 초등학교 1학년을 마칠
무렵에는 읽기 성취도 검사를 실시한 다음 두 집단 간 차이와 두
변인 간 상관관계를 분석하였다. 먼저 초등학교 1학년에 입학할
당시에 측정한 읽기 준비도 검사에서 실험집단 아동의 백분위
점수 평균은 48인 데 비해, 통제집단 아동의 백분위 점수 평균은
8로 두 집단 간 격차는 무척 컸다. 또한 초등학교 1학년 말에 실
시한 읽기 성취도 검사에서도 실험집단 아동의 51%는 또래 아
동의 평균 점수보다 더 높은 성취를 보인 데 비해, 통제집단에서
는 단 한 명도 또래 아동의 평균 수준에 도달하지 못하였다.

　헤르의 연구에서 초등학교 1학년 초에 측정한 읽기 준비도
와 초등학교 1학년 말에 실시한 읽기 검사 간에는 0.9라는 매우
높은 상관관계가 나타났는데, 이처럼 높은 상관관계는 다른 연
구에서도 보고되고 있다. 포웰과 파슬리(Powell & Parsley, 1961)는
초등학교 1학년 초기의 읽기 준비도와 초등학교 2학년 초기의
읽기 성취도 간 상관관계를 분석하였는데, 헤르의 연구에서 만
큼은 아니지만 0.82라는 꽤 높은 상관계수를 얻었다. 워드(Ward,

1970)는 유치원 2학기 초에 측정한 읽기 준비도 점수와 초등학교 1학년 말에 측정한 읽기 성취 점수 간 상관관계를 분석하였는데, 읽기 성취도 검사를 구성하는 소검사들에 따라 차이는 있지만 대개 상관계수는 0.41~0.55에 분포하였다. 헤르의 연구나 포웰과 파슬리(1961)의 연구에서 밝혀진 상관계수보다 낮긴 하지만 워드의 연구에서도 읽기 준비도와 읽기 성취도 사이에 유의한 상관관계가 존재하는 것으로 나타났다.

둘째, 읽기를 배우기 전에는 쓰기를 가르치지 말아야 한다. 다만 영어 알파벳과 같은 낱자 쓰기를 가르치는 것은 허용되었다. 읽기 준비도 관점은 교수-학습에서의 계열성을 중시한다. 교수-학습에서의 계열성이란 읽기 준비도 기술이나 읽기 기술을 가르칠 때 각각의 기술을 더 작은 단위로 세분화하고 세분화된 기술들을 다시 난이도에 따라 위계화한 다음, 간단하고 쉬운 것에서 차츰 복잡하고 어려운 것으로 나아가는 것을 의미한다. 읽기 기술을 습득하기 이전에는 쓰기를 가르치지 않아야 한다는 주장은 읽기에 비해 쓰기가 교수-학습의 위계상 더 높은 수준에 속한다는 가정 위에서 타당하다. 읽기가 쓰기에 비해 더 배우기 쉽다는 가정은 오늘날에 와서는 객관적인 지지를 받지 못하고 있지만, 여전히 일부 교사들이나 부모들은 이러한 가정을 사실로 받아들이고 있다.

셋째, 읽기 수업의 목적은 구두법(punctuation), 파닉스(phonics)와 같이 읽기의 형식적인 측면(formal aspects)에 해당하는 기술들을 위계적인 순서에 따라 익히는 것이며, 읽기의 기능적인 측면(functional aspects)은 관심 사항이 아니다. 파닉스는 읽기 교수법의 일종으로 문자와 문자가 표상하는 소리의 대응 관계를 이용하여 음절, 단어를 읽도록 지도하는 방법이다. 읽기의 형식적인 측면에 초점을 둔다는 것은 글자나 단어를 그것이 표상하는 말소리에 대응하여 읽는 데에는 주의를 기울이지만, 문자를 통해 전달되는 의미를 파악하는 데에는 오히려 무관심함을 가리킨다. 이에 비해 읽기의 기능적인 측면에 관심을 둔다는 것은 문자가 표상하는 말소리를 통해 단어의 의미를 파악하고, 나아가 문장, 문단 그리고 텍스트 전체의 의미를 이해하는 것을 읽기의 궁극적인 목적으로 삼는다는 것을 의미한다. 읽기 준비도 관점은 문자를 그것이 표상하는 말소리에 결합하는 읽기의 형식적인 측면에 치우침으로써 '읽기=문자 해독'이라는 오개념을 형성하는 데 일부 기여하였다.

넷째, 읽기 기술을 논리적 위계에 따라 적절하게 가르치기만 한다면 초등학교 입학 전 문해환경에 노출된 경험의 차이로 인한 초등학교 입문기 아동 간 문해력 격차는 충분히 극복될 수 있다. 읽기 준비도 관점에서는 공식적인 읽기 교육 이전의 문해 경험이 읽기 교육에 미치는 영향을 경시하며, 가정이나 어린이집 등에서 아동이 경험하는 문해환경이 읽기 발달에 그다지 중요하지 않다고 여긴다. 읽기 준비도 가설을 지지하는 이들은 초등학교에 입학하는 대부분의 아동이 문해력 발달 면에서 동일한 출발선에 서 있다고 가정한다.

다섯째, 가르쳐야 할 읽기 준비도 기술과 읽기 기술의 범위와 순서를 미리 정한 다음 모든 아동이 동일한 위계에 따라 진보하고 있는지를 정기적으로 점검한다. 읽기 준비도 교육 내용과 읽기 교육 내용의 범위와 순서를 미리 정하였기 때문에 아동의 개별적인 특성을 반영하여 읽기 지도의 유연성을 발휘하기 어려운 구조적 한계를 지니고 있다.

4) 읽기 준비도 가설의 흔적

읽기 준비도 관점에서는 읽기 준비도 기술과 읽기 기술을 별개의 것으로 구분하였기 때문에 초기의 읽기 준비도 교육에는 문자 교육이 포함되지 않았고 구어 활동이 주를 이루었으며, 읽기 기술을 습득하기 위해 필요하다고 여겨진 시각적·청각적 활동 및 시지각과 청지각을 개발하기 위한 내용들도 포함되었다. 그런데 읽기 준비도 교육을 통해 읽기 교육을 실시할 수 있는 시기가 앞당겨지자 차츰 읽기 준비도 교육의 내용 속에 기초적인 문자 활동이 포함되기 시작하였다. 1970년대에 접어들자 읽기 준비도 가설은 발생적 문해력 관점으로부터 거센 도전을 받게 되었고, 1980년대부터는 문해 교육 분야에서 더 이상 지지를 받지 못하여 소멸되었다. 읽기 준비도 가설의 발원지인 미국에서도 더 이상 읽기 준비도와 읽기를 구분하지 않으며, 유치원 시기부터 본격적인 읽기 교육을 제공한다.

미국 중서부에 위치한 인디애나주 교육부(Indiana State Department of Education) 홈페이지에 게시된 유치원기 문해 교육의 목표는 활자 개념(print concepts), 음운 인식, 파닉스(phonics), 유창성으로 나뉜다(〈표 2-1〉 참조). 4개의 영역으로 나누어 제시된 교수-학습 목표를 살펴보면 인디애나주에서는 이미 유치원 단계에서 문자 교육을 명시적으로 실시하고 있음을 알 수 있다. 네 영역에 포함된 교수-학습 목표의 어디에도 읽기 준비도 가설의 흔적은 남아 있지 않다.

●●●● 표 2-1 ● 미국 인디애나주 유치원기 문해 교육의 목표

영역	교수-학습 목표
활자 개념	• 활자의 배열 방향 알기: 좌 → 우, 위 → 아래 • 단어는 낱자들의 결합으로 이루어져 있고, 문장은 여러 개의 단어가 배열됨으로써 완성된다는 사실을 이해하기 • 알파벳의 이름을 알고 소문자와 대문자 구분하기
음운 인식	• 운(韻)이 있는 단어들(rhyming words)을 식별하기 • 단어를 발음하거나 음절 단위로 분리하기 • 초두자음(onset)과 라임(rime)을 결합하여 발음하기 • 두세 개의 음소로 이루어진 단어에서 소리의 순서를 구분하기 • 단어를 구성하는 소리를 첨가 · 삭제 · 대치하기
파닉스	• 낱자-소리 대응 관계에 대한 지식을 활용하여 단어 속 자음 해독하기 • 자음-모음-자음(cvc)을 합성하여 단어 만들기 • 다섯 모음(a, e, i, o, u)의 긴 소리와 짧은 소리 인식하기 • 고빈도 단어를 해독 과정을 거치지 않고 자동적 수준으로 읽기 • 단어의 온셋과 라임이 같거나 다른 단어를 식별하기
유창성	• 간단한 텍스트 읽기 • 적절한 속도를 유지하며 읽고, 자기교정 전략을 사용하기

출처: McCormick (2020)

　동일한 영어권 국가인 호주에서도 읽기 준비도 가설의 영향은 전혀 남아 있지 않다. 남호주 교육청이 제시하고 있는 유치

원기 교수-학습 목표 또한 미국과 비슷하다. 남호주 교육청이 제시한 문해력 관련 교수-학습 목표는 〈표 2-2〉와 같다. 미국과 마찬가지로 유치원에서 영어 알파벳의 모양과 소리, 자소와 음소의 대응 관계를 이용한 간단한 단어 읽기, 단어 속에 포함된 라임 찾기와 같은 기본적인 읽기 기술을 명시적으로 가르친다.

•••• 표 2-2 ● 남호주 지역 유치원기 문해 교육의 목표

- 활자 개념, 낱자와 소리에 대한 지식, 해독 기술을 활용하여 고빈도어로 이루어진 짧은 그림책 읽기
- 알파벳 소문자와 대문자를 구분하고, 알파벳의 대표적인 소리 알기
- 고빈도 단어 읽기
- 소리를 결합하여 자음-모음-자음(cvc)의 형태로 이루어진 단어를 읽기
- 단어 속 라임을 발견하기
- 단어 속에 있는 소리를 결합하거나 분리하기
- 친숙한 단어 또는 구절을 사용하거나 이미지를 사용하여 아이디어를 전달하기

출처: Foundation year achievement standards by Australian curriculum, assessment and reporting authority

미국 인디애나주 교육과정과 남호주 교육과정에 명시된 유치원기 문해 교육의 목표 속에는 알파벳의 이름과 소리 익히기, 음절 또는 음소 조작 활동을 통하여 음운 인식 능력 기르기, 문자와 그것이 표상하는 소리를 결합하는 해독 기술 익히기와 같은 항목들이 포함되어 있다.

반면, 우리나라 유치원기 아동의 문해 교육에 대한 진술을 담고 있는 누리과정 속에는 단지 "읽기와 쓰기에 흥미를 갖도록 한다."라는 정의적인 차원의 목표가 제시되어 있다. 물론 생활환경에서 접하는 문자를 살펴보고 읽는 활동에 참여한다는 점에서 문자를 전혀 접하지 않는 것은 아니지만 미국이나 호주의 유

치원 아동이 자모 지식(alphabetic principle)이나 활자 개념(concepts of print)을 익히는 것과 비교한다면 큰 차이를 보인다. 누리과정의 의사소통 영역 속에 제시된 유치원기 문해 교육 관련 진술 속에는 읽기 준비도 가설의 흔적이 고스란히 남아 있다.

우리나라의 공식적인 초기 문해 교육은 미국이나 호주에 비해 1년이 늦은 초등학교 1학년이 되어서야 시작된다. 그렇지만 대부분의 가정에서는 자녀가 초등학교에 입학하기 1~2년 전에 다양한 루트를 통하여 한글 교육을 받게 하므로 초등학교에 입학할 당시 거의 모든 아동은 이미 한글을 해득한 상태에 도달해 있다. 따라서 초등학교에 입학하는 아동의 한글 문해 수준과 초등학교 1학년 국어과 교육과정에 기술된 문해 교육의 목표 간에는 상당한 정도의 괴리가 있다. 2015 교육과정에서 강화된 초기 문해 교육의 가장 큰 수혜자는 초등학교에 입학할 당시 한글 미해득 상태에 놓인 아동이라고 볼 수 있다. 이러한 아동 대부분은 사회경제적으로 소외계층에 속하며 초등학교에 입학할 당시까지 한글 교육을 받을 수 있는 별도의 루트를 갖고 있지 않다. 대부분의 아동이 초등학교에 입학하기 전에 다양한 사교육 루트를 통해 한글 교육을 받는 데 비해, 일부 소외계층 아동은 초등학교에 입학하기 전까지 별도의 한글 교육을 받지 못하고 있다. 이러한 현실에서 아동이 속한 가정의 사회경제적 상황으로 인한 초기 문해력 습득 시기의 차이를 줄일 수 있는 가장 손쉬운 방법은 공식적인 초기 문해 교육의 시기를 유치원 시기로 앞당기는 것이 아닐까?

2. 발생적 문해력

1) 발생적 문해력 개념의 출현

1920년대에 탄생한 읽기 준비도 가설은 1980년대까지 무려 60여 년 동안이나 읽기 교육의 유력한 패러다임으로 존속하였다. 그렇지만 1960년대 후반에 접어들면서부터 차츰 읽기 준비도 가설의 타당성에 대한 의구심이 제기되기 시작하였고, 1970년대에 이르자 읽기 준비도 가설을 폐기해야 한다는 주장에 힘이 실리게 되었다. 읽기 준비도 가설에 대한 도전을 촉발한 대표적인 연구자는 마리 클레이(Marie Clay)이다. 클레이(1966)는 4세 9개월에서 5세 9개월에 속하는 뉴질랜드 아동의 MRRT 점수를 연령 범위가 6세에서 6세 9개월인 미국 아동의 MRRT 점수와 비교하였는데, 두 집단 간에 대략 1년 정도의 나이 차가 있음에도 불구하고 읽기 준비도 점수에서는 유의한 차이가 없었다. 신체적 성숙 면에서 뉴질랜드 아동은 미국 아동에 비해 1년 뒤처졌으나 읽기 준비도에서 아무런 차이가 없었던 이유는 당시 뉴질랜드에서는 읽기 준비도 교육과 읽기 교육을 명백하게 구분하였던 미국과 달리 유치원기에서부터 아동을 문해 활동에 노출시켰던 데서 찾을 수 있을 것이다.

뉴질랜드 오클랜드대학의 교수였던 클레이(1966)는 초등학교 리셉션(reception)[1] 과정에 입학한 5세 아동 100명을 대상으로 이들이 초등학교 1학년이 될 때까지 일주일에 한 번씩 교실을 방문하여 이들의 읽기와 쓰기 행동을 관찰하였다. 이 과정에서 클레이는 상당수의 아동이 공식적인 문해 교육을 받기 이전에 이미 영어 알파벳이나 단어에 대한 시각적 민감성과 문자 배열 방향에 대한 개념을 형성하고 있다는 사실을 알게 되었다. 알파벳 또는 단어에 대한 시각적 민감성이란 개별 알파벳과 특정 단어를 시각적으로 변별하는 능력을 가리킨다. 문자 배열 방향에 대한 개념을 형성하였다는 것은 문자는 왼쪽에서 오른쪽 방향으로, 행(行)은 위쪽에서 아래쪽 방향으로 배열된다는 사실을 인식한다는 것을 의미한다. 클레이는 리셉션 과정에 입학한 아동은 초등학교 입학 전의 문해 관련 경험을 기반으로 초기 문해력을 습득해 간다는 사실에 주목하였고, 학교에서 이루어지는 공식적인 문해 교육 이전에 아동이 형성한 읽기 행위를 '발생적 읽기 행동(emergent reading behavior)'이라 칭하였다. 읽기 준비도 가설에서는 공식적인 문해 교육이 시작되는 시점에서 대부분의 아동이 동일한 출발점에 서 있다고 가정하였지만, 클레이는 초등학교 입학 전 아동이 노출되었던 문해환경의 차이로 인해 각자 위치한 출발점이 다르다는 점을 분명하게 지적하였다.

발생적 문해력(emergent literacy)이란 표현을 처음 사용한 사람은 틸과 슐츠비(Teale & Sulzby, 1986)이다. 발생적 문해력은 학교에서의 공식적인 문해 교육이 이루어지기 전에 일상생활 환경

---

1   뉴질랜드에서는 만 5세 생일이 지난 다음에 초등학교 리셉션 과정에 입학한다. 리셉션은 미국의 유치원기에 해당한다.

에서 문자에 노출된 경험을 통하여 형성된 문해력을 가리킨다. 틸과 슐츠비는 클레이가 처음 사용하였던 '발생적 읽기 행동'이란 표현에서 아이디어를 얻어 읽기뿐만 아니라 쓰기 행동도 공식적인 문해 교육 이전에 출현한다는 점에 기반하여 발생적 문해력이란 용어를 만들어 냈다. 공식적인 문해 교육 이전에 생활 환경에서 문자에 노출된 경험을 통하여 자연스럽게 형성된 문해력을 발생적 문해력이라 칭하는 데 비해, 공식적인 문해 교육을 통해 형성하게 된 문해력은 흔히 관습적 문해력(conventional literacy)이라 불린다.

읽기 준비도 관점이 읽기 이전과 읽기 사이에는 뚜렷한 시간적 간극이 존재하며 둘 사이에 질적 차이도 있다고 전제하는 데 비해, 발생적 문해력 관점은 읽기 이전과 읽기가 질적으로 다르다고 보지 않을 뿐만 아니라 읽기 준비도 기술과 읽기 기술을 별개의 것으로 여기지 않는다(Lonigan, Burgess, & Anthony, 2000). 발생적 문해력 관점에서는 문해력 발달이 발생적 문해력 단계와 관습적 문해력 단계로 명확하게 구분되는 것이 아니라 마치 빛의 스펙트럼과 같은 특성을 띤다고 본다(Yaden, Rowe, & MacGillivray, 2000).

발생적 문해력 관점은 문해력이 초등학교에 입학하여 공식적인 읽기 교육을 받는 시점부터 발달하는 것이 아니라 그보다 훨씬 이전인 생애 초기 단계에서부터 발달하기 시작한다는 입장을 취한다. 출생부터 학령기 전까지의 비공식적인 문해 활동을 통해 문해력 발달의 초석이 형성된다고 보는 것이다(Lancy,

1994). 클레이(1966)는 취학 전 아동이 관여하는 다양한 읽기 관련 활동들이 교실에서의 읽기 수업 못지않게 문해력 발달에 기여한다는 점을 강조하였다. 발생적 읽기 행동에 대한 클레이의 선구적 연구는 읽기 연구자들로 하여금 학령기 이전의 아동이 책이나 필기도구를 사용하여 수행하는 다양한 행위를 문해력 발달이라는 틀 속에서 바라보도록 하는 계기가 되었다.

발생적 문해력 관점은 읽기의 형식적인 측면이 아닌 읽기의 기능적인 측면의 중요성을 강조한다. 읽기의 형식적인 측면이란 글자나 단어를 구성하는 문자소를 그것이 표상하는 음소에 대응시켜 말소리를 산출하는 것을 의미하는데, 읽기의 형식적인 측면을 강조하는 입장에서는 읽기의 정확성을 강조한다. 한편, 읽기의 기능적인 측면이란 글의 의미를 파악하는 것을 가리킨다. 글자나 단어를 정확하게 소리 내어 읽는 것은 글의 의미를 파악하기 위한 수단에 불과하며 그 자체로 독립적인 가치를 지니지 못한다. 읽기의 기능적인 측면을 중요하게 생각하는 발생적 문해력 관점에서는 글자나 단어를 정확하게 읽지 못할지라도 의미를 파악한다면 그 자체로 중요한 읽기 활동이라고 여긴다. 발생적 문해력 관점에 기초한 읽기 연구는 공식적인 읽기 교육이 이루어지기 전에 나타나는 다양한 읽기 발달 양상에 초점을 둔다.

읽기 준비도 관점에서는 공식적인 읽기 교육을 받기 전에 읽기 환경에 노출된 각 아동의 경험이 읽기 발달에 미친 영향은 공식적인 읽기 교육을 통해 충분히 극복될 수 있다고 본다. 하지

만 현실을 조금만 살펴보더라도 이러한 입장에 동의하기 어렵
다. 초등학교에 입학하기 이전부터 아동 간 문해력 격차는 상당
할 뿐만 아니라 이 격차는 학년이 높아지더라도 줄어들지 않고
오히려 고착화된다. 어쩌면 공식적인 문해 교육 이전에 아동이
형성하였던 발생적 문해력은 학령기 내내 그의 문해력 발달에
영향을 미치고 있는지도 모른다.

2) 발생적 문해력의 실체

공식적인 문해 교육을 받은 결과 관습적 문해력이 형성되
고 있는지를 파악하려면 자모음자의 이름과 소리를 알고 있는
지, 문자소와 음소의 대응 관계를 적용하여 글자를 읽고 쓸 수
있는지, 그리고 철자법과 문법에 맞게 간단한 문장을 쓸 수 있는
지를 검사하면 된다. 그렇다면 발생적 문해력이 형성되고 있다
는 사실은 어떻게 확인할 수 있는가? 학령기의 모든 아동이 관
습적 문해력을 습득하는 것이 아니듯 학령기 이전 아동이 모두
발생적 문해력을 형성하지는 않는다. 그렇다면 발생적 문해력
이 형성되고 있음을 보여 주는 구체적인 증거는 무엇인가? 굿맨
(Goodman, 1986)은 발생적 문해력의 실체를 다섯 가지 '문해력의
뿌리(roots of literacy)'로 설명하고 있다.

첫 번째 뿌리는 주변 환경에 존재하는 활자에 대한 인식 정
도이다. 듣기와 말하기는 교육과정을 구성하여 의도적으로 가르
치지 않더라도 부모와의 상호작용을 통해 자연스럽게 습득되듯

이, 활자가 풍부한 환경 속에서 자란 아동은 활자의 시각적 형태나 활자가 전달하는 의미를 수월하게 익히게 된다. 상점이나 회사의 로고 또는 상호(商號)는 아동들이 일상생활에서 자주 접하는 활자 자극이다. 특히 대형 마트는 상호나 로고를 사람들이 쉽게 볼 수 있는 곳에 배치하기 때문에 부모와 함께 쇼핑을 자주 가는 아동은 로고만 보고도 어느 마트에 와 있는지를 안다. 아동이 주변 환경에 존재하는 활자에 더 많이 노출될수록 읽고 쓸 수 있는 글자의 수는 증가한다. 아동이 종이나 벽에 글자 모양을 비슷하게 흉내 내거나 글자를 정확하게 쓰기도 하는데, 이러한 글자들은 대개 그가 주변 환경에서 많이 보았던 것들이다.

두 번째 뿌리는 책, 잡지, 신문과 같은 인쇄물에 적혀 있는 활자를 인식하는 정도이다. 생활환경 속에 존재하는 활자는 대부분의 아동이 쉽게 경험할 수 있는 자극인 반면에, 책, 잡지, 신문, 편지와 같은 인쇄물의 경우에는 아동이 속한 가정이나 공동체의 문화 또는 사회적 계층에 따라 인쇄물의 종류와 수가 매우 다르다. 어떤 아동의 집에는 책이 무척 많은 데 비해, 또 다른 아동의 집에는 책이 거의 없다. 부모나 형제가 아동에게 책을 읽어 주고 책 내용에 대해 대화를 나누는 것이 일상화된 가정도 있지만, 집에서 자신에게 책을 읽어 주는 사람이 아무도 없는 아동도 있다. 부모의 무릎에 앉아서 부모가 읽어 주는 책의 내용에 귀를 기울이고 책장에 등장하는 그림이나 글자를 눈으로 응시하는 경험을 한 아동은 부모의 애정 어린 보살핌 속에서 심리적 안정감을 맛볼 뿐만 아니라 책이라는 인쇄물에 친숙해지며 거기에 등장하는 그림과 글자 그리고 책에서 다루어지는 내용에 대한 이해를 쌓아 가게 된다.

　3세 아동은 이야기책에서 각 페이지의 내용이 앞뒤 페이지의 내용과 연관되어 있다는 사실을 인식하지 못하기 때문에 각 페이지의 내용을 상호 연결 지어 이해하지 못하지만, 4~6세 무렵부터는 각 페이지의 내용들이 서로 연관되어 있다는 사실을 인식할 수 있게 된다(Goodman, 1986). 4~6세 아동은 책을 바르게 펼 수 있으며, 문자는 왼쪽에서 오른쪽 방향으로 배열되고 한 행이 끝나면 그 다음 행은 다시 왼쪽 처음부터 시작된다는 사실을 알게 된다. 그에 비해, 부모가 책을 읽어 준 경험이 없는 아동은 책과 활자에 대한 기본개념을 형성하지 못한다. 부모와 함께 책을 읽은 경험이 전혀 없는 아동이 책을 어떻게 다루는지를 관찰해 보면 그의 활자 인식 정도를 파악할 수 있다. 책의 앞표지를 찾고 앞표지부터 한 페이지씩 책장을 넘길 수 있는지, 책의 위와 아래를 뒤집지 않고 바르게 펴서 들 수 있는지 등을 확인함으로써 인쇄물에 적힌 활자의 인식 정도를 확인할 수 있다.

　세 번째 뿌리는 쓰기의 기능과 형태에 대한 인식 정도이다. 아동은 철자 규칙이나 문장 구성 규칙과 같은 형식적인 측면에 구애받지 않고 자신이 원하는 메시지를 전달하기 위해 쓰기를 한다는 점에서 기능적이다. 읽기는 수용적인 활동임에 비해, 쓰기는 표현적인 활동이다. 아동은 전달하고자 하는 메시지를 시각적으로 표현하기 위해 선을 끼적거리거나, 자모음자와 비슷하게 보이는 형태를 그리거나, 글자의 형태를 띤 새로운 활자를 만들어 내기도 한다. 교사나 부모 중 적지 않은 이들이 쓰기는 읽기를 익힌 다음에 가르쳐야 한다고 생각한다. 그런데 학령기 이전 아동들 대부분은 읽기는 못해도 자신이 쓸 수 있다고 생각하며 자유롭게 쓰기를 시도한다(Sulzby, 1986). 아동이 관습적인 철자 규칙을 적용하지는 않을지라도 자신이 전달하고자 하는 메시지를 선, 자모음자의 형태, 글자 모양을 사용하여 시각적으로 표현한다는 것은 그가 쓰기의 기능을 이해하고 있음을 시사한다.

네 번째 뿌리는 문자언어를 가리키는 용어를 사용하는 정도이다. 문자언어에 대한 경험이 쌓여 감에 따라 아동의 입에서 낱자(letter), 단어(word), 숫자(number)와 같은 용어들이 자연스럽게 흘러나온다. 학령기 이전의 아동을 위해 제작된 텔레비전 프로그램이나 광고를 접할 기회가 많아지면서 아동은 '낱자의 이름과 소리'와 '단어' '숫자'와 같은 용어를 듣고 자신도 이러한 용어를 사용하게 된다. 또한 '연필' '그리다' '책' '읽다' '쓰다'와 같은 용어가 아동의 문해환경에서 자연스럽게 사용됨에 따라 이러한 용어의 의미를 이해하고 자신도 이러한 용어를 사용하게 된다.

다섯 번째 뿌리는 문자언어에 대한 초언어적(metalinguistic) 인식의 정도이다. 이 다섯 번째 뿌리는 문자언어와 문자언어 작동 방식을 분석하고 설명하는 능력이다. 물론 이러한 분석과 설명이 반드시 정확하지 않을 수는 있지만 문자언어에 대한 이러한 분석과 설명을 시도한다는 것 자체가 초언어적 인식을 반영하는 것이다. 만약 어린이집 사물함에 '김준희' '김주영' '김주현'

이라는 이름표가 각자의 사물함 앞에 붙어 있는 것을 보고서 한 아동이 이름표에 적힌 이름들을 정확하게 읽고 난 다음, "어, 모두 '김'으로 시작하네."라고 말하며 손가락으로 '김' 자를 짚거나 "'김주영'의 '주'와 '김주현'의 '주'가 똑같네."라고 말하는 상황을 가정해 보자. 아동이 서로 다른 이름을 정확하게 읽는다는 것은 그가 글자를 변별하고 있음을 가리킨다. 또한 다른 이름들 속에 포함된 같은 글자를 찾아낼 수 있다는 것을 통해 아동이 글자의 시각적 특성과 그것의 소리에 대한 정보를 명확하게 인식하고 있음을 알 수 있다. 아동은 문자언어를 인식하는 과정에서 서로 다른 글자들을 변별하고 동시에 동일한 글자를 찾아내는 초언어적 활동을 하고 있는 것이다.

이와 같은 다섯 가지 뿌리가 발생적 문해력을 모두 포괄하지는 않더라도 발생적 문해력의 실체를 확인하는 데 도움을 줄 수는 있을 것이다. 굿맨은 '문해력의 뿌리'라는 용어를 사용함으로써 아동의 생활환경을 통하여 암묵적이면서도 비의도적으로 형성되는 문해력을 설명하고자 하였다. 문해력의 뿌리가 건실하게 형성된 아동과 뿌리가 제대로 뻗어 있지 않은 아동이 공식적인 문해 교육이 시작되었을 때 문해력의 발달 속도와 깊이에서 큰 차이를 보인다는 것은 명약관화하다.

대나무 종자를 땅에 심으면 처음 4년 동안은 땅 위에서 보기에 아무런 변화가 없어서 죽은 것처럼 보인다. 그러다가 5년째 되는 해에는 땅 속에서 죽순이 돋아 하루 동안에도 2~3m씩 자란다. 종자를 땅에 심었을 때 땅 위에서는 아무런 변화가 없는 듯 보여도 땅 속에서는 종자로부터 뿌리가 내릴 뿐만 아니라 뿌리줄기를 사방으로 뻗어서 죽순을 틔울 준비를 하는 것이다. 땅속 뿌리줄기가 충분히 다 자라면 드디어 죽순을 틔어 큰 대나무로 성장한다. 발생적 문해력은 죽순이 올라오기 전 땅 속에서 죽순을 틔울 준비를 갖추는 뿌리줄기의 성장과 닮아 있다. 관습적 문해력이라는 기준에서 보자면 아무런 변화가 없는 듯 보여도 문해력 형성을 위한 토대인 발생적 문해력이 조성되고 있는 것이다.

3) 발생적 문해력 개념이 문해 교육에 주는 시사점

발생적 문해력 개념이 출현하면서 공식적인 문해 교육이 시작되기 훨씬 전부터 문해력의 뿌리가 자라나고 있으며, 문해력의 뿌리가 발달한 정도의 차이로 인해 학령기 아동의 문해력 발달 양상이 달라질 수 있다는 사실이 크게 부각되었다. 또한 가정의 문해환경이 발생적 문해력 발달에 미치는 영향도 주목받기 시작하였다. 가정의 문해환경 조성에 절대적인 영향을 끼치는 존재는 부모이다(Wasik & Hendrickson, 2004). 우선 부모의 소득 수준에 따라 가정에서 활용할 수 있는 아동용 읽기 자료의 양과 다양성에 차이가 있다(Clark, 1984; McGee & Richels, 2012). 문해력의 뿌리 중 하나가 가정에 구비되어 있는 인쇄물을 통해 활자에 대한 인식을 갖게 되는 것이다. 부모가 자녀에게 책을 많이 읽어 줄수록 유아의 어휘력과 언어표현력은 증가한다(이숙임,

2006). 가정에 책을 많이 구비하고 있다면 아동의 언어 발달에 긍정적인 영향을 줄 가능성이 높아진다. 물론 가정에 책이 부족하다고 해서 문해력이 낮아진다고 볼 수는 없다. 하지만 가용한 책이 많을수록 자발적 독서의 확률이 높아지며, 자발적 독서를 많이 할수록 문해력 발달은 촉진된다(Houle & Montmarquette, 1984; Krashen, 1993; Morrow, 1982). 가정에 구비된 인쇄물의 수가 많고 종류가 다양할수록 활자 인식의 기회가 증가한다.

영유아기 때 의도적으로 읽기 기술을 가르치지 않더라도 가정에 구비된 책을 부모가 읽어 주는 경험을 통하여 아동은 책 바르게 들기, 책장 넘기기, 문자와 그림 구별하기, 문자의 시각적 형태 식별하기를 간접적으로 학습할 수 있다(Snow & Ninio, 1986). 유아는 똑같은 책을 부모가 반복하여 읽어 주는 것을 좋아하며, 하나의 책에 익숙해지면 부모의 책 읽기를 흉내 내면서 혼자서 책을 읽기도 한다. 곽아정(1993)은 한글 교육을 받지 않은 만 4세 유아들을 가정 내에 구비된 동화책 수를 기준으로 두 집단으로 구분한 다음 그림책 읽기 수준을 비교하였다. '상 집단'에서는 평균 159권, '하 집단'은 평균 61권의 동화책을 구비하고 있었는데, 상 집단은 하 집단에 비해 그림책 읽기 수준이 더 높은 것으로 나타났다. 이 연구에서는 그림책 읽기 수준을 측정하기 위해 그림을 보고 이야기를 구성해 보게 하거나 책에 나오는 글자를 읽게 하였는데, 이러한 방법은 연구에 참여한 아동이 한글 교육을 받지 않았다는 점과 만 4세 아동의 평균적인 읽기 발달 특성을 고려할 때 매우 적합한 것으로 보인다.

　　동화책을 많이 구비하고 있는 가정의 아동일수록 그림책 읽기 수준이 더 높다는 연구결과는 자칫 가정에 책이 많으면 아동의 읽기 수준이 높아진다는 오해를 불러일으킬 소지가 있다. 물론 읽을 수 있는 책이 많은 가정의 아동은 그렇지 않은 아동에 비해 읽기 기술을 습득하는 데 더 유리한 위치에 있긴 하지만, 아동의 읽기 발달에는 가용한 인쇄물의 수와 같은 물리적 환경보다는 인쇄물을 매개로 부모와 자녀 사이에 이루어지는 언어적 상호작용의 질이 훨씬 더 중요하다. 부모가 유아용 그림책을 읽어 주면서 그림이 가리키는 사물이나 개념을 자녀에게 말로 설명해 줄 때 아동은 그림이라는 상징을 통하여 실제 사물이 그림으로 표현될 수 있음을 인식하게 된다. 그림은 실제 사물에 대한 상징으로서 아동이 현재 경험할 수 없는 현상을 지면을 통하여 간접적으로 체험할 수 있게 도와준다. 글자를 손가락으로 하나씩 짚어 주면서 아동에게 책을 읽어 줄 때 아동은 글자가 음성언어와 의미를 표상하는, 그림과는 또 다른 형태의 상징이라는 사실을 인식하게 된다. 그림책 속의 삽화는 그것이 전달하고자 하는 의미를 직접적으로 드러내고 있기 때문에 해독을 위한 특별한 노력이 필요하지는 않지만, 글자의 경우에는 그것의 시각적 형태가 의미를 직접적으로 상징하는 것은 아니므로 글자가 전달하는 의미를 이해하기 위해서는 그것과 함께 제시되는 삽화를 관찰함과 동시에 부모의 설명에 주의를 기울여야 한다. 일상적인 대화를 나누는 경우에 비해, 책과 같은 인쇄물을 매개로 이루어지는 언어적 상호작용에서는 대화의 소재가 훨씬 더 다양하며 어휘의 폭도 넓어진다. 따라서 부모가 자녀에게 책을 읽어 주면서 풍부한 언어적 상호작용을 할 경우에 유아기 어휘력이 향상되고 나아가 학령기의 독해력 또한 높아진다(Stanovich, 1986).

부모가 자녀에게 책을 읽어 주는 빈도, 문해 활동에 보내는 시간의 양은 부모의 소득수준과도 높은 상관을 보인다. 부모의 소득수준이 높을수록 부모가 자녀에게 책을 읽어 주는 빈도가 높고 부모와 자녀가 문해 활동에 보내는 시간이 더 길다(Burgess, Hecht, & Lonigan, 2002). 부모가 자녀를 무릎에 앉혀 놓고 온정적인 분위기 속에서 책을 읽어 주는 풍경이 일상인 아동의 문해력 발달 양상은 그러한 일상을 거의 경험할 수 없는 상황에 놓인 아동의 그것과는 무척 다르다. 대체로 부모와 문해 활동을 하면서 보내는 시간이 절대적으로 부족한 가정에서 읽기부진 아동이 출현한다는 사실은 발생적 문해력 형성기에 가정의 역할이 얼마나 중요한지를 보여 준다.

부모의 사회경제적 수준에 따른 발생적 문해 경험의 차이가 크고 이러한 차이가 초등학교 입학 이후의 문해력 발달에 지속적으로 영향을 미치기 때문에 초등학교 입문기 아동의 문해력 격차를 최소화하기 위한 국가적 노력은 지속되어야 한다. 미국의 헤드스타트 프로그램은 부모의 사회경제적 수준으로 인해 저소득층 가정의 아동들이 신체, 인지기능, 사회성 발달에서 불이익을 겪지 않도록 하는 데 초점을 두고 있다. 헤드스타트 프로그램은 초등학교 입학 전 아동의 사회적 기술 습득, 정서적 안정, 언어 및 문해력 발달을 도모할 뿐만 아니라 지각·운동·신체 발달을 촉진하고 나아가 가정의 복지 향상을 목표로 한다. 헤드스타트 프로그램은 가정을 통한 발생적 문해력 형성이 일상적이지 않은 아동이 환경적 결손으로 인해 문해력 발달에 장해를 입지 않도록 하려는 국가적 지원체제의 일환이다. 안타깝게도 우리나라에서는 초등학교 입학 전 아동의 언어 및 문해력 발달의 격차를 줄이기 위한 정부 차원의 지원 프로그램이 운영되고 있지 않다.

최근 맞벌이 가정이 급격히 증가하면서 부모가 자녀와 함께 보낼 수 있는 시간이 과거에 비해 많이 감소하면서 부모와 자녀 사이에 책을 매개로 자연스럽게 이루어지던 언어적 상호작용의 빈도 또한 줄어들고 있다. 부모는 자녀와의 부족한 문해 활동의 틈을 메우기 위해 시중에 판매되고 있는 한글 학습지를 이용하여 자녀에게 직접 한글을 가르치거나 가정방문 학습지 교사에게 아동의 한글 교육을 맡긴다. 발생적 문해력은 의도되지 않은 일상의 문해 활동 속에서 자연스럽게 형성되는 능력인데, 발생적 문해력이 형성되어야 할 시기에 한글 학습지나 가정방문 학습지 교사에 의한 의도적인 한글 교육을 실시할 경우 오히려 아동은 읽기나 쓰기에 대한 거부감을 갖게 될 수 있다. 특히 한글 학습지는 자모음자 이름과 말소리, 해독 기술 습득과 같은 읽기의 형식적인 측면에 치중하기 때문에 텍스트가 전달하는 메시지를 이해하고 음미하는 것과 같은 읽기의 기능적인 측면에 소홀하기 쉽다. 발생적 문해력 관점이 문해 교육에 던지는 메시지는 의도된, 그러나 비형식적인 문해 활동을 통해 자연스럽게 문해

자극에 대한 노출 빈도를 높이는 것이 학령기 이전 아동을 위한
문해 교육의 핵심이란 사실이다.

03
·

읽기의
심리학

읽기의 심리학에 기초한 **읽기잠재력 키우기**

　읽기는 감각과 지각, 주의와 기억, 언어를 망라하는 고도의 지적 활동으로 심리학의 핵심 연구 주제이다. 읽기가 가능하려면 우선 문자의 상이 망막에 맺히고, 망막의 광수용기에 입력된 정보가 시신경을 통해 후두엽의 시각피질로 전달되어 문자의 시각적인 형태를 인식하고, 문자의 시각정보는 다시 문자가 표상하는 소리 및 의미와 연결되는 과정이 정상적으로 작동해야 한다. 글의 의미를 파악하려면 글자나 단어에 시야를 고정시켜야 하며, 글자나 단어의 시각적 형태와 그것이 표상하는 말소리 그리고 의미가 장기기억 속에서 적절한 속도로 인출되어야 한다. 글자의 시각적 형태 – 소리 – 의미의 연합체가 장기기억 속에 공고화되어 있지 않으면 읽기의 속도가 현저히 떨어져 내용을 이

해하는 데 어려움을 겪게 된다. 언어의 음운론적·형태론적·의미론적·구문론적 특성에 대한 지식 또한 읽기 발달과 뗄 수 없는 관계에 있다.

1. 감각과 지각

'감각'이란 눈, 코, 귀, 입, 피부와 같은 감각기관에 존재하는 감각수용기가 외부의 감각자극에 대해 반응하는 것을 의미한다. 외부의 감각자극이 감각수용기의 반응을 유발하면 감각수용기에서는 신경세포를 통해 대뇌의 피질로 감각정보를 전달하며, 대뇌피질에서는 감각정보를 바탕으로 감각자극에 대한 표상을 형성한다. 이처럼 뇌의 피질에서 감각자극에 대한 표상을 형성하는 것을 '지각'이라고 한다. 눈앞에 놓인 '사과'를 바라볼 때 눈의 망막에 사과의 상이 맺히면 광수용기가 반응하는데 이 때 사과라는 시각자극을 감각했다고 말할 수 있다.

망막에 맺힌 사과의 상은 시신경을 통해 후두엽이라고 불리는 대뇌의 뒷부분으로 이동하게 되는데, 후두엽의 시각피질에서는 사과의 색과 형태에 관한 정보를 종합하여 사과를 지각한다. 지각은 감각정보에 대한 해석이 포함된 의식적인 뇌 활동인 반면, 감각은 의식 이전의 반응이다. 지각한다는 것은 감각자극에 대한 표상을 형성한다는 것과 동일한 의미이다. 외부 세계에 대한 우리의 인식은 뇌가 형성한 표상에 근거한다는 점에서 주관적이나, 여러 사람의 주관적 인식이 합일하는 과정을 거침으로써 객관성을 획득한다.

　시각기관이 정상적으로 작동하지 않아서 시각정보가 형성되지 않거나 망막의 광수용기에 입력된 시각정보가 시신경을 거쳐 대뇌 후두엽으로 전달되는 과정에 이상이 생긴 것을 시각장애라고 한다. 이와 마찬가지로 청각기관 이상으로 청각정보가 형성되지 않거나 고막에 도달한 청각정보가 청신경을 거쳐 대뇌 측두엽으로 전달되는 과정에 이상이 생긴 것을 청각장애라고 한다. 반면, 대뇌 후두엽 시각피질이나 대뇌 측두엽 청각피질에 감각정보가 정상적으로 도달하였지만 시각피질이나 청각피질의 기능 이상 때문에 감각정보를 전혀 인식하지 못하거나 잘못 인식하게 되는 현상을 각각 시지각장애, 청지각장애라고 한다.

　시각은 읽기를 위한 핵심적인 감각이다. 안구, 망막, 시신경 중 어느 부분에 결함이 있어서 시각정보가 형성되지 않거나 시각정보가 대뇌의 후두엽으로 정상적으로 전달되지 않으면 시각장애가 발생하여 읽기에 심각한 장해를 초래한다. 한편, 정상적인 시력과 평균 지능을 가진 초등학교 고학년 아동이 'ㄱ, ㄴ''ㅁ, ㅂ''ㅈ, ㅊ'과 같이 비슷해 보이는 낱자들을 혼동하는 사례가 빈번하다면 시지각장애를 의심해 볼 수 있다. 시지각장애 또한 읽기 기술 습득을 심각하게 방해할 수 있다.

　시지각은 시각과 달리 자연발생적이지 않으며 일정 기간의 학습을 통해 형성된다. 읽기에 필요한 시지각 능력을 습득하기 위한 두 가지 중요한 기제는 변별과 일반화이다. 읽기 발달 초기 단계에서는 형태가 비슷한 낱자들을 혼동하는 경우가 드물지 않게 발생한다. 변별이란 서로 다른 낱자들을 다른 것으로 인식하는 것으로 낱자들의 시각적 형태에 대한 기억이 공고화될 때 변별이 가능하다. 변별 못지않게 중요한 것이 일반화이다. 글자의 색, 크기, 글꼴이 달라지거나 글자가 제시되는 배경이 변하더라도 동일한 글자로 인식하는 것이 읽기에서의 일반화이다. 가방, **가방**, 가방, **가방**과 같이 색, 크기, 글꼴이 달라지거나 이들 단어가 제시되는 배경이 컴퓨터 모니터, 칠판, 화이트보드, 흰 종이로 변할지라도 모두 같은 단어임을 인식할 수 있어야 정상적인 읽기가 가능하다. 시지각은 교육과 학습의 결과이지 시간이 지남에 따라 자연스럽게 형성되지는 않는다.

청각자극은 외이도를 통해 고막에 도달하여 고막을 채우고 있는 액체를 진동시키며, 고막에서 발생한 진동은 중이에서 증폭되어 달팽이관으로 전달된다. 달팽이관 속의 털세포는 달팽이관에 도달한 음파를 전기에너지로 변환하여 청신경으로 전달한다. 청각장애는 중이나 달팽이관의 기능 이상에 의해 청각정보가 형성되지 않거나 청신경의 이상으로 인해 청각정보가 대뇌 측두엽의 청각피질에 도달하지 않아서 발생하는 장애이다. 반면, 청각정보가 대뇌 청각피질에 정상적으로 전달되더라도 청각피질이 정상적으로 작동하지 않으면 청지각장애가 발생한다. 정상적인 청력과 평균 지능을 가진 초등학교 고학년 아동이 /ㅏ/와 /ㅓ/, /ㅑ/와 /ㅕ/ 같은 모음자의 소리를 일관되게 구분하지 못한다면 청지각장애를 의심해 볼 수 있다.

소리 내어 읽기를 할 경우에 글자라는 시각자극이 후두엽의 시각피질을 통해 인식되고, 그와 동시에 측두엽의 언어중추가 활성화됨으로써 문자소라는 시각자극이 음소라는 청각자극으로 변환된다. 읽기는 활자라는 시각자극을 그것이 표상하는 말소리에 연합하는 활동이기 때문에 시각과 시지각, 청각과 청지각이 모두 정상적으로 작동할 때라야 온전한 읽기가 가능하다.

2. 주의

감각기관을 통해 유입되는 수많은 감각정보에 대해 뇌가 일일이 반응한다면 뇌는 쉴 틈이 없을 것이다. 다행스럽게도 대부분의 감각정보는 대뇌의 피질로 전달되기 전에 걸러진다. 이처럼 감각기관을 통해 유입된 수많은 감각정보 중 일부에만 반응하게 하는 기제를 주의 또는 주의집중이라고 한다. 인체 외부에 존재하는 감각자극 중에서 우리가 주의를 기울이지 않은 자극은 감각수용기의 반응만 유발하고 곧바로 사라져 버리기 때문에 우리는 그러한 자극이 존재하였다는 사실도 의식하지 못한다.

지금 바로 책 읽기를 멈추고 주변에서 들려오는 소리에 귀를 기울여 보자. 책을 읽는 동안에는 의식하지 못하였지만 소리를 듣기 위해 주의를 기울이는 순간 새롭게 의식하게 된 소리는

무엇인가? 주변을 지나가는 자동차의 소리, 냉장고의 냉각기 모
터소리, 벽시계 바늘이 움직이며 내는 소리 등 책을 읽는 동안에
제법 많은 소리가 주변에 존재하고 있었을 것이다. 그러나 이러
한 소리는 주의를 기울이기 전에는 의식되지 않았다. 최근 길을
걸으며 스쳐 지나갔던 사람들의 모습을 떠올리려 애쓸 때 또렷
이 기억되는 얼굴이 있는가? 눈을 뜨고 거리를 걸으며 수많은 사
람을 보았을 테지만 딱히 떠오르는 얼굴은 없을 것이다. 길을 걸
을 때 자신의 시야에 들어온 사람들의 모습이 망막에 맺혔고 그
로 인해 망막의 광수용기가 자극을 받았으나 의식의 영역에 떠
오르는 사람이 없는 이유는 간단하다. 주의를 기울이지 않았기
때문이다.

　다시 한번 주변에서 들려오는 소리에 주의를 기울여 보자.
이전과는 달리 여러 가지의 소리를 의식할 수 있을 것이다. 집
밖으로 나가서 집 근처 인도를 따라 걸으며 반대편에서 걸어오
는 사람들의 모습을 기억하기 위해 최대한 집중해 보자. 다시 집
으로 돌아와 좀 전에 보았던 사람들의 얼굴, 옷차림, 걸음걸이
등을 떠올려 보자. 적어도 한두 사람의 모습은 기억날 것이다.
주의는 우리의 외부에 존재하지만 우리가 의식하지 못했던 감각
자극을 의식의 영역으로 떠올리게 해 주는 중요한 기제이다.

　교수-학습 과정에서 교사들이 신경을 가장 많이 쓰는 것
은 아마도 학습자로부터 주의를 끌어 오는 것이 아닐까 싶다. 학
습자가 주의를 기울이지 않는 한 어떠한 종류의 학습도 이루어
질 수 없다. 수업이 시작되고 난 후 초기 몇 분 동안 학습 주제와

관련된 동영상 보여 주기, 재미있는 이야기 들려주기 또는 흥미로운 활동을 실시하는 것은 학습자의 주의를 환기시키기 위한 목적을 띠고 있다. 학습자의 주의를 끌어 오기만 하면 일단 수업의 시작은 성공한 것으로 볼 수 있다.

효율적인 읽기를 위해서는 글자나 단어 또는 구절에 주의를 집중하고 그 밖의 자극들을 무시하는 선택적인 주의가 필요하다. 책을 읽을 때 단어나 구절을 생략하거나 심지어 한 줄을 온전히 건너뛰고 읽는 행동은 주의를 기울여야 할 대상에 주의가 집중되지 못하고 불필요한 자극으로 주의가 분산되기 때문에 나타나는 현상이다. 읽기를 하는 동안에는 선택적 주의를 기울여야 할 대상이 지속적으로 변화하는데, 이처럼 주의를 전환할 때 새롭게 선택적 주의를 기울여야 할 대상으로 정확하게 주의가 전환되지 못하고 분산되면 읽기 오류가 발생한다.

책을 읽기 위해 눈동자를 고정할 때 시야에 한번에 들어오는 글자의 수를 읽기의 '주의폭'이라 일컫는다. 읽기 발달의 초기 단계에서 주의폭은 글자 또는 단어로 제한되지만, 해독 기술이 발달함에 따라 주의폭은 구절 수준으로 확장된다. 일반적으로 능숙한 성인 독자(讀者)의 읽기 주의폭은 미숙한 독자에 비해 넓다. 동일한 독자가 매번 동일한 주의폭을 유지할 수 있는 것은 아니다. 텍스트의 난이도가 높거나 불안수준이 높아질 경우에 주의폭은 감소한다. 선택적 주의를 기울일 때 능숙한 성인 독자들의 주의폭은 대략 7~8글자이며, 중학생 독자의 주의폭은 5글자 정도이다(최소영, 고성룡, 2009; 최소영, 고성룡, 2014). 한글은 모아

쓰기를 하기 때문에 글자의 시각 밀도가 높은 반면, 영어는 펼쳐 쓰기를 하기 때문에 시각 밀도가 한글에 비해 낮다. 그로 인해 영어권 독자의 주의폭은 대략 17~19개의 알파벳이다(Rayner, 1986; Rayner, Well, & Pollatsek, 1980). 한글에 비해 시각 밀도가 높은 중국어에 대한 성인 독자의 주의폭은 대략 4글자이다(Inhoff & Liu, 1998).

한국 성인 독자들이 눈동자를 고정하였을 경우에 눈동자의 고정점을 중심으로 왼쪽으로 1글자, 오른쪽으로 6~7글자가 위치하며, 한번에 시야에 들어오는 글자들을 모두 읽고 난 이후에 시야를 오른쪽으로 이동할 때 눈동자의 고정점은 대략 4글자씩 도약한다(최소영, 고성룡, 2009). 텍스트의 난이도가 증가하게 되면 눈동자가 다음 위치로 도약할 때까지 소요되는 시간이 길어진다. 눈동자가 한번 고정된 위치에서 다음 고정점으로 이동할 때 대략 4글자씩 도약하기 때문에 이전 주의폭의 오른쪽에 위치한 2~3글자는 다음 주의폭에도 포함된다. 이처럼 주의폭 내에 같은 글자가 반복해서 나타남으로써 읽기의 정확도는 높아지게 된다.

주의전환 속도가 느려지면 그에 비례하여 읽기 속도도 감소한다. 읽기 능력에 따른 주의전환 속도의 차이를 연구하기 위한 일반적인 방법은 난독 집단과 비난독 집단에게 서로 다른 2개의 자극을 연속적으로 빠르게 제시하였을 때 각 집단이 두 번째 자극을 얼마나 정확하게 지각하는지를 비교하는 것이다. 난독 아동, 난독 아동보다 나이는 어리지만 단어 인식 검사 성취도가 동일한 비난독 아동, 난독 아동과 나이가 같고 일반적인

읽기 발달을 보이는 비난독 아동을 각각의 피험자 집단으로 구
성하여 연속적으로 제시되는 2개의 자극 중 두 번째 자극에 대
한 인식의 정확도를 측정하였을 때, 난독 집단은 다른 두 집단
에 비해 두 번째 자극을 지각하는 과제 수행도가 떨어졌다(Visser,
Boden, & Giaschi, 2004). 비저 등(Visser, Boden, & Giaschi, 2004)은 2개
의 자극을 연속적으로 제시하지 않고 여러 개의 방해자극을 제
공하다가 마지막에 표적자극을 제시할 경우에 세 집단이 표적자
극을 지각하는 정도를 비교하였는데 집단 간 아무런 차이가 없
었다. 비저 등의 연구를 통해서 알 수 있는 사실은 빠른 주의전
환을 필요로 하는 과제를 처리할 경우 난독 아동은 비난독 아동
에 비해 수행 정확도가 떨어지지만 그렇지 않은 상황에서는 비
난독 아동과 차이를 보이지 않는다는 점이다.

　음운 인식 과제 수행은 정상적이나 빠른 이름대기 과제 수
행에서 결함을 보이는 난독 아동에게 이름대기 과제를 연속적으
로 제시하지 않고 한 번에 하나씩 보여 주었을 경우 비난독 아동
과 수행 정확도에서 차이를 보이지 않았다(Wolf & Bowers, 1999).
이와 같이 난독 아동도 단일 자극을 인식하는 데에는 문제를 보
이지 않으나 연속적으로 제시되는 2개의 시각자극을 분리된 자
극으로 인식하는 과제에서의 수행이 다른 두 집단에 비해 낮
았다.

　그런데 난독 아동의 주의전환에 대해 비저 등(2004), 울프와
바우어스(Wolf & Bowers, 1999)와 상반된 결론을 제시하는 연구자
들도 있기 때문에 주의전환 속도가 난독증의 핵심적인 문제라고

결론 내리는 것은 다소 성급하다. 다만 난독 아동 중에서 주의전환에 문제를 보이는 사례가 다른 집단과 비교하였을 때 많은 것은 사실이다. 텍스트를 읽는 동안에 독자의 주의는 오른쪽 방향으로 이동하게 되는데, 이때 자극 간 주의의 이동이 순조롭지 않으면 읽기 속도가 느려진다.

텍스트를 읽을 때 주의가 오른쪽 방향으로만 향하는 것은 아니다. 대부분의 독자는 읽다가 이해가 되지 않는 부분이 있으면 다시 읽기를 시도하는데, 초등학생들은 읽기 시간의 약 26~29%를 다시 읽기에 할애한다(최소영, 2016). 쉬운 문장을 읽을 경우에는 읽기에 소요한 시간의 약 26%, 어려운 문장을 읽을 경우에는 약 29%가 다시 읽기에 쓰인다. 읽기를 하다가 이미 읽었던 곳으로 돌아가는 행동은 독자가 두 가지 인지활동을 하고 있다는 것을 보여 준다. 첫째, 독자는 텍스트 내용에 대한 자신의 이해도를 점검하고 있다. 읽기 이해를 위한 점검을 하지 않을 경우 읽는 도중에 멈추거나 뒤로 돌아갈 필요가 발생하지 않는다. 둘째, 독자는 자신이 이해한 부분과 그렇지 않은 부분을 파악함으로써 이해를 위한 부가적인 노력이 필요한 곳을 정확하게 탐지해 내고 있다. 다시 읽기를 시도하려면 현재 주의를 기울이고 있는 구절이나 문장에 주의를 집중시켜야 하고 이전에 읽었던 내용과의 연관성을 점검하여야 하기 때문에 고도의 집중력이 필요하다. 이처럼 인지활동을 수행하며 자신의 인지 상태를 점검하는 활동을 초인지 또는 메타인지라고 한다.

읽기 능력이 향상됨에 따라 다시 돌아가 읽기를 시도하는 빈도는 감소한다. 하지만 읽기부진 아동의 읽기 행동을 관찰하다 보면 특이하게도 다시 읽기를 시도하는 빈도가 매우 낮다는 사실을 발견하게 된다. 이러한 읽기 행동을 보이는 아동에게 텍스트의 내용에 대한 이해도를 확인하기 위한 질문을 던져 보면 정확하게 답하지 못하는 경우가 대부분이다. 읽기부진 아동이 다시 읽기를 시도하는 빈도가 왜 낮은지에 대한 설명을 제공하는 연구결과는 없기 때문에 읽기부진 아동을 지도해 본 개인적인 경험을 바탕으로 그 이유를 추측해 볼 수밖에 없다. 읽기부진 아동이 다시 읽기를 시도하지 않는 이유 중 하나는 이들이 읽기를 통해 텍스트의 내용을 이해하기보다는 해독에 치중하기 때문에 이해를 위한 초인지를 가동하지 않는다는 점이다. 또 다른 이유는 되돌아가서 읽는 것이 혹여 자신의 부족한 읽기 능력을 남들에게 노출시킬 수 있다는 불안감 때문일 수 있다. 제한된 시간 내에 묵독으로 정해진 분량의 텍스트를 읽어야 할 경우 다시 읽기를 함으로써 또래들에 비해 읽기 속도가 느려지게 되면 무리 중에서 '튀게' 된다. 또래들에 비해 자신의 읽기 능력이 부족하지 않음을 보여 주는 방법으로 읽기부진 아동이 선택하는 것 중 하나가 또래들과 같은 속도로 책장 넘기기일지도 모른다.

읽기의 궁극적인 목적인 의미 구성에 도달하려면 읽기를 하는 내내 주의를 지속시켜야 한다. 그런데 대부분의 읽기부진 아동에게 읽기란 최대한 회피하고 싶은 과제일 뿐이다. 읽기 능력이 향상될수록, 읽기에 흥미를 느낄수록 읽기 활동에 투입하는 시간이 늘어나며 주의를 지속하는 시간 또한 증가한다. 읽기부진 아동을 지도할 때 읽기 지도에 소요되는 시간이 너무 길지 않아야 하는 이유는 바로 이들의 주의 지속시간이 길지 않기 때문이다. 만일 읽기부진 아동이 어느 때부터인가 책을 더 많이 읽고 싶다고 말하게 된다면 그것은 책 읽기에 대한 흥미가 높아짐으로써 읽기 과제에 대한 지속적 주의력이 향상되었다는 것을 의미한다.

주의집중은 읽기를 위한 필요불가결한 심리적 기제이므로 읽기 지도의 효율성을 높이려면 읽기 지도 시 학습자의 주의 수준을 높일 수 있도록 환경을 구성해야 한다. 학습자의 주의를 끄는 자극은 대개 두 가지 특징을 지닌다.

첫째, 학습자에게 흥미로운 자극이어야 한다. 학습자가 흥미를 느끼지 않는 자극은 학습자의 주의를 끌거나 지속시키지 못한다. 외부의 강요에 의해 주의를 집중하는 경우도 있으나 이러한 주의는 일시적일 뿐이다. 한글을 해득하지 못한 아동이 한글 학습에 주의를 기울이도록 하는 것은 무척 어렵다. 왜냐하면 이들이 학습해야 할 내용은 대개 이들에게 흥미로운 자극이 아니기 때문이다. 읽기부진 아동이 읽기나 쓰기와 같은 문해 활동에 관심을 갖도록 하는 것이 이들을 위한 읽기 지도의 출발이다.

일반적인 가정에서 자란 아동은 부모를 통해 자연스럽게 읽기 활동에 참여하게 된다. 부모가 책을 읽어 줄 때 아동은 귀로 듣고 눈으로 글자를 따라가며, 그림을 통해 낱말의 의미뿐만 아니라 책의 내용을 깨닫게 된다. 책을 많이 읽을수록 책에 등장하는 새로운 단어나 개념을 많이 알게 됨으로써 지식을 쌓게 되고 책 읽기에 대한 흥미도 증가한다. 그렇지만 읽기부진 아동은 책 읽기와 관련된 긍정적인 경험이 부족하여 읽기 학습에 대한 거부감을 갖게 되며 읽기와 관련된 활동은 어떻게 해서든 회피하려고 한다.

　　읽기부진 아동이 읽기에 대한 흥미를 갖도록 하는 방법 중 하나가 아동이 관심을 보이는 분야의 텍스트를 활용하는 것이다. 재미있는 이야기책, 만화 캐릭터나 신기한 동물 등을 주제로 하는 텍스트를 사용하는 것이 도움이 될 수 있다. 읽기에 대한 흥미를 끄는 또 다른 방법은 수업 회기에 보드게임과 같이 재미있는 활동을 첨가하는 것이다. 물론 보드게임의 내용을 읽기 능력 향상이라는 수업목표에 맞게 재구성해야 한다. 또 다른 방법은 보상체계를 활용하는 것이다. 매 회기에서 학생이 수행할 행동의 목표를 설정하고 일정 수준에 도달하면 학생에게 보상하는 방법도 읽기 지도의 초기 단계에 학습자의 동기를 유지하는 데 효과적이다.

　　둘째, 학습자에게 중요한 자극이어야 한다. 수많은 사람으로 붐비는 거리에서 누군가 자신의 이름을 부를 때 주변의 소음 속에서도 그 소리를 듣고 소리가 나는 쪽으로 고개를 돌리게 된다. 부모는 깊이 잠든 상태에서도 아기의 뒤척이는 소리나 작은 울음소리에 금방 잠에서 깨어나 아기에게로 달려간다. 거리에서 들려오는 자신의 이름과 아이의 울음소리는 당사자에게 매우 중요한 자극이기 때문이다.

　　읽기 지도에서 중요한 자극이란 학습자의 읽기 수준에 비추어 볼 때 지나치게 쉽거나 어렵지 않으며 학습자에게 의미 있는 학습 내용을 가리킨다. 통단어 읽기 단계[1]에 머물러 있고 글자나 음절에 대한 개념을 형성하지 못한 아동에게 자모음자 이름과 그것의 형태를 익히는 것은 중요한 자극이 될 수 없다. 오히려 아동의 생활환경에서 쉽게 발견할 수 있는 상표나 간판명 또는 자신의 이름표를 읽어 보는 것이 더 적절하다. 이제 막 문자소와 음소의 대응 관계를 익히기 시작한 아동에게 음운변동이 일어나는 단어를 정확하게 읽는 것은 아직은 덜 중요하며, 오히려 민글자의 초성자와 중성자를 다른 낱자들로 대치하여 읽는 연습을 하는 것이 더 적합하다.

흥미롭긴 하지만 중요하지 않은 자극이 있고, 흥미롭진 않지만 중요한 자극이 있다. 단순히 재미만 있고 학습 내용과 전혀 관련이 없는 활동은 읽기 지도 시 지양되어야 한다. 게임은 읽기부진 아동이 읽기 학습에 대한 거부감을 덜 갖도록 하는 데 도움이 되지만 게임의 요소들이 학습 내용과 무관하다면 무의미한 활동일 뿐이다. 한편, 읽기부진 아동에게 중요하지만 그에게 별로 흥미롭지 않은 자극들은 무척 많다. 읽기부진이 심각한 아동일수록 읽기와 관련된 활동에 흥미를 느끼지 못하고 가능한 한 읽기 학습을 회피하려는 경향이 강하다. 읽기부진 아동을 위한 읽기 지도의 초기에 그가 학습해야 할 중요한 내용으로 주의를 기울이도록 유인하는 교수전략을 구사하는 것은 읽기 지도의 성

---

1   단어를 글자 단위로 분리하여 지각하지 못하고 하나의 시각 패턴으로 인식하는 읽기 단계를 의미한다.

패를 좌우하는 관건 중 하나이다.

3. 기억

　학습은 새로운 것을 배우고 익히는 것이며 기억은 학습한 것을 존속시키는 것이란 점에서 둘은 개념상 명확히 구분되지만, 실제 교수 – 학습 상황에서 둘은 명백하게 분리될 수 없다. 학습을 기억 활동의 연속이라고 표현하는 것이 결코 과장은 아니다. 배우고 익혔으나 기억으로 남아 있지 않으면 학습이 이루어졌다고 말할 수 없다. 학습의 가치는 기억의 공고함에 달려 있다.

　모든 기억은 감각수용기에 일시적으로 저장되는 감각기억으로부터 출발한다. 감각수용기에 일시적으로 머무는 정보들은 주의를 기울이지 않으면 순식간에 사라져 버린다. 우리가 깨어서 활동하는 동안 감각수용기는 끊임없이 감각자극에 대해 반응하지만 대부분의 감각정보는 의식화되지 않는다. 감각정보가 의식화되는 데 가장 크게 기여하는 것이 앞서 언급한 주의집중이다. 주의를 기울인 감각자극은 단기기억 정보로 전환이 되어 수 초에서 수 분 또는 수 시간까지 지속된다.

　단기기억은 분자생물학적으로 신경세포의 축삭 말단에 있는 소포체의 활동으로 설명될 수 있다. 활동전위가 축삭 말단에 도달하면 축삭 말단의 세포막에서 칼슘이온 통로가 열리고 세포막 외부에 존재하던 칼슘이온이 축삭 말단으로 유입된다. 세

포막 안으로 유입된 칼슘이온은 축삭 말단에 부유(浮遊)하던 소
포들을 세포막 근처로 이동시킨다(Kandel & Squire, 2016). 세포막
을 따라 도열한 소포가 터지면 그 안에 담겨 있던 신경전달물질
이 시냅스 간극에 분비되고 시냅스 후 막에 분포된 수용체들은
신경전달물질과 결합하는데, 이때 시냅스 후 세포의 수상돌기에
서는 시냅스 전위가 발생한다([그림 3-1] 참조). 시냅스 간극에 분
비되는 신경전달물질의 양에 따라 시냅스 후 세포에서 발생하는
시냅스 전위의 세기가 달라지는데, 충분한 양의 신경전달물질이
분비되고 시냅스 전위가 그에 비례하여 증가하면 시냅스 후 세
포의 축삭구(axon hillock)[2]에서 활동전위가 발생한다. 만약 신경
전달물질이 충분히 분비되지 않아서 시냅스 전위의 세기가 약하
면 시냅스 후 세포에서는 활동전위가 발생하지 않는다.

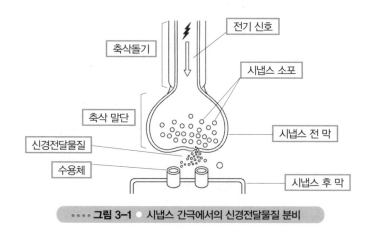

•••• **그림 3-1** ● **시냅스 간극에서의 신경전달물질 분비**

---

2 [그림 3-2]에서 축삭구(軸索邱)는 수상돌기와 축삭돌기의 연접부에 위치한다.

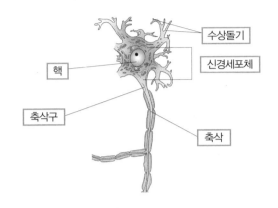

···· **그림 3-2** ● 신경세포의 일반적인 형태

　새로운 것을 학습할 때 시냅스 전 세포의 축삭 말단에서 분비되는 신경전달물질의 양이 증가하며 그로 인해 시냅스 후 세포에서 활동전위가 발생할 가능성이 높아진다. 그렇지만 시냅스에서 벌어지는 이러한 일시적인 현상으로 인해 뇌의 구조적인 변화가 발생하는 것은 아니다. 학습을 통해 단기기억이 형성되었다는 것은 시냅스에서 신경전달물질의 양이 증가함으로써 시냅스 연결이 단기적으로 강화되었음을 의미하는데, 되뇌임(rehearsal)이나 반복학습이 뒤따르지 않을 경우 이러한 시냅스 연결은 다시 약화된다. 되뇌임이란 단기기억 상태로 머물러 있는 정보를 정신적으로 재현하기 위해 의식적으로 회상하는 활동을 의미한다.

　단기기억은 주의를 기울이는 동안 일시적으로 유지되는 즉각기억 그리고 즉각기억을 되뇌임으로써 즉각기억에 비해 오랫동안 지속되는 작업기억으로 구분된다(Broadbent, 1954; Engle, Tuholski, Laughlin, & Conway, 1999). 검사자가 숫자열을 불러 주고 난 다음, 피검사자가 그 숫자열을 그대로 되풀이하여 말하는 것은 즉각기억의 한 예이다. 반면, 검사자가 불러 준 숫자열을 역순으로 말할 때에는 작업기억이 작동한다. 숫자열을 역순으로 말하려면 우선 검사자가 불러 준 숫자열을 정확하게 파지하면서 동시에 이를 역순으로 재구성할 수 있어야 한다. 물론 작업기억은 즉각기억을 재구성하는 것뿐만 아니라 장기기억의 정보를 인출하여 즉각기억과 관련지어 처리하는 활동도 하기 때문에 컴퓨터 중앙연산처리장치(CPU)에 비유되기도 한다.

단기기억은 지속시간뿐만 아니라 저장 용량에도 제한이 있어서 대부분의 사람은 한 번에 7±2개 정도의 정보를 저장할 수 있다. 숫자열 따라 말하기를 할 때 최소한의 오류로 따라 말할 수 있는 숫자의 개수가 대략 9개 정도인 것은 단기기억 저장 용량의 한계 때문이다. 이러한 단기기억의 용량 제한을 반영한 것인지는 알 수 없으나 전화번호는 010, 070과 같은 통신망 번호를 제외하면 총 8개의 숫자로 이루어져 있어서 외우기에 용이하다. 스마트폰이 보급되기 전에는 전화번호 안내 서비스를 사용하는 경우가 많았는데, 문의한 전화번호 7자리(***-****) 또는 8자리(****-****)의 숫자가 두 번 되풀이될 때 이를 일시적으로 외웠다가 다이얼을 누르는 것이 가능하였다. 만약 전화번호의 자릿수가 10자리 이상이었다면 다이얼을 미처 다 누르기 전에 전화번호를 망각하기 쉬웠을 것이다.

　　새로운 정보에 대한 단기기억이 형성되면 이 정보를 처리하는 신경회로의 시냅스 간극에서 분비되는 신경전달물질의 양은 증가하지만 뇌의 해부학적인 변화는 일어나지 않는다. 단기기억의 처리에 관여하는 신경세포들이 지속적으로 발화하지 않는다면 시냅스 간극에 분비되는 신경전달물질의 양은 단기기억 형성 이전의 상태로 복귀하며 단기기억으로 형성되었던 정보들은 모두 사라져 버린다. 단기기억을 장기기억으로 전환하려면 되뇌임이라는 적극적인 활동이 필요한데, 이때의 되뇌임은 외부의 강제에 의해 타율적으로 이루어지는 것이 아니라 자발적으로 실행되어야 한다.

　　단기기억은 시냅스 세기의 변화와 관련되는 반면, 장기기억은 새로운 단백질 합성을 통한 뇌의 해부학적 변화를 유발한다. 단기기억은 몇 초에서 몇 시간 동안 지속되지만 장기기억은 며칠 이상 안정적인 상태로 유지된다. 단기기억의 경우 시냅스에서 신경전달물질의 양이 일시적으로 증가하였다가 사라지지만, 장기기억이 형성될 경우에는 시냅스의 수가 대폭 증가하기 때문에 기억이 안정적으로 유지된다. 되뇌임과 반복학습이 이루어짐에 따라 시냅스 전 세포의 축삭 말단의 수가 증가할 뿐만 아니라 시냅스 후 세포의 수상돌기도 성장한다. 장기기억이 형성될 때 새로운 단백질 합성이 일어나는 것은 기존에 존재하지 않던 시냅스 연결이 새롭게 생성되기 때문이다.

　　스콰이어 등(Squire, Smith, & Barondes, 1973)은 실험집단의 쥐에게 단백질 합성 억제제를 주입하고 비교집단의 쥐에게는 소금물을 주입한 후 미로학습을 시켰다. 미로학습을 마치고 3시간이 지났을 때까지만 해도 두 집단 모두 미로학습에 대한 단기기억에서 아무런 차이를 보이지 않았으나, 미로학습이 끝나고 6시간이 지난 다음부터 단백질 합성 억제제를 주입받은 쥐들의 미로학습 수행은 비교집단의 쥐들에 비해 현저히 저하되었다. 이러한 실험 결과는 단기기억과 달리 장기기억이 형성될 경우에는 단백질 합성이 동반된다는 사실을 보여 준다.

되뇌임이나 반복학습이 단기기억을 장기기억으로 전환하기 위한 필수적인 정신활동이긴 하지만 되뇌임과 반복학습의 내용이 지닌 의미 유무 또한 기억 형성에 영향을 미친다. 무의미한 정보를 아무리 여러 번 되뇌더라도 장기기억은 생성되지 않는다. 숫자 119112114를 10초 동안만 암기해 보자. 9개의 숫자는 언뜻 보기에 무의미한 숫자들의 나열 같아 10초 동안 이를 모두 암기하는 것은 어려워 보인다. 하지만 이 숫자열을 119, 112, 114로 분리하면 각각의 숫자열은 화재신고, 범죄신고, 전화번호 안내서비스 번호라는 의미를 갖게 되어 단 몇 초만으로도 암기가 가능하며 며칠이 지난 다음에도 인출이 가능하다.

기억해야 할 내용의 의미 유무가 기억에 미치는 영향을 확인하기 위해 간단한 활동을 해 보도록 하자. 다음에 나열한 여덟 명의 사람은 조선시대에 실존했던 인물들이다. 지금부터 30초 동안 최대한 많은 이름을 암기해 보자.

한명련 기익헌 김원량 남이흥 이중로 이성부 심기원 박영신

30초가 지난 후 이 이름들을 손으로 가린 다음 기억나는 이름을 말해 보자. 정확하게 기억하고 있는 이름은 무엇인가?

이번에는 똑같은 방법으로 다음 이름들을 암기해 보자.

정도전 성삼문 한명회 이율곡 유성룡 이순신 임경업 최명길

30초가 지난 후 두 번째 목록에서 회상할 수 있는 이름의 수는 첫 번째 목록에 비해 훨씬 더 많을 것이다. 이러한 차이가 발생하는 원인은 2개의 목록 속에 포함된 이름이 갖는 유의미성 (significance)이 다르기 때문이다. 첫 번째 목록 속에 포함된 인물들은 조선 인조 임금 당시 이괄의 난 때 이괄의 군대에 가담했던 사람들이거나 이괄의 군대에 의해 죽임을 당한 관군들이다. 아마도 대부분의 독자에겐 생소한 이름으로 무의미한 자극에 가깝다. 그에 비해, 두 번째 목록에 제시된 사람들은 조선시대에 중요한 역사적 변곡점에 실존했던 인물들로 첫 번째 목록에 있는 이름보다는 독자들에게 더 익숙한 사람들이다. 물론 한국사에 대한 지식이 많지 않을 경우에는 두 번째 목록에 제시된 이름들을 암기하는 것도 쉽지 않을 것이다. 일반적으로 초등학생에 비해 고등학생이나 성인이 두 번째 목록에 제시된 이름을 암기하는 데 훨씬 뛰어날 것이다.

암기해야 할 내용의 친숙도에 따른 기억의 차이는 읽기 지도에서도 그대로 나타난다. 읽기부진 아동에게 자모음자의 이름과 소리를 가르치거나 음절표에 적힌 민글자의 소리를 가르치는 교사들은 최단 기간 내에 아동이 자모음자의 이름과 소리를 암기하고 이를 기반으로 하여 민글자의 소리도 암기하기를 기대한다. 그러나 이러한 교사의 기대와는 달리 읽기부진 아동이 자모음자 이름을 모두 암기하고 그것의 소리까지 익히는 단계로 나아가는 것은 쉽지 않다. 발생적 문해력 형성기에 빈약한 문해 환경에 처해 있었던 읽기부진 아동에게는 자모음자의 이름과 형태, 민글자의 소리는 매우 생소한 무의미 자극에 가까우므로 이를 무턱대고 암기하도록 할 경우 읽기 학습에 대한 동기는 저하될 것이다. 그렇다고 자모음자 이름과 소리, 민글자의 소리 익히기를 건너뛴다면 해독 기술을 익히는 데 문제가 발생한다. 읽기부진 아동이 자모음자 이름과 소리를 암기하고 이를 바탕으로 민글자의 소리도 익힐 수 있도록 지도하는 데 있어서의 최대 관건은 어떻게 이러한 학습 내용들이 아동에게 의미 있는 자극으로 전환되도록 하느냐는 것이다.

　　단기기억을 장기기억으로 전환하는 과정에 기여하는 심리적 기제 중 하나가 정교화이다. 정교화란 새롭게 제시된 정보를 이미 형성된 의미망에 연결시켜 주는 심리적 활동이다(김동일 외, 2003). 새로운 내용을 가르치기에 앞서 그것을 이해하는 데 필요한 학습자의 선행지식을 활성화시켜 주는 것은 대표적인 정교화 활동이다. 정교화라는 심리적 기제는 자모음자 이름과 소리에 대한 장기기억을 형성하는 데 시사하는 바가 작지 않다. 읽기부진 아동이 그토록 자모지식을 습득하는 데 어려움을 보이는 것은 자모음자의 이름과 형태, 소리라는 새로운 정보와 연결될 수 있는 의미망이 이들의 뇌 속에는 존재하지 않기 때문일 수 있다. 대부분의 아동은 영유아기 때 부모가 책을 읽어 주는 경험을 통해 익숙한 글자와 단어에 대한 기억을 형성하며 자모음자를 조작하는 활동을 통해 자모지식을 형성하기 위한 기반을 이미 갖추고 있다. 이들은 유치원이나 한글 사교육 시장 또는 초등학교 입학 후 한글 교육을 받으면서 한글 자모에 대한 지식을 보다 정교화한다. 반면, 읽기부진 아동에게는 발생적 문해력이 형성되기 위한 토양이 빈약하여 자모지식과 의미적으로 연결 지을 수 있는 뇌의 회로망이 갖추어져 있지 않다.

반복연습은 모든 학습에서 필수적인 과정이지만 반복의 방식은 신중하게 선택되어야 한다. 학습자가 자신이 익히고자 하는 내용의 의미를 깨닫지 못한 채 무한반복을 통해 암기하려는 시도는 학습이 의미를 추구하는 활동이라는 기본적인 전제를 위반하는 것이다. 학습자가 자신이 암기하고 있는 내용의 의미를 깨닫지 못하면서 기계적으로 암기하는 것을 두고 학습을 하고 있다고 말할 수는 없다. 학습자가 이미 형성하고 있는 의미망에 연결되지 못하는 정보들도 되뇌임을 통해 단기간 동안 기억으로 남아 있을 수 있지만 조만간 소멸되어 버린다. 또한 이런 무의미한 반복은 학습자에게 지겨움이란 정서를 촉발하여 학습동기를 낮추는 부작용을 야기한다는 점에서 반드시 지양되어야 한다.

정교화 과정을 거쳐 학습자의 의미망에 연결된 정보들은 꽤 오랜 기간 기억의 흔적으로 유지된다. 발생적 문해력 형성기에 부모가 책을 많이 읽어 준 아동은 노출 빈도가 높은 단어의 형태와 소리 그리고 의미를 장기기억 속에 간직하게 됨으로써 동일한 단어가 다른 책에 등장하면 곧바로 읽을 수 있다. 이처럼 보자마자 바로 읽을 수 있는 단어를 일견단어(sight word)라고 일 컫는다. 장기기억 속에 일견단어를 많이 가지고 있는 아동은 한 글 교육이 본격적으로 시작되었을 때 자모음자의 이름, 형태, 소 리뿐만 아니라 민글자의 소리도 빠르게 학습하게 되는데, 그 이 유는 바로 아동이 문자와 관련하여 형성하고 있는 의미망이 크 기 때문이다.

4. 읽기는 뇌의 작용

읽기란 표면적으로는 문자라는 시각자극을 보고 그것이 표 상하는 말소리를 산출하는 매우 단순한 활동처럼 보이지만 문 자의 투입부터 말소리 산출에 이르는 일련의 과정을 보다 세부 적으로 들여다보면 매우 복잡한 절차를 거쳐서 이루어진다는 사실을 알 수 있다. 이 절에서는 문자라는 시각자극을 도화선으 로 그것의 말소리와 의미가 산출되는 일련의 과정을 뇌의 활성 화라는 측면에서 세밀하게 들여다보고자 한다.

1) 문자의 지각

문자라는 시각자극이 망막에 투사되면 그것의 상(像)은 망

막 위에서 수많은 픽셀로 쪼개지며, 각각의 픽셀 정보는 대뇌 후
두엽의 일차시각피질(V1)로 전달된다([그림 3-3] 참조). 일차시각
피질의 신경세포들은 병렬적으로 작동함으로써 망막에서 전달
되어져 온 픽셀 정보를 선분으로 조합한다. 일차시각피질은 특
정한 기울기에만 선택적으로 반응하는 신경세포들로 이루어져
있어서 시각자극의 기울기에 따라 신경세포들의 반응은 달라진
다(최현석, 2013). 가령, 'ㄱ'이라는 문자를 제시하면 일차시각피질
의 신경세포들 중 일부는 수평선(—)에만 반응하고, 또 다른 신경
세포들은 수직선(ㅣ)에만 반응한다. 사선에만 선택적으로 반응
하는 신경세포들도 있어서 'ㅅ'을 보여 줄 때 일군의 신경세포들
은 '/'에 또 다른 신경세포들은 '\'에 반응한다. 아직까지 곡선
에 대해서만 선택적으로 반응하는 신경세포들은 발견되지 않았
는데, 곡선에만 선택적으로 반응하는 신경세포가 실존함에도 불
구하고 발견하지 못했다기보다는 일차시각피질에서는 곡선을
짧은 직선들로 분해하여 지각할 수 있기 때문에 굳이 곡선에만
반응하는 신경세포가 필요치 않기 때문일 것으로 추정된다(최현
석, 2013). 곡선에 반응하는 신경세포들은 수평선, 수직선, 사선에
도 반응한다는 사실이 이러한 추정을 뒷받침한다. 이와 같이 후
두엽의 일차시각피질은 시각자극을 일차적으로 분석하여 직선
이나 곡선 정보를 파악할 뿐 단어나 얼굴과 같은 복잡한 형태를
지각하지는 못한다.

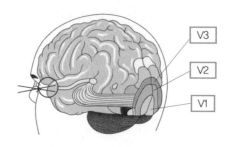

•••• **그림 3-3** ● 시각피질

　　이차시각피질(V2)은 수평선, 수직선, 사선, 곡선과 같은 단
순한 정보들을 조합하여 만들어진 다양한 형태의 각에 대해 선
택적으로 반응한다(Ito & Komatsu, 2004). 일차시각피질은 수평선,
수직선, 사선과 같은 단순한 자극에만 반응하지만, 이차시각피
질은 'ㄱ, ㄴ, ㄷ, ㅅ, ㅈ, ㅇ'과 같이 수직선과 수평선의 접합, 사
선의 접합, 곡선의 접합으로 이루어진 자극들에 반응한다. 이
차시각피질은 복잡한 특성을 지닌 자극에 대한 표상이 형성되
는 출발점이다. 이차시각피질에서 처리된 정보들은 하측두피질
(inferotemporal cortex; [그림 3-4] 참조)로 이동하는데, 이곳에서는
얼굴, 물건, 패턴과 같은 복잡한 자극에 대해 발화한다(Dehaene,
2017). 눈과 일차시각피질의 기능은 온전하지만 이차시각피질
을 포함한 다른 시각영역들이 손상된 경우, 제시된 물체를 보고
그릴 수는 있지만 그 물체가 무엇인지 인식하지 못한다(최현석,
2013).

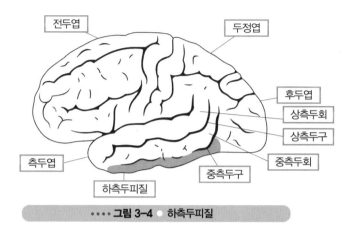

●●●● 그림 3-4 ● 하측두피질

하측두피질의 뉴런들은 특정 형태에 대해 선택적으로 발화하는데, 대상의 기울기나 방향이 변화하더라도 동일하게 반응함으로써 대상불변성을 띤다. 특히 좌반구 하측두피질의 뒷부분(posterior inferotemporal cortex)의 복측 후두–측두엽은 단어에 대해 강하게 반응하기 때문에 시각단어형태영역 또는 시각단어영역(visual word form area; [그림 3-5] 참조)으로 불린다(Dehaene, 2017). 시각단어영역은 일차시각피질과 이차시각피질에서 처리된 정보를 조합하여 단어의 시각적 형태를 지각한다. 단어의 시각적 이미지가 망막에 투사된 시점을 기준으로 100ms[3] 후에 양뇌 후두엽의 일차시각피질이 모두 활성화되지만, 150~180ms가 지난 후에는 좌반구의 시각단어영역이 활성화되고 이 영역과 대칭되는 우반구의 동일 영역은 거의 활성화되지 않는다(Cohen et al., 2000;

---

3 1ms(밀리세컨드)는 1,000분의 1초를 의미한다.

Tarkiainen, Cornelissen, & Salmelin, 2002). 한편, 사람 얼굴을 보여 주었을 경우에는 망막에 이미지가 투사된 시점을 기준으로 100ms가 지난 다음에 양뇌 후두엽이 모두 활성화되지만, 150~180ms가 지난 후부터는 좌반구 시각단어영역은 활성화되지 않는 대신 우반구의 대칭 영역이 활성화된다(Tarkiainen et al., 2002).

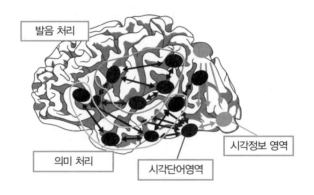

발음 처리

시각정보 영역

의미 처리

시각단어영역

•••• **그림 3-5** ● 시각단어형태영역

시각단어영역은 단어를 시각적으로 제시할 경우에만 활성화되며 단어를 읽어 줄 경우에는 활성화되지 않는다. 즉, 시각단어영역은 음성언어가 아닌 문자언어에만 선택적으로 반응한다(Dehaene, Le Clec'H, Poline, Le Bihan, & Cohen, 2002). 시각단어영역이 문자언어에만 선택적으로 반응한다는 사실은 반아테벨트 등(van Atteveldt, Formisano, Goebel, & Blomert, 2004)의 실험에서도 밝혀졌다. 반아테벨트 등은 알파벳을 시각적으로 제시할 때와 청

각적으로 제시할 때 활성화되는 뇌의 영역들을 관찰하였는데
[그림 3-6]에서 녹색 부분은 알파벳을 보여 주기만 한 경우에
활성화되는 영역이며, 주황색 부분은 알파벳의 소릿값만 들려주
었을 때 활성화되는 영역이었다. 녹색 부분은 양반구의 하후두
측두(inferior occipital-temporal) 영역으로 좌반구의 시각단어영역
을 포함하며, 주황색 부분은 좌우반구의 일차청각피질, 상측두
구(superior temporal sulcus), 상측두회(superior temporal gyrus)의 일
부를 포함한다. 단어를 보여 주더라도 시각단어영역이 활성화
되지 않는 일군의 사람들도 있는데, 문자를 익히지 못한 문맹자
들이 바로 그들이다. 문맹자에게 문자란 무의미한 시각자극에
불과하므로 문자의 시각적 형태를 지각하는 시각단어영역이 활
성화되지 않은 것으로 볼 수 있다(Baker, Liu, Wald, Kwong, Benner,
& Kanwisher, 2007).

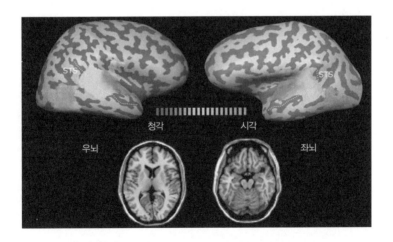

•••• 그림 3-6 ● 시각단어와 청각단어에 의해 활성화되는 영역

출처: van Atteveldt, Formisano, Goebel, & Blomert (2004)

물론 단어를 보여 주지 않고 소리로만 들려줄 경우에 시각
단어영역이 활성화되기도 한다. 피험자에게 단어를 들려주기 전
에 특정 음소나 알파벳이 앞으로 듣게 될 단어 속에 포함되어 있
는지 확인해 보라는 지시를 내린 다음, 단어를 들려 주면 시각단
어영역이 활성화된다(Cohen, Jobert, Le Bihan, & Dehaene, 2004). 단
어를 보여 주지 않았음에도 시각단어영역이 활성화된 이유는 특
정 알파벳이 청각적으로 제시되는 단어 속에 포함되어 있는지를
확인하기 위해 단어의 시각적 이미지를 마음속에 떠올렸기 때문
인 것으로 보인다(Dehaene et al., 2002).

2) 문자와 말소리의 연결

시각피질의 위계가 한 단계씩 높아짐에 따라 보다 복잡한
이미지를 조합할 수 있으며 문자의 시각적 형태에 대한 분석이
정교해진다. 그런데 만약 문자를 시각적인 이미지로 처리하는
것으로 신경세포의 활동이 종료된다면 문자를 처리하는 것과
일반적인 시각정보를 처리하는 것이 별반 다르지 않을 것이다.
그런데 읽기 활동 중 문자를 처리할 경우에는 시각피질을 거치
며 조합된 시각적 이미지가 그것이 표상하는 말소리, 의미와 결
합되는 과정을 거친다는 점에서 일반적인 시각자극을 처리하는
것과 차이를 보인다. 문자의 시각적 형태가 그것이 표상하는 말
소리와 연결되는 최초의 영역 또한 시각단어영역이다(Dehaene,
2017).

　　마린코비치 등(Marinkovic et al., 2003)은 뇌에서 발생하는 미세 자기장 신호를 감지함으로써 뇌의 활성 영역을 탐지하는 방법을 개발하였는데, 이 방법을 사용하여 단어를 시각적으로 제시할 경우와 청각적으로 제시할 경우에 뇌의 활성 영역이 어떻게 변화하는지를 관찰하였다. 우선 단어를 시각적으로 제시하였을 경우, 단어가 제시된 지 100ms가 지난 후 양뇌 후두엽이 활성화되었고, 170ms가 지나자 좌반구 후두측두(시각단어영역)가 강하게 활성화되었다. 이러한 연구결과는 코헨 등(Cohen et al., 2000)이나 타키아이넨 등(Tarkiainen et al., 2002)의 연구에서 밝혀진 것과 동일하다. 그런데 마린코비치 등(Marinkovic et al., 2003)은 이 선행 연구자들에 비해 한 단계 더 나아가 시각단어영역의 활성화 이후 뇌의 다른 영역들에서 나타난 활성화 양상을 관찰하였다. 시각단어영역이 활성화된 후 80ms가 지나면 양뇌 측두엽이 광범위하게 활성화되며, 그로부터 50ms가 지나면서부터는 좌반구 측두엽이 이전에 비해 더 넓게 활성화되고 브로카 영역과 그 주변도 활성화되었다. 이때부터는 특이하게도 우반구의 활성화가 이전에 비해 두드러지게 감소하였다.

　　한편, 단어를 청각적으로 제시할 경우에는 단어가 제시된 후 170ms까지는 양뇌의 일차청각피질이 활성화되었으나 그로부터 80ms가 지나면서부터 활성화되는 뇌의 영역들은 단어를 시각적으로 제시하였을 때와 상당히 중복되었다. 다만 시각적으로 단어를 제시할 경우에는 좌반구의 활성화가 두드러진 데 비해, 청각적으로 단어를 제시한 경우에는 우반구도 좌반구와

동일한 정도로 활성화되었다는 점에서 차이를 보인다([그림 3-7]

참조).

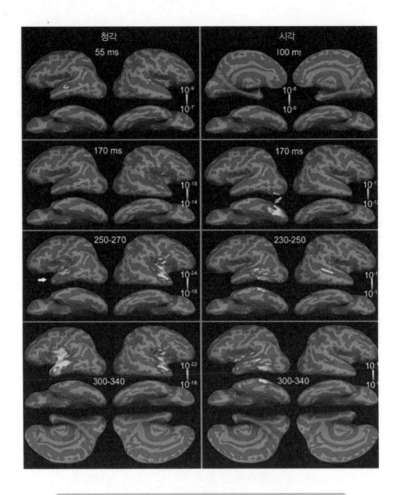

•••• **그림 3-7 ●** 단어의 청각적 처리와 시각적 처리

출처: Marinkovic et al. (2003)

　　코헨 등(2000), 타키아이넨 등(2002) 그리고 마린코비치 등 (2003)의 연구를 통해 알 수 있는 사실은 문자에 대한 지각이 완료되면 문자에 대응하는 말소리를 처리하는 뇌의 영역들이 활성화된다는 것이다. 문자를 표상하는 말소리가 처리될 때에는 좌우뇌의 측두엽이 광범위하게 활성화되고, 이렇게 활성화된 영역들은 단어를 시각적으로가 아닌 청각적으로 제시할 경우에 활성화되는 뇌의 영역들과 상당히 중복되었다. 이러한 사실을 바탕으로 문자를 시각적으로 제시하든 청각적으로 제시하든 뇌에서는 문자와 연결된 청각정보를 처리한다는 것을 알 수 있다.

　　한 가지 흥미로운 점은 문자의 말소리를 처리할 때 양뇌의 측두엽이 항상 광범위하게 활성화되는 것은 아니라는 사실이다. 반아테벨트 등(2004)에 따르면, 알파벳과 소릿값이 일치하는 경우와 불일치하는 경우에 뇌의 활성화 정도는 뚜렷한 차이를 보였다. [그림 3-8]에서 주황색 부분은 알파벳과 소릿값이 일치할 경우에 강력하게 활성화되는 영역인데 알파벳과 소릿값이 일치하지 않을 때에는 이 영역의 활성화가 급격히 감소하였다. 주황색 부분에 속하는 영역 중 문자와 소리의 일치 여부를 판단할 때 가장 민감하게 반응하는 곳은 상측두엽 뒷부분에 위치한 측두평면(planum temporale; [그림 3-9] 참조)이다. 해독은 문자를 그것이 표상하는 소리에 정확하게 연결 짓는 활동이므로 측두평면은 아마도 해독 과정에서 핵심적으로 기능할 것으로 보인다.

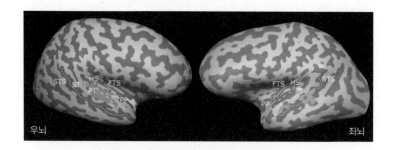

•••• **그림 3-8** ● 알파벳과 소리의 일치 여부에 따른 뇌 반응

출처: van Atteveldt, Formisano, Goebel, & Blomert (2004)

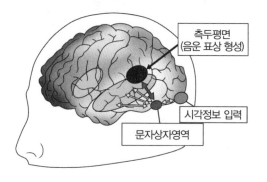

•••• **그림 3-9** ● 측두평면

시각단어영역이 활성화된 이후에 활성화되는 양뇌 측두엽의 넓은 영역과 브로카 영역은 단어를 청각적으로 제시할 경우에도 활성화되며, 말소리를 산출하는 데에도 관여한다는 사실은 묵독과 음독 시 뇌반응의 양상을 이해하는 데 중요한 시사점을 제공한다. 일반적으로 묵독을 할 경우에는 말소리를 직접 산출하지 않기 때문에 말소리 산출에 관여하는 뇌 영역이 활성화되

지 않을 것으로 생각하지만, 묵독 시에도 음독을 할 때와 마찬가지로 동일한 뇌반응이 나타난다.

　헤이스트 등(Haist et al., 2001)은 성인 피험자들을 대상으로 500ms 동안 문자열을 보여 준 다음, 그것이 실제 단어인지 아닌지를 판단하는 실험을 실시하였다. 피험자들에게 제시한 첫 번째 과제는 실제 단어와 발음은 같지만 철자는 다른 비단어와 실제 단어를 무작위로 하나씩 제시한 다음 단어인 것과 단어가 아닌 것을 구분하게 하는 것이다. 두 번째 과제는 실제 단어와 발음이 전혀 다른 비단어와 실제 단어를 무작위로 하나씩 제시한 다음, 단어인 것과 아닌 것을 구분하게 하는 것이다. 첫 번째 과제를 성공적으로 수행하기 위해서는 비단어의 음운 정보를 무시하고 철자정보에만 집중해야 하지만 실제로 과제를 처리할 때에는 비단어의 음운 정보가 과제를 해결하는 데 방해자극으로 작용함으로써 과제 수행의 정확도가 낮아졌다. 반면, 두 번째 과제에서는 비단어의 철자와 소리가 단어와 완전히 달라 과제 수행을 방해하는 요소가 없었다. 그 결과 피험자들은 두 번째 과제 수행에서 더 높은 성취를 보였다. 헤이스트 등(2001)의 연구결과는 문자가 시각적으로 제시될 경우에도 말소리 산출에 관여하는 뇌의 영역들이 동원된다는 사실을 강력하게 뒷받침한다.

　드앤(Dehaene, 2017)은 역하점화 현상을 활용함으로써 묵독 시 뇌반응을 관찰하였다. 역하(subliminal)란 피험자가 자극을 의식하지는 못하지만 무의식적 수준에서 뇌가 반응한다는 것을 의미하며, 역하점화란 최초의 자극을 무의식적인 수준에서 제시한 다음 동일한 자극을 의식적인 수준으로 다시 한 번 제시하였을 때 두 번째 제시된 자극에 대한 처리속도가 빨라지는 현상을 가리킨다. 역하점화 실험에서는 두 가지 유형의 단어 쌍을 구성하는데 첫 번째 단어 쌍은 'hike - bike'와 같이 일부분이 동일하게 발음되는 단어들로 이루어지며, 두 번째 단어 쌍은 'book - tree'와 같이 둘 사이에 유사성이 전혀 없는 단어들로 이루어진다. 단어 쌍의 첫 번째 단어는 역하 상태로 제시되고 두 번째 단어는 피험자가 단어를 발음할 때까지 화면에 유지되도록 한다. 이 실험에 참여한 피험자들은 공통적으로 첫 번째 유형의 단어 쌍에 대한 반응 속도가 두 번째 유형의 단어 쌍에 대한 반응 속도에 비해 유의하게 빨랐다. 단어 쌍을 이루는 두 단어 사이에 동일하게 발음되는 부분이 있을 경우 첫 번째 단어가 비록 역하자극으로 제시되긴 하지만 뇌는 무의식적으로 해당 단어의 발음을 산출하기 위해 활성화되고 두 번째 단어가 의식 수준으로 제시될 때 그것을 발음하기 위해 활성화되어야 할 뇌의 영역 중 일부는 이미 활성화된 상태이기 때문에 단어를 발음하는 데 소요되는 시간이 짧아진 것이다. 이에 비해, 두 번째 단어 쌍에서는 두 단어 간에 유사성이 전혀 없으므로 역하점화 현상이 나타나지 않았다.

묵독과 음독 시 활성화되는 뇌의 영역 중 일부는 서로 중첩되지만 음독에 비해 묵독의 속도는 더 빠르다. 묵독을 할 경우에도 단어의 발음 산출에 관여하는 뇌의 영역들이 활성화되긴 하지만 음독 시 조음에 관여하는 성대, 입, 혀 등은 묵독 시에 실제로 움직이지 않는다. 일반적으로 묵독은 음독에 비해 속도가 빠르며, 이러한 차이는 읽기 능력이 변화할수록 두드러진다(Prior et al., 2011). 읽기 발달의 초기에는 음독과 묵독 사이에 속도 차이가 크지 않을 뿐만 아니라 묵독을 하다가도 새로운 글자나 단어가 출현할 경우에는 순간적으로 음독을 시도하는 등 두 가지 읽기 양상이 혼용되기도 한다. 그러나 읽기 능력이 발달할수록 묵독의 속도는 음독의 그것과 비교할 수 없이 빨라지며, 이러한 읽기 속도의 차이는 독해에도 영향을 미친다.

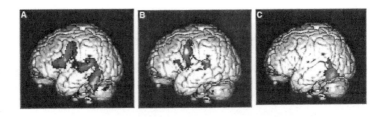

•••• **그림 3-10** ● **난독인과 비난독인의 뇌 활성화 차이**

출처: Paulesu et al. (2001)

난독인들은 비난독인과 비교하였을 때 읽기 활동 시 좌반구 측두엽의 활동이 두드러지게 감소하였다(Paulesu et al., 2001). [그림 3-10]의 A는 읽기 활동 시 비난독인의 뇌에서 활성화되고 있는 영역을, B는 난독인의 뇌에서 활성화되는 영역을 나타낸다. 난독인의 뇌는 비난독인의 뇌에 비해 읽기 활동 시 활성화되는 영역이 두드러지게 감소하는 경향을 보인다. C에서 붉은 부분은 난독인과 비난독인의 뇌에서 활성화의 차이가 가장 큰 곳

인 시각단어영역을 가리킨다. 문자와 말소리가 결합하는 최초
의 장소인 시각단어영역의 비활성화는 난독인들이 왜 그토록 문
자를 말소리로 전환하는 데 어려움을 보이는지 설명해 준다.

3) 문자와 의미의 연결

읽기란 문자라는 시각적 자극이 표상하는 소리 정보에 접
근할 뿐만 아니라 최종적으로는 문자가 전달하는 의미에 도달
하는 활동이다. 책에 나열된 문자들의 소리 정보만을 산출하는
것은 읽기를 위한 필요조건에 불과하다. 문자는 메시지를 전달
하기 위한 매개체일 뿐이므로 그것이 의미와 결합되지 않는다면
무의미한 시각자극에 불과하다. 문맹자에게 책이란 무의미한 시
각자극이 무질서하게 배열되어 있는 종이 뭉치일 뿐이다.

단어를 시각적으로 제시하면 좌뇌의 시각단어영역이 활성
화되고 그다음으로 단어가 표상하는 말소리 산출에 관여하는
좌우반구 측두엽의 넓은 영역이 관여하는데, 그중에서 특히 좌
반구 측두엽이 강하게 활성화된다. 말소리 산출에 관여하는 뇌
영역들이 활성화되고 난 이후부터는 읽기와 직접적으로 관련
이 없어 보이는 영역들을 포함한 보다 넓은 뇌 영역이 활성화된
다(Dehaene, 2017). 단어의 의미를 처리할 때 활성화되는 뇌의 영
역들은 문자에만 선택적으로 반응하는 것은 아니며 문자와 직
접 관련되지 않더라도 개념을 처리하는 경우에도 활성화된다
(Dehaene, 2017).

데블린 등(Devlin, Jamison, Matthews, & Gonnerman, 2004)은 철자는 다르지만 의미는 동일한 두 단어로 이루어진 단어 쌍과 형태나 의미상으로 전혀 관련이 없는 두 단어로 이루어진 단어 쌍에 대한 뇌의 반응을 역하점화 기법을 통해 관찰함으로써 단어의 의미 처리에 관여하는 뇌 영역을 발견하였다. 이들이 발견한 영역은 좌반구 중앙측두회(left middle temporal gyrus; [그림 3-11] 참고)이다. 단어 쌍을 구성하는 두 단어 간 의미의 유사성이 없는 경우에 비해, 단어 쌍을 이루는 두 단어가 같은 의미일 경우에는 좌반구 중앙측두회의 활성화가 감소하였다. 두 단어가 동의어인 경우 역하자극으로 제시된 첫 번째 단어에 의해 활성화된 뇌 영역에서 두 번째 단어가 처리되기 때문에 뇌 활성화 정도에서 아무런 변화가 없다. 하지만 두 단어의 의미가 서로 다를 경우 역하자극으로 제시된 첫 번째 단어에 의해 활성화된 뇌의 영역에서 두 번째 단어를 처리하지 못하고 별개의 영역이 활성화되어 두 번째 단어를 처리하기 때문에 뇌 활성화 정도가 증가하는 것이다.

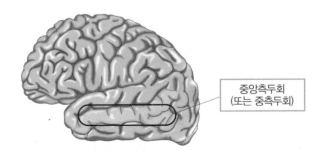

중앙측두회
(또는 중측두회)

•••• 그림 3-11 ● 좌반구 중앙측두회

데블린 등(2004)은 좌반구 중앙측두회와 좌반구 시각단어영역이 단어를 처리하는 방식의 차이도 비교하였다. 좌반구 중앙측두회는 단어 쌍의 의미가 비슷할 경우에 활성화가 감소하는데 비해, 좌반구 시각단어영역은 단어의 철자정보와 같은 시각적 형태가 비슷한 경우에는 활성화가 감소하나 형태는 다르지만 의미가 유사한 단어 쌍에 대해서는 활성화 시간이 증가하였다. 이러한 결과는 좌반구 시각단어영역이 의미 처리에는 관여하지 않음을 시사한다.

단어의 의미를 처리하는 데 관여하는 뇌 영역들 중 일부는 평상시와 비교하여 단어의 의미를 처리할 경우에 더 활성화되는 것은 아니기 때문에 단어의 의미 처리에 관여하지 않은 듯하지만, 비단어가 제시될 경우에 일시적으로 비활성화됨으로써 단어의 의미 처리에 관여함을 보여 준다. 이러한 특성을 보이는 대표적인 영역이 각회(angular gyrus; [그림 3-12] 참조)이다(Dehaene, 2017).

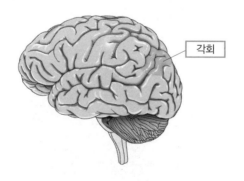

•••• 그림 3-12 ● 각회

시모스 등(Simos et al., 2002)은 단어의 의미 유무에 따른 뇌 활성화의 차이뿐만 아니라 실제 단어와 발음은 동일하지만 실존하지 않는 단어(pseudohomophone, 유사동음어)가 제시될 경우의 뇌 활성화 양상을 파악하기 위한 연구를 실시하였다. 이들이 연구에 사용한 단어 유형은 모두 세 가지로 자소와 음소의 대응 관계가 일관적이지 않은 단어(불규칙단어), 실제 단어와 발음은 동일하지만 철자는 다르고 실존하지 않는 단어(pseudohomophones, 유사동음어), 일반적인 자소-음소 대응 규칙을 적용하여 읽을 수 있는 비단어(pseudowords, 유사단어)이다. 세 가지 유형의 단어가 제시되고 난 후 150ms 이내에 양뇌의 후두엽 중앙 부분이 활성화되었고, 그로부터 200ms 이내에 좌반구 시각단어영역이 활성화되었다. 그런데 시각단어영역이 활성화되고 난 이후부터는 단어의 유형에 따라 뇌 활성화 영역의 차이가 두드러졌다. 비단어를 읽을 경우에는 좌반구 중앙측두회 뒷부분(posterior middle temporal gyrus)이 거의 활성화되지 않았지만 불규칙단어와 유사동음어를 읽을 경우에는 좌반구 중앙측두회 뒷부분이 두세 배 정도 더 강하게 활성화되었다. 유사동음어는 시각적으로는 실존하지 않는 비단어임에도 불구하고 의미단어와 동일한 정도로 좌반구 중앙측두회 뒤쪽을 활성화시켰는데 이러한 현상이 발생한 이유는 유사동음어가 그것과 동일한 발음을 가진 실제 단어에 대한 기억을 촉발함으로써 의미단어와 동일한 수준으로 처리되었기 때문으로 보인다.

데블린 등(2004)은 좌반구 중앙측두회에서 의미가 다른 단어 쌍을 처리할 때와 비교하여 의미가 비슷한 단어 쌍을 처리할 때에는 활성화 정도가 감소함으로써 단어의 의미 처리에 관여한다는 것을 밝혔다. 이에 비해 시모스 등(2002)은 좌반구 중앙측두회는 무의미단어를 처리할 때에 비해 의미단어를 처리할 때 더 많이 활성화됨을 밝힘으로써 이 영역이 의미 처리에 관여함을 보여 주었다.

4) 항상성

동일한 문자가 대소문자, 폰트, 문자의 위치, 표기하는 사람의 필기 방식에 따라 다양한 시각적 형태를 띰에도 불구하고 모두 동일한 자극으로 인식되는 것을 항상성이라 한다. 한글 자음자는 초성자로 쓰일 경우와 종성자로 쓰일 경우 시각적인 형태가 약간 다르며, 글자의 폰트에 따라서도 자모음자의 형태가 조금씩 다르게 보인다. 또한 같은 낱자일지라도 글자를 쓰는 사람의 필체에 따라서도 형태가 조금씩 다르다. 이처럼 같은 낱자임에도 불구하고 그것의 형태가 조금씩 달라질 때 각 낱자들을 완전히 다른 자극으로 인식하게 된다면 읽기에 문제가 발생할 수 있다. 그런데 시각단어영역은 각 낱자의 다양한 모양을 추상화함으로써 낱자나 글자의 형태가 조금 달라지더라도 이를 동일한 자극으로 인식하는 데 기여하기 때문에 현실에서는 동일한 낱자의 형태 변화로 인한 읽기 문제는 발생하지 않는다.

서로 다른 활자체를 동일한 자극으로 인식하는 시각단어영역의 역할은 영어 단어 읽기에서 더욱 중요해진다. 영어의 소문자와 대문자는 크기에서뿐만 아니라 형태에서도 뚜렷한 차이를 보인다. 'G, g' 'R, r' 'A, a' 'D, d' 'H, h' 'Q, q'는 완전히 다른 모양이지만 각 쌍에 속한 문자를 동일한 자극으로 인식할 수 있어야 읽기가 가능하다. 영어를 모국어로 사용하는 이들은 동일한 단어를 소문자로 제시할 경우나 대문자로 제시할 경우에 관계없이 두 단어를 동일한 자극으로 인식하는데, 이때 결정적인 역할을 하는 곳이 바로 시각단어영역이다(Dehaene, 2017).

시각단어영역은 문자를 시각적 유사성에 따라 처리하지 않고 동일 문자가 취할 수 있는 다양한 형태에 공통적으로 포함되어 있는 고유한 속성에 기반하여 문자를 처리한다. 이러한 특성 때문에 동일한 단어가 소문자로 제시되건 대문자로 제시되건 관계없이 시각단어영역은 일정하게 반응한다. 그렇지만 후두엽의 일차시각피질이나 이차시각피질은 문자의 시각적 특성에 따라서만 반응하기 때문에 활자체가 달라지면 동일한 단어도 다른 자극으로 지각한다.

한글 낱자가 글자에서 차지하는 위치나 폰트에 따른 낱자들의 시각적 형태 차이는 영어 소문자와 대문자 간 형태 차이에 비해 크지 않은 편이다. 그럼에도 불구하고 동일한 낱자, 글자, 단어가 띨 수 있는 다양한 시각적 형태를 추상화함으로써 공통된 속성에 대한 개념을 형성하는 것은 한글 읽기에서도 매우 중요하다. 문해력 형성의 초기 단계에 있는 아동은 낱자의 형태가 조금만 달라지거나 낱자의 배경 정보가 변하면 동일 자극으로 인식하지 못하는 경우가 종종 있다. 이는 이들의 시각단어영역이 아직 하나의 단어가 띨 수 있는 다양한 시각적 특성 속에서 공통적 속성을 추출하지 못하였기 때문이다. 초기 문해력을 습득하지 못한 아동의 뇌에서는 시각단어영역이 아닌 후두엽의 일차, 이차 시각피질이 문자의 시각적 형태만을 변별할 뿐이다. 낱자, 글자, 단어의 시각적 형태가 조금씩 달라지더라도 각 자극이 지닌 공통된 속성에 기반하여 동일한 낱자, 글자, 단어를 지각할 수 있는 것은 학습의 결과로 형성되는 문화적 능력이다.

04

초기 문해력의
발달 과정

읽기의 심리학에 기초한

읽기잠재력 키우기

또래에 비해 읽기 및 쓰기 능력이 심각하게 뒤처진 아동에 대한 교육적 개입은 즉각적이고 집중적으로 이루어져야 한다. 그렇지만 즉각적인 개입에 방점을 두다 보면 교육의 대상이 되는 아동의 문해 발달 특성에 대한 이해 없이 교사의 일방적인 주도로 교수－학습 목표를 설정하는 오류를 범할 수 있다. 읽기부진 상황에 처한 아동에 대한 교육적 개입을 시도할 때 아동의 문해력과 관련하여 다음의 두 가지 사안을 정확하게 파악하여야 한다. 첫째, 현재 아동의 문해력 발달 수준이 또래 아동의 평균적인 문해 발달 수준과 비교하여 어느 정도인지를 확인한다. 또래의 문해력 수준과의 비교는 이미 개발되어 있는 문해력 검사 도구들을 활용함으로써 가능하다. 둘째, 아동의 문해 수준이 보

편적인 문해력 발달 과정 중 어느 지점에 도달해 있는지를 파악
한다. 이를 위해서는 우리나라 아동의 초기 문해력 발달 과정에
대한 정확한 이해가 선행되어야 한다. 안타깝게도 한글 문해력
발달 과정에 관한 실증적인 연구는 드물며, 영어 문해력 발달 단
계를 무비판적으로 한글 문해력 발달에 적용하려는 경우가 흔
하다. 한글은 영어와 글자의 구성이 다르고, 문자와 소리의 대
응이 영어에 비해 훨씬 더 규칙적인 표층표기체계의 문자이므로
문해 발달 양상 또한 영어 문해력 발달과 다른 점이 많다. 따라
서 이 장에서는 한글 읽기와 철자 발달에 대한 실증적인 연구결
과를 토대로 초기 문해력 발달 과정을 살펴보고자 한다.

1. 한글 읽기 발달

윤혜경(1997)은 만 3세부터 초등학교 3학년 아동을 대상으
로 연령에 따른 한글 읽기 특성을 분석한 후 한글 읽기 발달 과
정을 단어 읽기, 글자 읽기, 자소 읽기, 철자 읽기로 범주화하였
다. 이 절에서는 한글 읽기에 관한 필자의 연구와 읽기부진 아동
지도 경험을 바탕으로 윤혜경이 제시한 네 가지 읽기 발달 범주
를 통단어 읽기, 글자 읽기, 자소 읽기, 자동화된 읽기로 재범주
화하여 소개한다.

1) 통단어 읽기

통단어 읽기 단계의 두드러진 특징은 단어를 글자 단위로 분해하여 인식하지 못하고 단일 시각 패턴으로 인식한다는 점이다. 일례로, '가방'이 '가'와 '방' 2개의 글자로 분리될 수 있다는 사실을 인식하지 못하기 때문에 '가'와 '방'을 손가락으로 하나씩 차례로 짚어 가며 각각 /가/, /방/이라는 말소리에 대응하지 못한다. 단어를 글자 단위로 분해하여 인식하지 못하고 단일한 시각적 형태로 인식하는 특성 때문에 이 단계를 '통단어 읽기'로 명명하였다. 아마도 대부분의 독자에게 '통단어'라는 용어는 생소하며 '통문자' 또는 '통글자'라는 표현이 오히려 더 익숙하게 느껴질 것이다. 하지만 '통문자'와 '통글자'는 그것이 가리키는 대상이 불분명할 뿐만 아니라 용어의 출처 또한 밝혀지지 않았다.

단어를 글자 단위로 분해하여 인식하지 못하고 하나의 덩이로 읽는 것을 '통문자 읽기'라고 일컫는다면 그것의 의미는 모호해진다. '통문자'라는 표현은 아무런 의미를 갖지 않는, 실재하지 않는 단어이다. 문자란 말소리를 시각적으로 구체화한 것으로 한글 자모음자와 같은 낱자, 낱자들의 조합으로 만들어진 글자, 글자들의 조합으로 만들어진 단어는 모두 문자의 일종이다. 따라서 '통문자'라고 할 때 그것이 가리키는 바가 명확하지 않다. '통문자 읽기'에 비해 훨씬 더 광범위하게 사용되는 표현이 '통글자 읽기'이다. '강' '산' '물'과 같이 하나의 글자로 이루어진 단어를 단일 시각 패턴으로 인식하여 읽는 것을 통글자 읽기라고 칭하는 것에는 아무런 문제가 없다. 그렇지만 두 글자 이상으로 이루어진 '바다' '강아지'와 같은 단어는 이미 글자 단위를 넘어섰기 때문에 이를 단일 시각 패턴으로 인식하여 읽는 것을 통글자 읽기라고 칭하는 것은 부적절하다. '통글자 읽기'란 한 글자를 낱자 단위로 분해하여 문자소와 음소의 대응 관계를 적용하여 읽지 않고 그것이 표상하는 음절에 곧바로 대응하여 읽는 것을 의미하기 때문에 2개 이상의 글자로 이루어진 단어 읽기를 가리키는 표현으로는 부적절하다.

에리와 맥코믹(Ehri & McCormick, 1998)은 영어 단어 읽기 발달 단계 중 자모이전 단계(prealphabetic phase)에서 단어를 문자로 인식하지 못하고 일반적인 시각자극으로 인식하는 상태를 가리키기 위해 'whole word'라는 표현을 사용하였다. 단어를 구성하는 문자열(letter string)[1] 전체를 단어의 발음에 대응하여 읽을 수는 있으나 각각의 낱자들을 그것이 표상하는 소리에 대응하여 읽지는 못하는 특성을 가리키는 데 'whole word reading'보다 더 적합한 표현을 찾기란 쉽지 않을 것이다. 한글 읽기 발달의 초기 과정에서도 영어 단어 읽기 발달 과정에서와 같은 특성이 나타나기 때문에 이 발달 단계의 특징을 가장 정확하게 드러내기 위해 '통단어 읽기'라는 표현을 사용하였다.

단어를 하나의 단일 자극으로 인식하여 읽는 특성 때문에

---

1   영어 단어를 구성하는 낱자들은 공백 없이 가로로 배열되어 있는데 그 모양이 줄처럼 보인다고 하여 'letter string'이라 불린다.

'통단어 읽기'라고 일컫기는 하지만, 엄밀히 말하자면 이 단계의 아동은 활자화된 단어(printed word)의 시각적 형태를 기억하여 읽기보다는 단어와 함께 제시되는 맥락 단서에 의존하여 단어를 읽는다. 영유아용 그림책에는 단어의 발음과 의미에 대한 단서를 제공해 주는 그림이 단어와 함께 제시된다. 그림이라는 맥락 단서를 제공하지 않고 단지 단어만 제시한다면 단어의 시각적 형태를 기억하였다가 말소리에 대응해야 하기 때문에 기억해야 할 자극의 양이 너무 많아지며, 읽을 수 있는 단어의 수가 제한적일 수밖에 없을 것이다. 아동에게 노출 빈도가 높은 단어라고 할지라도 단어의 수가 증가하면 단어의 형태를 기억하는 것은 점점 더 어려워진다. 이는 한자를 익히기 위해 기울였던 노력을 생각하면 쉽게 이해할 수 있다.

　　통단어 읽기 단계에서는 단어를 시각적으로 정확하게 인식한 후 그것의 말소리를 산출한다기보다는 그림이 전달하는 '의미'와 활자화된 단어를 연결 짓는다고 보아야 한다(Ehri, 1995). 즉, 아동은 단어의 형태를 기억하는 것이 아니라 단어와 함께 제시된 그림과 그것이 나타내는 의미를 기억하는 것이며, 그림이 나타내는 의미에 의존하여 단어의 소리를 산출해 낸다. [그림 4-1]과 같이 단어와 그림이 함께 제시된 단어카드를 아동에게 반복적으로 보여 주면서 단어를 읽어 주면 어느 시점부터는 단어카드를 제시하자마자 아동이 /호랑이/, /고양이/라고 정확하게 읽기 시작한다. 이때 주변 사람들은 아동이 단어의 모양을 기억하여 읽기 시작한 것으로 생각한다. 하지만 정말 아동이 단어

를 기억하여 읽는지 아니면 단어와 함께 제시된 그림을 단서로
단어를 읽는지 확인하려면 [그림 4-2]와 같이 그림과 단어를 다
르게 매칭한 후 읽게 하면 된다.

호랑이   고양이

•••• **그림 4-1** ● 그림과 단어가 바르게 매칭된 단어카드

고양이   호랑이

•••• **그림 4-2** ● 그림과 단어가 불일치한 단어카드

[그림 4-2]와 같은 단어카드를 제시하면 통단어 읽기 단계
에 있는 대부분의 아동은 왼쪽 카드를 /호랑이/, 오른쪽 카드를
/고양이/라고 읽는다. 이러한 현상은 이 단계의 아동이 단어가

가진 소리 정보가 아니라 그림이 전달하는 의미에 의지하여 단어 읽기를 한다는 사실을 보여 준다. 이 단계에 속하는 아동은 문자와 소리의 대응 관계가 아닌, 문자와 의미의 대응 관계에 초점을 둔다.

통단어 읽기 단계의 아동은 단어를 글자로 분해하여 인식하지 못한다. 이를 확인하는 가장 간단한 방법은 아동이 손가락으로 한 글자씩 가리키며 읽을 수 있는지를 관찰해 보는 것이다. '호랑이'라는 단어를 아이가 손가락으로 짚어 가며 읽게 하였을 때 한 글자씩 정확히 짚으며 글자와 음절을 매칭하여 읽을 수 있는지 확인해 보면 된다. 단어가 글자로 분리된다는 사실을 인식하고 있는지를 확인하기 위한 또 다른 방법은 같은 글자가 들어간 단어들을 보여 준 다음 같은 글자를 찾아보게 하는 것이다. 가령, '호랑이'와 '사랑해'에서 같은 글자 '랑'을 짚을 수 있다면 이 아이는 단어를 구성하는 글자들 간의 경계를 인식하고 있는 것이다. 한 글자씩 정확히 짚어 가며 읽기와 서로 다른 단어에서 같은 글자 찾기를 할 수 있다는 것은 음절 인식 능력을 반영하는 지표이다.

2) 글자 읽기

글자 읽기 단계의 가장 큰 특징은 단어를 글자 단위로 분리하여 인식할 수 있다는 것이다. 한글은 음절 단위로 글자를 조합하여 모아쓰기를 하기 때문에 글자들 사이의 경계가 명확하다. 이러한 특성으로 인해 우리나라 아동은 다른 언어권 아동에 비해 음절 개념을 빠르게 형성한다. 우리나라 아동은 3세 무렵부터 음절 개념을 형성하기 시작하여 5세가 되면 음절 개념을 완성한다(윤혜경, 1997). 이에 비해 영어권 아동은 5세가 되어도 약 48%의 아동만이 음절 인식을 하게 되고, 초등학교 1학년이 되어야 90% 정도의 아동이 음절 개념을 완성한다(Liberman, Shankweiler, Fisher, & Carter, 1974). 우리나라 아동은 한글보다 문자-소리 대응이 더 규칙적인 이탈리아어를 사용하는 아동에 비해서도 음절 개념을 더 빨리 형성한다. 이탈리아에서는 5세 아동의 80%가 음절 개념을 완성하고 초등학교 1학년이 되어야 모든 아동이 음절 개념을 완성한다(Cossu, Shankweiler, Liberman, Katz, & Tola, 1988).

가정에서 영유아에게 제공하는 문해환경은 대체로 다음과 같다. 부모는 자녀를 자신의 무릎에 앉힌 다음 한 손으로는 책을 잡고 다른 손의 손가락으로 책장 속 그림과 글자를 짚어 가며 읽어 준다. 아동은 부모의 손가락이 향하는 곳으로 시선을 이동해 가며 부모의 말소리에 귀를 기울인다. 이러한 과정을 거치면서 그림을 통해 의미를 형성하며, 손가락으로 가리키는 글자들이 말소리에 대응된다는 사실을 인식하게 된다. 같은 책을 여러 번 읽어 주면 아동이 읽을 수 있는 글자의 수가 조금씩 증가하며, 텍스트의 양이 많지 않은 그림책일 경우에는 텍스트를 통째로 외워서 읽기도 한다. 만일 아이가 말소리와 글자를 정확하게 일치시키며 책을 읽는다면 음절 개념을 형성한 것으로 볼 수 있

으며, 손가락으로 글자를 짚는 시늉은 하지만 말소리와 정확히
일치시키지 못한다면 음절 개념이 온전히 형성되지 않은 것으로
볼 수 있다.

　단어를 글자 단위로 분리하여 지각하게 되면 기억할 수 있
는 글자의 수가 급격하게 증가한다. 통단어 읽기 단계에서는 단
어 전체의 시각적 형태를 기억하여 함께 제시된 맥락 단서에 의
존하여 읽기를 하기 때문에 개별 단어를 기억하기 위해 많은 노
력이 요구된다. '호랑이'라는 단어 전체를 하나의 기억 단위로 파
지하는 것보다 '호' '랑' '이'로 분리하는 것이 기억 단위가 줄어들
기 때문에 기억에 걸리는 부하가 감소한다.

　읽을 수 있는 글자의 수가 증가할수록 새로운 단어를 읽기
위해 가용할 수 있는 자원이 늘어난다. 처음 보는 단어일지라도
그것을 구성하는 모든 글자가 이미 아동의 장기기억 속에 공고
화되어 있다면 기억 속 글자들을 조합하여 그 단어를 읽을 수 있
으며, 단어를 구성하는 글자들 중 일부만 읽을 수 있는 경우에도
문맥이나 그림과 같은 맥락 정보들을 활용함으로써 단어를 읽게
될 가능성이 높다. 물론 이 단계에서는 아는 글자를 이용하여 추
측하여 읽기를 함으로써 오류를 범하기도 한다. 특히 새로운 단
어의 첫 글자가 자신이 알고 있는 단어의 첫 글자와 동일한 경우
뒤에 있는 글자들을 확인하지 않고 다른 단어로 읽는 오류가 흔
히 나타난다. 읽기부진아의 경우 단어를 구성하는 모든 글자를
유심히 살펴보지 않고 첫 글자를 이용하여 추측해서 읽음으로써
오류를 범하는 빈도가 높다.

단어를 글자 단위로 분리하여 지각하고 각 글자를 그것이 표상하는 음절에 대응하는 것 외에도 글자 읽기 단계에서 관찰되는 또 다른 특징은 '글자의 발음 항상성'을 인식하는 것이다(윤혜경, 1997). 글자의 발음 항상성이란 같은 글자는 그것이 어떤 단어에 포함되어 있는지, 그리고 단어 속 어느 곳에 위치하는지에 상관없이 동일한 소리로 발음된다는 것을 의미한다(권오식, 윤혜경, 이도헌, 2001). 즉, '아'라는 글자가 '아빠' '아기' '아이'에서 모두 /아/라는 소리로 발음되며, '방'이라는 글자가 '방울'과 같이 단어의 처음에 위치하든지 '가방'과 같이 단어의 두 번째에 위치하든지 /방/으로 동일하게 발음된다는 것이다. 서로 다른 단어들 속에 있는 같은 글자를 찾아낸다는 것은 글자의 발음 항상성을 인식하고 있다는 표징(表徵)이다.

통단어 읽기와 글자 읽기 단계에서는 단어나 글자의 형태와 소리를 기억하여 읽기 때문에 읽을 수 있는 단어나 글자의 수가 무한정 확장되기는 어렵다. 새로운 단어나 글자가 출현할 때마다 그것의 형태와 소리를 기억해야 하므로 기억에 대한 의존도가 지나치게 높아져서 문자를 해득하는 데 많은 시간과 노력이 소요된다. 이러한 현상은 한자를 암기하는 상황을 떠올려 보면 쉽게 이해될 수 있다. 한자를 익히려면 기본적으로 암기해야 할 글자들이 있다. 천자문에 수록된 한자들을 모두 외운다고 하더라도 한자로 기록된 문헌들을 읽기에는 태부족이다. 만일 한글이 한자와 같이 기억에 대한 의존도가 높은 문자였다면 한글이 우수한 문자라는 평가를 받기 어려웠을 것이다. 문자와 소리의

대응 관계를 이해하면 새로운 글자와 단어를 모두 암기하지 않
더라도 정확하게 읽을 수 있다는 점에서 한글은 매우 우수한 문
자이다. 문자와 소리의 대응 관계에 대한 이해를 통해 새로운 글
자를 읽어 낼 수 있는 단계가 바로 자소 읽기 단계이다.

3) 자소 읽기

자소(grapheme)란 문자언어의 최소 단위로, 음성언어의 최
소 단위인 음소(phoneme)를 시각적으로 형상화한 것이며 문자
소로도 불린다. 초등학교 국어 교과서에서는 자소나 문자소라
는 말 대신 낱자라는 용어가 쓰인다. 초성자와 중성자의 결합으
로 이루어진 민글자는 2개의 자소를 가지며, 초성자와 중성자,
종성자가 결합된 받친글자는 3개의 자소로 이루어져 있다. 자소
읽기 단계의 가장 두드러진 특징은 글자를 더 작은 단위인 자소
로 분해하여 그것이 표상하는 음소에 대응함으로써 새로운 글
자나 단어를 읽을 수 있다는 점이다. 글자를 구성하는 자소 중
일부가 다른 자소로 대치되더라도 새로운 음소를 대응하여 새
로운 글자를 발음할 수 있다. 글자를 자소 단위에서 조작하여 다
양한 발음을 구성할 수 있는 것이다. 자소와 음소의 대응 관계를
파악하여 새로운 글자나 단어를 읽을 수 있게 되면 읽기 능력이
급격히 향상되기 시작하며 자발적으로 책 읽기를 하는 빈도가
늘어난다. 글자 읽기 단계까지는 혼자 힘으로 읽을 수 있는 글자
나 단어의 수가 제한적이었기 때문에 누군가가 책을 읽어 주어

야 했다면, 자소 읽기 단계에서는 해독 기술을 적용하여 스스로 책을 읽는 것이 가능해진다.

　자소 읽기가 가능하려면 자음자와 모음자의 형태와 이름을 변별하고 각각의 자소가 표상하는 음소를 기억하여 해당 자소에 정확하게 대응할 수 있어야 한다. 이처럼 자모음자 모양과 이름을 변별하고 각 자소가 표상하는 음소를 아는 것을 자모지식이라 하며 자소와 음소를 정확하게 대응하여 글자나 단어를 읽는 것을 해독(解讀)[2]이라고 한다. 현재 초등학교 국어과 1학년 1학기 성취기준 중 하나는 자모지식을 습득하여 자소 읽기 수준에 도달하는 것이다. 한글을 지도하는 것은 자소 읽기에 도달하기 위한 활동이다.

　예비 초등교사들에게 한글을 해득하지 못하여 심각한 읽기부진 상태에 놓여 있는 아동에게 한글 교육을 실시한다면 무엇부터 가르칠 것인지 물어보는 경우가 종종 있다. 10명 중 9명은 자모음자 이름부터 가르칠 것이라고 대답한다. 자모음자 이름을 가르친 다음에는 자음자와 모음자를 결합하여 만들어지는 글자의 소리를 지도할 것이라고 말한다. 동일한 질문을 초등교사들에게 던지면 열에 일곱 정도의 비율로 예비 초등교사들과 비슷한 반응을 보인다. 자모지식은 자소 읽기를 위한 필요조건이지만 자모지식을 습득하려면 단어가 글자로 분리될 수 있

---

2 '해독하다'에 해당하는 영어 단어는 'decode'이다. 모든 문자는 암호(code)이며, 이러한 암호를 풀어내는(de) 것이 해독이다.

고 각각의 글자는 그것이 표상하는 음절에 일대일로 대응한다는 사실을 인식하고 있어야 한다. 글자 읽기 단계에 도달하지 못한 아동에게 글자를 자소 단위로 분리하여 자소의 이름과 소릿값을 가르치는 것은 읽기 발달 단계에 비추어 보았을 때 시기상조이다. 글자 읽기 단계에 도달하지 못한 아동에게 한글 교육을 실시할 경우에는 단어가 글자로 분리될 수 있고 글자는 음절에 일대일로 대응되며, 글자가 단어 속 어느 곳에 위치하든지 동일한 소리로 발음된다는 사실을 명시적으로 가르쳐야 한다. 음절의 개념과 글자의 발음 항상성을 인식하고 글자와 음절을 일대일로 대응시킬 수 있게 된 다음이라야 자소 읽기를 위한 교육이 의미를 가진다.

자소 읽기 수준에 도달하려면 자모음자의 이름과 소릿값을 알고, 형태를 변별할 수 있으며, 글자를 구성하는 자소에 그것이 표상하는 음소를 정확하게 대응할 수 있어야 한다. 일반적으로 자모음자 이름 익히기는 시각적으로 제시된 낱자를 보면서 그것의 이름을 대응하는 방식으로 진행되기 때문에 자모음자의 이름 익히기와 형태 변별은 동시에 이루어진다. 대부분의 아동에게는 자모음자 이름과 형태를 익히는 것이 별로 어렵지 않은 과제이지만 읽기부진 아동에게는 이 과제가 읽기 기술을 습득하는 데 큰 걸림돌이 되는 경우가 많다. 자모음자 이름을 외우지 못할 뿐만 아니라 형태를 혼동하기 때문에 낱자의 소릿값을 가르치거나 자소와 음소를 대응하여 글자를 읽을 수 있도록 지도하는 단계로 진행되지 못하는 경우가 자주 발생한다. 대부분의 또래 아동이 쉽게 이해할 수 있는 방법으로 자모음자 이름을 지도하였음에도 불구하고 자모음자 이름과 형태를 익히는 데 어려움을 겪는 아동에게는 이들에게 적합한 다른 교수방법을 찾아야 한다.

자모음자 이름을 가르칠 때 가장 일상적인 방법은 자음자를 모음자보다 먼저 가르치고, 자음자는 'ㄱ', 모음자는 'ㅏ'부터 가르치는 것이다. 또한 한 번에 모든 자음자나 모음자의 이름을 다 가르치지 않고 몇 차례에 걸쳐 조금씩 자모음자의 이름을 가르침으로써 기억의 부담을 줄이기 위한 교수전략도 구사한다. 그렇지만 꽤나 많은 읽기부진 아동이 이러한 일상적인 방법을 통하여 자모음자 이름을 습득하지 못하는데, 그 원인 중 하나는 이들에게 자모음자의 이름이 무의미한 자극으로 남아 있기 때문이다.

학습은 이미 형성하고 있는 의미망에 새로운 정보를 연결 짓는 작업이다. 학습자의 의미망에 연결될 수 없는 정보는 단기기억 수준에서만 머물다 빠르게 소멸해 버리지만 장기기억 속에 자리 잡고 있는 정보와 유기적인 연결이 이루어진 정보는 새로운 기억으로 자리 잡는다. 자모음자 이름이 학습자의 장기기억으로 공고화되지 못하였다면 이는 의미 형성에 실패한 것으로 보아야 한다. 학습자의 입장에서 자모음자의 이름이 계속해서 무의미한 자극으로 머물러 있는 것이다. 자모음자의 이름이 의미를 갖도록 만드는 간단하면서도 효과적인 방법은 아동의 이름이나 아동과 친밀한 관계에 있는 사람들의 이름 속에 포함된 자모음자의 이름을 익히도록 하는 것이다. 아주 심각한 읽기부진의 상태에 놓인 아동이라도 자기 이름은 쓸 수 있으며, 부모와 형제자매의 이름까지 쓸 수 있는 경우도 많다. 자신의 이름 속에 포함된 자모음자는 아동에게 의미 있는 정보이기 때문에 주의를 기울이게 되며 기억이 용이하다. 아동은 의미 있는 대상이나 사물의 이름 속에 포함된 자모음자 이름부터 익히기 때문에 자모음자의 순서는 고려할 필요가 없다.

자모음자의 이름을 가르칠 때 낱자의 모양을 보여 주면서 이름을 따라 말하게 하는 것이 일반적이지만, 낱자의 수가 늘어날수록 낱자의 모양과 이름을 혼동하는 경우가 발생한다. 이때 기억을 촉진할 수 있는 방법으로 '연합'이라는 개념을 활용하면 좋다. 낱자 'ㄱ'을 가르칠 경우에 'ㄱ'이 들어가는 단어 중 아동에게 익숙한 단어를 하나 선택한 후 해당 단어를 그림과 함께 제시하는 것이다. 이때 아동에게 익숙한 단어란 아동이 읽고 쓸 수 있는 단어를 의미하는 것이 아니라 듣고 의미를 알고 있는 단어를 말한다. [그림 4-3]과 같이 낱자의 이름을 가르치기 위한 카드를 만들어 'ㄱ'이 '가방'이라는 단어에서 어디에 위치하는지 찾아보게 한 후 'ㄱ'의 이름을 "이것은 '가방'의 'ㄱ'이야."와 같이 명시적으로 말해 준다. 만일 아동이 '가방'이라는 단어의 의미를 이해하지 못한다면 다른 단어를 사용해야 한다. 기억해야 할 자모음자의 수가 증가하여 아동이 다른 낱자의 이름과 혼동할 경우에 "이 낱자는 '가방'의 뭐지?"라고 물음으로써 'ㄱ'의 이름을 상기할 수 있는 단서를 제공한다. 기억력이 다소 낮은 아동에게 이러한 방법을 사용하여 낱자의 이름을 가르쳐 본 결과 빠른 시간 내에 낱자의 이름을 암기하였다. 낱자의 모양과 이름을 장기기억으로 자리 잡게 하려면 반복지도가 필요한데 기계적으로 반복하는 방법은 지양되어야 한다.

•••• 그림 4-3 ● 낱자 이름 카드

자모음자의 이름을 완벽하게 암기하진 않더라도 일정 수준 이상의 정확도로 낱자의 이름과 모양을 변별할 수 있게 된 다음에는 낱자의 소릿값, 즉 음소를 지도해야 한다. 자모음자의 이름과 소릿값을 함께 가르칠 수도 있겠지만, 읽기부진 아동에게 낱자의 이름과 소릿값을 한 번에 지도하면 기억해야 할 정보의 수가 늘어나서 이름과 소릿값 중 어느 하나도 제대로 기억하지 못하는 문제가 발생할 수 있다. 따라서 소릿값은 낱자의 이름을 어느 정도 익힌 다음에 지도하는 것이 바람직하다. 모음자의 이름은 한 음절뿐이며 이름과 소릿값이 일치하므로 소릿값을 지도하기가 쉽다. 반면, 자음은 초성일 경우와 종성으로 사용될 때의 소릿값이 다르기 때문에 둘을 동시에 가르치면 혼동이 발생할 수 있으므로 초성일 경우의 소릿값부터 가르치는 게 좋다. 다행스러운 점은 자음자의 이름 두 음절 중에서 첫 번째 음절은 초성의 소릿값을, 두 번째 음절은 종성의 소릿값을 반영하기 때문에 자음자의 이름을 알면 소릿값을 가르치기에 수월하다. '기역'(ㄱ)에서 첫 번째 음절 /기/는 'ㄱ'의 초성인 /그(guh)/[3]와 비슷하며 두 번째 음절 /역/은 'ㄱ'의 종성인 /윽(uk)/과 비슷하다.

자모음자의 소릿값을 가르칠 때 개별 자소의 소릿값을 독립적으로 지도하는 것은 바람직하지 않으며 '초성자+중성자' 형태로 된 글자의 음절 속에서 초성과 중성을 지도하는 것이 좋다. . 이런 방식으로 자모음자의 소릿값과 그것의 음절을 지도하는 방법을 합성 파닉스라고 한다. 〈표 4-1〉은 합성 파닉스 절차를 사용하여 글자 '가'를 구성하는 자소의 소릿값과 음절을 지도하는 예이다.

●●●● **표 4-1** ○ 합성 파닉스에 의한 소릿값과 음절 지도 예

1. 자석 낱자 'ㄱ'과 'ㅏ'를 화이트보드에 올려놓는다.
2. 두 낱자 사이에 약 10cm 간격을 둔다.
3. 낱자 'ㄱ'을 손가락으로 잡고 조금씩 낱자 'ㅏ' 근처로 이동시키면서 /그(guh)/를 길게 끌면서 발음한다.
4. 낱자 'ㄱ'이 낱자 'ㅏ' 바로 앞까지 이동하면 /ㅏ/를 발음한다.
5. 낱자 'ㄱ'과 'ㅏ' 사이의 간격을 조금씩 좁혀 가며 똑같은 절차를 반복한다.
6. 최종적으로 /그/와 /ㅏ/를 동시에 조음한다.

가로축에 기본 모음자 10개(ㅏ, ㅑ, ㅓ, ㅕ, ㅗ, ㅛ, ㅜ, ㅠ, ㅡ, ㅣ),

---

3 초성 /ㄱ/은 글자 '그'와 동일하게 발음되지는 않지만 그것의 소릿값을 시각화하기 위해 편의상 /그/로 표기하였다.

세로축에 자음자 14개(ㄱ, ㄴ, ㄷ, ㄹ, ㅁ, ㅂ, ㅅ, ㅇ, ㅈ, ㅊ, ㅋ, ㅌ, ㅍ, ㅎ)
가 배열되어 있는 음절표에서 세로축과 가로축이 만나는 칸에는
글자 '가, 갸, 거, 겨, 고, 교, …, 호, 효, 후, 휴, 흐, 히' 모두 140개
의 민글자가 적혀 있다. 한글 지도를 할 때 음절표에 적힌 민글
자들을 반복하여 읽게 함으로써 민글자의 소리를 암기하도록
하는 것은 흔히 볼 수 있는 장면이다. 이처럼 음절표를 이용하여
민글자 읽기를 지도할 때 〈표 4−1〉에서와 같이 자음자와 모음
자의 소리를 명시적으로 가르친 다음 2개의 소리를 결합함으로
써 음절 만들기를 연습할 수 있도록 안내한다면 이 또한 합성 파
닉스에 해당한다.

　민글자 읽기가 자동화되면 받친글자에서 자음자의 종성을
지도하는 단계로 나아간다. 자소 읽기의 초기에는 초성자와 중
성자의 결합으로 만들어진 민글자를 해독할 수 있고 나아가 민
글자 읽기가 자동화될 수 있도록 지도하며, 민글자 읽기가 자동
화된 이후에는 민글자에 종성자를 추가하였을 때 종성이 7개의
음소(ㄱ, ㄷ, ㄹ, ㄹ, ㅁ, ㅂ, ㅇ)로 수렴된다는 사실을 명시적으로 가
르침으로써 받친글자 읽기의 정확성이 높아질 수 있도록 안내해
야 한다.

　자소 읽기 단계에서는 자소−음소 대응 관계를 적용하여
민글자나 받친글자를 발음하는 데 집중을 하기 때문에 단어를
읽을 때에도 이웃하는 글자들 간의 관계를 고려하지 않고 한 글
자씩 읽는 장면이 쉽게 관찰된다. 이처럼 한 글자 한 글자를 정
확하게 읽는 것을 '축자적 읽기'라고 하며, 단어를 축자적으로 읽

게 될 경우 음절과 음절의 연결이 자연스럽지 않고 읽기의 속도
가 느려진다. 음운변동이 일어나는 단어를 축자적으로 읽게 될
경우에는 읽기 오류가 발생한다.

4) 자동화된 읽기

자동화된 읽기 단계에서는 단어의 철자 형태와 발음이 장기
기억으로 공고하게 저장되어 있기 때문에 글자나 단어를 해독하
기 위해 특별한 주의를 기울이지 않아도 빠르고 정확하게 읽을
수 있다. 자동화된 읽기 단계에서는 단어 목록 속에 포함된 단어
읽기의 속도와 정확성이 높을 뿐만 아니라 구절·문장·문단 읽
기의 속도와 정확성 또한 높다. 읽기의 정확도를 유지하면서 적
정한 빠르기로 텍스트를 읽을 수 있게 되면 단어를 발음하는 데
의식적인 주의를 기울이지 않아도 되기 때문에 단어의 의미, 문
장 구조, 문장과 문장 사이의 관계 등에 집중할 수 있어서 독해
가 향상된다.

한글은 글자 단위에서는 자소-음소 대응 관계가 규칙적이
지만 단어 내에서 이웃하는 글자들과의 관계에 따라 음운변동
이 이루어지기 때문에 축자적 읽기를 할 경우 읽기 오류가 발생
한다. 읽기 시 주의의 폭이 글자 단위로 좁혀질 경우에는 축자적
읽기를 하게 되어 음운변동 단어를 부정확하게 읽게 되는 것이
다. 자소 읽기 단계에서는 주의폭이 글자 단위로 좁혀져 있는 데
비해, 자동화된 읽기 단계에서는 주의폭이 어절 또는 구절 단위

로 확장되기 때문에 주변에 위치한 글자들 간의 관계를 고려하여 읽을 수 있게 됨으로써 음운변동이 일어나는 어절 읽기의 정확성이 높아진다. 뿐만 아니라 주의폭이 확장될수록 읽기의 속도도 향상된다. 초등학교 3학년 이후부터는 학습을 위한 읽기가 본격화되어 읽어야 할 텍스트의 양이 증가하기 시작하므로 정확한 해독은 물론이거니와 읽기 유창성을 형성하지 못할 경우 학업 성취에서 심각한 결손을 맞게 된다.

자동화된 읽기란 글자 또는 단어 해독이 무의식적인 수준에서 이루어져서 유창한 읽기가 가능하고 대부분의 주의가 글의 의미를 파악하는 데 주어지는 상태를 말한다. 자동화된 읽기 단계에 도달하는 거의 유일한 길은 다양한 종류의 텍스트를 많이 읽는 것이다. 읽기 능력은 읽기를 통해 향상된다. 정확하게는 읽을 수 있지만 읽기 속도가 느린 아동은 자동화된 읽기 단계에 도달하지 못하였으며, 이러한 특성을 보이는 아동은 공통적으로 학년이 높아질수록 독해에 어려움을 보인다.

2. 철자 발달

'철'의 한자 표기인 '綴'은 '엮는다'는 의미를 가지고 있기 때문에 철자(綴字)란 문자(字)를 엮어서 글자나 단어를 만드는 행위를 말한다. 따라서 '철자 쓰기'는 부정확한 표현이다. 해독이 시각자극인 문자를 청각자극인 말소리로 전환하는 활동임에 반

해, 철자는 말소리를 문자로 전환하는 활동이다. 해독이 읽기의
최종 목적 중 하나인 독해를 위한 필요조건이듯, 철자는 쓰기의
궁극적인 목적인 작문을 위한 필요조건이다. 해독과 철자는 각
각 읽기와 쓰기의 기반이 되는 핵심 능력일 뿐만 아니라 상보적
인 관계 속에서 서로의 발달을 촉진한다.

　　최나야(2009)는 만 4~6세 아동 207명을 대상으로 아동이 쓰
고 싶은 것을 자유롭게 쓰게 한 후 이들의 철자를 관찰한 결과
철자 발달을 비자모 단계, 자모 단계, 자모결합 단계, 단어 단계,
문장 단계로 범주화하였다. 그런데 문장 단계에 도달한 아동은
총 9명으로 전체의 4.3%에 불과하였기 때문에 이 절에서는 문장
단계에 대한 설명은 생략한다. 〈표 4-2〉에 제시된 비율은 문장
단계에 속하는 9명을 제외한 198명을 총인원으로 설정하고 산
출한 수치이다.

　　첫째, 비자모 단계에서는 그리기 또는 가로선, 세로선, 곡선
등의 선형으로 끼적거리기를 하다가 조금씩 한글 자모와 비슷
한 형태를 쓸 수 있게 된다. 비자모 단계에서 이루어지는 그리기

····**표 4-2** ● 연령별 철자 단계 분포

단계 연령	비자모	자모	자모결합	단어
만 4세	26.7%	28.3%	26.7%	18.3%
만 5세	1.4%	11.0%	43.8%	43.8%
만 6세	0.0%	6.2%	24.6%	69.2%

출처: 최나야(2009)

는 예술적인 활동으로서의 그림 그리기와는 달리 메시지를 전달
하기 위한 목적으로 이루어지는 의사소통 활동이다. 가로선, 세
로선, 곡선과 같은 선형으로 끼적거리기는 아직 한글 자모음자
의 형태에 대한 기억이 형성되지 않은 상태에서 글자의 한 부분
을 형성하는 수평선, 수직선, 곡선을 본뜬 것으로 보인다. 끼적
거린 선들은 표준화된 형태가 아니기 때문에 그것을 표시한 아
동만 해독할 수 있는 기호이다. 한글 낱자에 대한 노출이 증가하
면서 자음자나 모음자와 비슷한 형태를 띤 표식들이 등장하나
한글 낱자와 동일한 형태를 띠진 않는다. 만 4세 아동의 26.7%
는 비자모 단계의 쓰기 행동을 보였으나, 만 5세 아동 중 비자모
단계에 머물러 있는 아동은 1.4%, 만 6세 아동 중 비자모 단계에
머물러 있는 아동은 전혀 없었다.

둘째, 자모 단계의 초기에는 한글 자음자나 모음자의 형태
를 철자하다가 차츰 불완전하지만 자음자와 모음자를 결합하는
철자 형태가 나타나기 시작한다. 이 단계의 초기에는 자음자와
모음자를 결합하지 않고 자음자 또는 모음자를 독립적으로 철
자하는데, 독립적으로 낱자를 철자할 때 아동이 철자한 것이 무
엇을 가리키는지 질문을 한다면 독립적인 낱자들이 아동이 표기
하고자 한 단어나 글자의 일부를 구성하는지 아니면 원래의 단
어나 글자와 전혀 상관없이 아동이 임의로 구성한 것인지 확인
할 수 있다. 만일 독립적으로 철자한 자음자나 모음자가 아동이
표기하고자 했던 단어나 글자의 일부라면 문자의 시각적 형태에
대한 기억이 형성되고 있는 것으로 볼 수 있다.

자음자와 모음자를 부적절하게 결합하는 행동은 자음자
는 초성자와 종성자로만, 모음자는 중성자로만 쓰인다는 사실에
대한 인식이 형성되지 못하였기 때문에 나타나는 현상이다. 초
성에 위치해야 할 자음자가 중성인 모음자 뒤(ㅏㄱ; 가)나 아래에
(ㅗㄱ; 고) 오는 경우가 불완전한 자모 결합의 일반적인 형태이다. 이
처럼 자음자와 모음자를 부적절하게 결합하여 글자를 구성하려
는 행동은 한글이 음절 단위로 표기된다는 사실에 대한 인식을 반
영하는 것이다(최나야, 2009). 만 4세 아동의 28.3%, 만 5세 아동의
11%, 만 6세 아동의 6.2%가 자모 단계의 쓰기 행동을 나타냈다.

셋째, 자모결합 단계에서는 자음자와 모음자를 정확하게
결합한 완전한 글자의 형태가 나타나다가 불완전하긴 하지만
차츰 단어의 형태가 나타난다. 자음자와 모음자가 정확하게 결
합된 글자를 철자할 경우에도 아동이 표기하고자 한 글자나 단
어가 무엇이었는지 물어봄으로써 말소리를 정확하게 철자하고
있는지 확인해 보면 된다. 글자만 표기한 경우에도 아동이 표
기하고자 한 것은 단어인 경우가 많으며, 보통 단어의 첫 글자
를 표기한다. 불완전한 형태로 단어를 철자하는 경우 대개 첫 번
째 글자는 정확하지만 그 다음에 오는 글자들은 의도한 글자와
일부 또는 전부가 다르다. 만 4세 아동의 26.7%, 만 5세 아동의
43.8%, 만 6세의 24.6%는 자모결합 단계의 철자 행동을 보인다.

넷째, 단어 단계에서는 단어를 정확하게 철자한다. 이 단계
에는 불완전하지만 문장을 쓰는 아동도 매우 낮은 비율로 있으
나 절대 다수는 단어를 완전하게 철자하는 수준에 머물렀다. 만

4세 아동의 18.3%, 만 5세 아동의 43.8%, 만 6세 아동의 69.2%가 완전한 형태를 갖춘 단어를 철자하였다.

만 4세 아동은 비자모 단계, 자모 단계, 자모결합 단계, 단어 단계에 각각 비교적 고르게 분포됨으로써 아동 간 철자 발달 간극이 넓게 펼쳐져 있음에 비해, 만 5세 아동은 자모결합 단계(43.8%)와 단어 단계(43.8%)에 가장 많이 속해 있었다. 만 6세 아동은 과반 이상의 아동이 완전한 단어를 철자할 수 있는 수준에 도달해 있었으며, 4분의 1 정도의 아동은 글자를 완전하게 철자할 수 있으나 아직 단어는 불완전하게 철자하였다.

지각 단위가 가로선이나 세로선과 같은 선분에서 자소, 글자, 단어 순으로 확장되어 가는 철자 발달과 단어, 글자, 자소 수준으로 지각 단위가 축소되는 읽기 발달 단계는 상반된 것처럼 보이지만 철자 발달과 읽기 발달은 상호 연관되어 있다. 통단어 읽기 단계는 단어를 분리될 수 없는 단일 시각 패턴으로 인식하기 때문에 단어를 구성하는 글자나 낱자들을 정확하게 변별하여 철자할 수 없다. 언뜻 보기에 통단어 읽기 단계의 아동은 단어 단계의 철자를 할 것으로 생각할 수도 있겠으나, 통단어 읽기를 하는 아동은 단어의 형태를 장기기억 속에 간직하고 있지 않기 때문에 단어의 모든 획을 정확하게 철자할 수 없다. 글자 읽기 단계의 아동은 단어를 글자 단위로 분리하여 지각할 수 있어서 글자를 어휘 기입(lexical entry)[4]으로 기억하기 때문에 글자를

---

4 심성어휘집 속에 저장되어 있는 기억의 단위를 일컫는 말이다. 일반적으로 심성

구성하는 낱자를 기억하여 철자하거나 자모음자가 정확하게 결합된 글자를 철자하는 것이 가능하다. 자소 읽기 단계의 아동은 단어를 낱자 수준까지 분리하여 지각할 수 있기 때문에 단어를 정확하게 철자하는 것이 가능하다. 읽기 발달 단계와 철자 발달 단계를 정확하게 일대일로 대응할 수는 없지만 발달의 전체적인 경향성을 비교해 봄으로써 철자와 읽기가 어떤 관계에 있는지 추정해 볼 수는 있다. 읽기와 철자 발달의 상호 연관성을 좀 더 정확하게 파악하려면 동일 대상에 대해 두 변인을 측정하여 세밀하게 비교하는 연구가 필요해 보인다.

3. 구어 발달과 문해력의 상관관계

말하기나 듣기와 같은 구어 능력은 언어를 사용하는 환경에서 자라기만 하면 특별한 노력을 기울이지 않더라도 누구나 다 습득할 수 있는 능력이다. 그런데 이러한 구어 발달이 또래에 비해 심각하게 지체되어 읽기나 쓰기와 같은 문어 기술을 형성하는 데 어려움을 겪는 경우가 있다. 언어장애가 그 대표적인 경우이다. 언어장애란 음운론, 의미론, 구문론적인 결함으로 인해 언어의 형태나 의미 구성에서 결함을 보이는 것을 말한다.

어휘집 속에 단어가 어휘 기입으로 저장되어 있으나 고빈도 단어를 구성하는 글자들 또한 어휘 기입으로 존재한다(자세한 내용은 pp. 237-238 참조).

음운론은 말소리의 조합을 규정하는 규칙이며, 음운론적 결함이 있을 경우에는 말소리를 식별하거나 말소리를 조합하여 정확히 발음하는 데 어려움을 보인다. 말소리를 음절, 음소와 같은 분절적 단위로 인식하는 것을 음운 인식이라 하는데, 유치원기의 음운 인식 능력은 초등학교 저학년기의 읽기 능력을 유의하게 예측한다. 캣츠 등(Catts, Fey, Zhang, & Tomblin, 1999)은 유치원 아동 608명을 대상으로 음운처리 능력을 측정하였고, 이들이 초등학교 2학년이 되었을 때 읽기 능력을 측정한 다음 음운처리 능력과 읽기 능력 간의 상관관계를 분석하였다. 초등학교 2학년 때 읽기부진으로 분류된 아동 중 56%는 이미 유치원기에 음운 인식 결함을 보였으며, 초등학교 2학년 읽기 성적이 좋은 아동 중에서는 단지 16.6%만 유치원기에 음운 인식 결함을 보였다. 로스 등(Roth, Speece, & Cooper, 2002)은 39명의 아동을 대상으로 유치원기에 음운 인식 능력을 측정하였고, 이들이 초등학교 1, 2학년이 되었을 때 단어 읽기와 비단어 읽기 성취도를 측정한 후 각 변인들 간의 관계를 분석하였는데, 유치원기의 음운 인식 능력은 초등학교 저학년기의 단어 읽기, 비단어 읽기 성적을 유의하게 예측하였다. 음운론적 결함이 읽기에 미치는 영향을 가장 극명하게 보여 주는 것이 난독증이다. 난독증은 음운처리에 결함을 보이는 대표적인 증상으로 말소리의 분절적 특성에 대한 이해가 낮고 음소 단위의 말소리 조작에 결함을 보인다.[5]

---

5   난독증에 대한 자세한 설명은 이 책의 7장 참조.

의미론은 단어의 의미를 이해하는 것과 관련된 규칙이며, 의미론적인 결함이 있을 경우 구절이나 문장을 이해하거나 적절한 단어를 찾는 데 어려움을 보인다. 일반적으로 의미론적 능력은 어휘력 검사를 통해 확인한다. 로스 등(2002)의 연구에서 유치원기에 측정한 어휘력은 초등학교 1, 2학년기의 독해력을 유의하게 예측하였으며, 특히 초등학교 2학년 독해 성적을 가장 강력하게 예측하는 변인으로 밝혀졌다. 캣츠 등(1999)은 유치원기의 어휘력, 초등학교 2학년기의 단어 인식 및 독해력과의 상관관계를 분석하였는데, 어휘력과 단어 인식 사이에는 0.47, 어휘력과 독해력 간에는 0.59라는 유의한 상관관계가 존재하였다.

공식적인 문해 교육이 시작되기 전에 가정에서 책을 매개로 하여 부모와 자녀 사이에 이루어지는 언어적 상호작용은 의미론적 능력을 형성하는 데 결정적인 영향을 미친다. 가정에서 구비하고 있는 책의 수나 텍스트 장르의 다양성 그리고 부모가 자녀에게 책을 읽어 주면서 책의 내용에 대해 아이와 함께하는 언어적인 상호작용을 통해 어휘력이 풍성해지며, 이렇게 형성된 어휘력은 학령기 문해력 형성을 위한 좋은 자양분이 된다. 아동이 스스로 책을 읽기 시작하면서부터 어휘력은 급속히 증가하는 반면, 읽기에 결함을 보이는 아동들은 책 읽기를 기피함으로써 또래들과의 어휘력 격차가 커진다.

구문론은 단어의 배열이나 문장 구조를 규정하는 규칙을 의미하며, 구문론적 결함이 있을 경우에는 단어들 간의 관계를 이해하는 데 어려움을 보인다. 유치원기의 구문론적 지식이 초등학교 시기의 읽기 능력을 유의하게 예측하는 것은 아니지만, 읽기 능력이 뛰어난 아동과 읽기부진 아동 사이에는 구문론적 능력의 차이가 뚜렷하다(Gottardo, Stanovich, & Siegel, 1996; Mann, 1984; Shankweiler et al., 1995). 우리나라 다문화가정 아동과 비다문화가정 아동의 구어 표현을 비교·분석한 연구에서도 두 집단 간 구문론적 특성의 차이가 보고되었다(김의수, 김혜림, 2012). 우선 초등학교 1학년 시기에는 다문화가정 아동과 비다문화가정 아동의 구어 표현에서 문장의 복잡성이나 다양성은 차이를 보이지 않았다. 그렇지만 초등학교 3학년, 5학년 다문화가정 아동과 비다문화가정 아동의 구어 표현을 비교하였을 때 두 집단 간에는 구문의 복잡성과 다양성에서 뚜렷한 차이가 나타났다. 다문화가정 아동은 학년이 높아지더라도 구어 표현에서 문장의 복잡성과 다양성이 크게 달라지지 않았으나, 비다문화가정 아동은 학년이 높아짐에 따라 더욱 복잡하고 다양한 구어 문장을 구사하였다. 학년이 높아질수록 읽어야 할 텍스트의 양이 증가하며, 텍스트를 구성하는 문장의 복잡성 또한 증가한다는 사실로 미루어 짐작해 볼 때 다문화가정의 아동은 점점 독해에 어려움을 겪게 될 것으로 예상된다.

물론 구어 발달과 문해력 발달 간의 상관관계가 존재한다고 해서 구어 발달이 문해력 형성의 직접적인 원인이 된다는 결론에 도달할 수는 없다. 그렇지만 음운론, 의미론, 구문론과 같은 언어의 사용 규칙에 대한 이해는 언어 이해력(language comprehension)을 위한 필수 요소이며, 언어 이해력은 읽기 이해를 촉진한다. 문자 언어를 접하기 이전에 아동이 경험하는 음성 언어 환경은 문해력 형성을 위한 주춧돌로 기능하기 때문에 아동이 풍부한 음성 언어 활동을 경험할 수 있는 물리적·심리적 환경을 조성하는 것이야말로 부모가 담당해야 할 중요한 과제 중 하나라 할 수 있다.

05

읽기 지도의
실제

읽기의 심리학에 기초한

읽기잠재력 키우기

　한글을 해득하지 못하였거나 한글을 해득하였더라도 또래 아동에 비해 심각한 읽기부진 상태에 처한 아동에게 읽기 지도를 한다면 무엇부터 가르쳐야 하는가? 예비 초등교사들에게 "한글 미해득 아동에게 읽기를 가르친다면 제일 먼저 무엇을 하겠는가?"라는 질문을 던질 때 가장 많이 듣게 되는 대답은 한글 자모음자 이름을 가르치겠다는 것이다. 이러한 반응에 이어 "아동이 한글 자모음자 이름을 익히고 난 다음에는 무엇을 가르치겠는가?"라고 물으면, 간단한 자음자와 모음자를 결합하여 만들어지는 '가, 나, 다, 라, ……, 하와 같은 민글자들을 소리 내어 읽을 수 있도록 지도한다는 반응이 돌아온다. "왜 그렇게 해야 하는가?"라고 한 번 더 질문을 던지면 대부분의 예비교사는 당황한

다. 읽기부진 아동을 실제로 지도하는 것에 대해 진지하게 고민을 해 본 적이 없기 때문이다. 이 장에서는 '그림책을 사용한 안내된 읽기 지도' 방법을 소개하였다. 읽기부진 아동에게 어떻게 읽기를 가르칠지 고심하는 이들에게 매력적인 선택지가 되었으면 하는 바람을 가져 본다.

1. 읽기 수준 검사하기

『손자병법』의 셋째 장인 「모공편(謀攻篇)」에는 "상대를 알고 나를 알면 백 번을 겨루어도 위태롭지 아니하다(知彼知己 百戰不殆)."라는 말이 나온다. 이를 교육에 적용해 보면, 교육의 대상인 아동을 알고 교사 자신이 아동을 가르칠 수 있는 준비를 갖추었는지를 알면 가르침의 효과를 볼 수 있다는 말로 바꾸어 볼 수 있을 것 같다. 교육은 학습자의 현재 상황을 정확히 파악하는 것으로부터 출발한다. 학습자의 문해 수준을 파악하는 방법으로 교사의 주관적인 판단과 함께 객관적인 측정을 위한 검사 도구를 활용할 수 있다. 읽기부진 아동에 대한 교사의 임상 경험이 축적될수록 교사의 주관적인 판단 또한 높은 타당도와 신뢰도를 갖지만, 이러한 경지에 도달하기 전까지는 상용화된 검사 도구를 사용함으로써 정보의 객관성을 확보하는 것이 좋다. 이 절에서는 초기 문해력을 측정하기 위해 사용할 수 있는 간편 검사의 하나인 '초등 저학년을 위한 초기 문해력 검사: 1·2 학년용'(엄훈, 정종성, 2019) 중 1학년 검사 도구를 소개하였다.

1학년용 초기 문해력 검사는 '자모음자 이름대기' '단어 읽기' '단어 받아쓰기' '읽기 유창성'으로 이루어져 있으며, 검사에 소요되는 시간이 대략 5분 내외여서 읽기부진아 지도 시 간편하게 사용할 수 있다.

첫 번째 소검사인 자모음자 이름대기 검사는 자음자와 모음자의 이름을 알고 있는지를 측정하는 검사이다. 자모음자 이름은 초기 문해 교육에서 반드시 가르쳐야 할 핵심적인 교육 내용이며, 자모음자 이름대기 수행 정도는 해독 능력을 예측하는 데 유용한 변인이기도 하다(김애화, 유현실, 김의정, 2011). 자음자 이름대기 검사를 먼저 실시하고 이어서 모음자 이름대기 검사를 하며, 〈표 5-1〉에서와 같이 이름을 대야 할 자음자와 모음자의 위치를 변경함으로써 자모음자의 형태와 이름을 정확하게 매칭할 경우에만 정반응이 나타날 수 있도록 하였다. 간단한 낱자를 앞에 배치한 것은 피검사자가 검사 초기부터 좌절감을 느끼지 않도록 하기 위함이다.

●●●● 표 5-1 ● 자모음자 이름대기 검사

자음자	ㄱ, ㄷ, ㅂ, ㄴ, ㄹ, ㅅ, ㅊ, ㅁ, ㅇ, ㅋ, ㅍ, ㅈ, ㅎ, ㅌ, ㄲ, ㄸ, ㅃ, ㅆ, ㅉ
모음자	ㅏ, ㅓ, ㅜ, ㅗ, ㅣ, ㅐ, ㅡ, ㅐ, ㅕ, ㅑ, ㅠ, ㅛ, ㅚ, ㅟ, ㅘ, ㅝ, ㅞ, ㅖ, ㅙ, ㅒ, ㅢ

두 번째 소검사는 단어 읽기 검사이다. 단어 읽기 검사에 포

함된 단어는 자소-음소 일치 의미단어, 자소-음소 일치 무의
미단어, 음운변동 의미단어로 구분된다. 자소-음소 일치 의미단
어는 받침이 없는 단어 6개와 받침이 있는 단어 6개로 이루어져
있으며, 음운변동 의미단어는 6개의 음운변동 규칙이 적용되는
단어로 이루어져 있다. 두 가지 유형의 의미단어는 김광해(2003)
의 어휘 등급 기준으로 1, 2 등급에 속하는 고빈도어로 문자에 대
한 노출 빈도가 높은 아동이라면 이들 단어를 장기기억 속에 간
직할 가능성이 높다. 이에 비해 무의미단어는 실제로 존재하지
않는 단어이기 때문에, 자소-음소의 대응 관계를 적용하여 읽거
나 피검사자가 이미 알고 있는 단어 속에 포함된 글자들의 소릿
값을 무의미단어를 구성하는 글자에 대응함으로써 읽을 수 있다.

●●●●● **표 5-2** ● **단어 읽기 검사**

구분	자소-음소 일치	음운변동
의미	개미, 아기, 사과, 토끼, 가위, 치마, 딸기, 소원, 시작, 감자, 장갑, 동물	입구(된소리), 닫는(비음화), 같이(구개음화), 난로(설측음화), 닿은(ㅎ 탈락), 놓다(기식음화)
무의미	가더, 수젤, 벙미, 조번, 둔촐, 만뚝	

　　초등학교 1학년 말에 실시한 검사에서 단어 유형에 따른 읽
기의 정확도를 비교하였을 때 자소-음소 일치 의미단어 읽기
의 정확도가 98.3%, 자소-음소 일치 무의미단어 읽기의 정확도
가 80.8%, 음운변동 의미단어 읽기의 정확도가 70.8%였다. 무

의미단어 읽기의 정확도가 음운변동 단어 읽기의 정확도에 비해 10%나 더 높은 것은 초등학교 1학년 시기의 읽기 발달과 관련이 있다. 이 시기의 아동은 글자 단위에서 자소와 음소의 대응 관계를 적용하여 해독을 하기 때문에 실제 단어가 아니더라도 자소와 음소의 대응이 규칙적이라면 정확하게 읽을 수 있다. 그러나 음운변동 단어를 읽을 때 자소와 음소의 대응 관계를 글자 단위로 적용하게 되면 규칙화 오류(regularization error)[1]가 발생하게 된다(정종성, 2017). 초기 문해력 형성기에 음운변동 단어를 정확하게 읽는 유일한 방법은 해당 단어를 많이 보고 읽음으로써 심성어휘집 속에 기억으로 공고화하는 것이다. 초등학교 1학년 아동 중에서도 독서 경험이 많아서 음운변동 단어에 대한 노출 빈도가 높은 아동은 규칙화 오류를 보이지 않으나 그렇지 않은 아동은 규칙화 오류를 많이 보인다(정종성, 2017). 읽기가 능숙한 성인들에게 단어의 음운변동 유무는 단어 읽기 수행 수준에 아무런 영향을 미치지 않는데, 이는 성인 독자들이 음운변동 단어를 읽을 때 심성어휘집 속에서 해당 단어의 말소리를 빠르게 인출하기 때문이다(이광오, 2010).

세 번째 소검사는 단어 받아쓰기이다. 단어 받아쓰기 검사는 단어 읽기 검사와 마찬가지로 자소-음소 일치 의미단어, 자소-음소 일치 무의미단어, 음운변동 의미단어로 구성되어 있지

---

[1] 음운변동 단어를 글자 단위로 자소-음소 대응 규칙을 적용하여 읽음으로써 발생하는 오류로, 예를 들면 '난로'(/날로/)를 /난로/로 읽는 것이다.

만 음운변동 단어는 된소리로 발음되는 단어로만 이루어져 있다
는 점에서 차이를 보인다. 자소-음소 일치 의미단어와 무의미
단어를 정확하게 철자하는 데는 음운론적 지식을 활용하여 소
리 나는 대로 표기하는 것만으로 충분하다. 그러나 된소리로 발
음되는 단어를 받아쓰는 데는 음운론적 지식과 함께 형태론적
지식이 동원되어야 한다. '봄비'를 음운론적으로만 처리하여 '봄
삐'로 표기하면 철자 오류가 발생하며, 단어 '봄비'가 형태소 '봄'
과 '비'가 결합된 것임을 인식하고 있으면 정확한 철자가 가능
하다.

●●●● 표 5-3 ● 단어 받아쓰기 검사

단어 유형	검사 단어
자소-음소 일치 의미단어	이모, 조개, 아침, 창문
된소리	봄비, 약국, 눈길
자소-음소 일치 무의미단어	고티, 농갑, 만박

네 번째 소검사는 읽기 유창성 검사이다. 읽기 유창성 검사
는 설명문 텍스트를 30초 동안 얼마나 정확하게 읽는지를 측정
하는 검사이다. 읽기 유창성은 텍스트를 빠르고 정확하게 그리
고 적절하게 띄어 읽는 것까지 포함하나, 이 소검사에서는 띄어
읽기의 적절성은 분석하지 않았다.

거북의 알 낳기

거북 한 마리가 알을 낳으려고 하였습니다. 거북은 파도를 타고
물 밖으로 나왔습니다. 거북은 모래밭에 올라와 이곳 저곳을 둘
러보았습니다. 거북은 모래밭에서 알 낳기 좋은 자리를 찾았습
니다.

거북은 모래를 파기 시작하였습니다. 열심히 모래를 파서 깊은
구덩이를 만들었습니다. 그리고 그곳에 알을 낳았습니다. 하얗
고 동그란 알이었습니다. 거북은 알을 낳고 또 낳았습니다.

거북은 구덩이를 모래로 잘 덮었습니다. 누가 훔쳐 가지 못하게
숨겨 두는 것입니다. 알을 잘 숨긴 거북은 바다로 돌아갔습니
다.

이와 같은 네 가지 검사 결과를 채점하여 각 검사별 원점수
를 산출한 후에는 구분점수표의 원점수 분포를 바탕으로 영역
별 구분점수를 확인할 수 있다. 구분점수표는 아동의 읽기 성취
가 또래 아동에 비해 어느 정도인지를 파악하는 데 유용하다. 만

일 아동의 읽기 성취점수가 구분점수 1, 2에 해당한다면 이는 매
우 심각한 읽기부진 상태로 보아야 하며 즉시 교육적 개입을 시
도해야 한다. 구분점수 3, 4도 안심할 상태는 아니며, 아동의 읽
기 발달 추이를 주의 깊게 지켜보고 만일 읽기 발달이 정체될 경
우에는 즉시 읽기 지도를 실시해야 한다.

초기 문해력 검사 결과를 구분점수로 변환하는 것은 또래
들과의 성취도를 비교함으로써 읽기부진의 심각성을 파악하는
데 유용하다. 뿐만 아니라 초기 문해력 검사의 각 소검사별로 정
반응과 오반응에 대한 질적 분석을 세부적으로 실시할 경우 아
동을 위한 읽기 지도의 목표를 설정하는 데 필요한 유용한 정보
를 얻을 수도 있다. 가령, 자모음자 이름대기 검사에서 아동이
오반응을 보인 자모음자 이름은 향후 읽기 지도의 주요 내용이
될 수 있다. 단어 읽기나 단어 받아쓰기에서 받침 유무 또는 음
운변동 유형에 따른 정반응과 오반응을 분석함으로써 아동의
읽기 발달 양상을 보다 구체적으로 파악할 수 있다. 음운변동 단
어를 읽을 때 규칙화 오류를 보이는 아동은 읽기의 주의폭이 아
직 글자 단위로 제한됨으로써 축자적 읽기를 하는 단계에 도달
해 있기 때문에 한동안 이 단계에 머물면서 글자 단위의 해독 기
술을 숙달하도록 격려하는 것이 좋다. 자칫 너무 성급하게 음운
변동 단어 읽기를 지도할 경우 해독 기술마저도 제대로 습득하
지 못하게 될 수 있다.

2. 문해 지도 방법

초기 문해 지도를 위한 대표적인 두 가지 방법은 발음중심접근법과 의미중심접근법이다. 먼저, 발음중심접근법은 글자를 구성하는 최소 단위인 자소와 그것이 표상하는 음소의 대응 관계를 가르쳐서 글자나 단어를 읽을 수 있도록 지도하는 방법이다. 음소는 눈에 보이지 않는 추상적 실체이므로 조작이 쉽지 않지만 자음과 모음을 시각적으로 구체화한 자음자와 모음자는 눈으로 관찰 가능한 실체이므로 합성·대치·분해와 같은 조작이 용이하다. 발음중심지도법에서는 자음자와 모음자의 이름과 그것이 표상하는 말소리를 명시적으로 가르친 다음 자소 – 음소 대응 관계를 적용하여 새로운 단어를 읽을 수 있도록 지도한다.

발음중심접근법에서는 새로운 글자나 단어를 읽을 수 있도록 해독 기술을 지도하는 데 초점을 두는데, 초기에는 해독의 단위가 글자나 단어에서 시작하여 차츰 구절이나 문장으로 확장된다. 발음중심접근법을 적용한 한글 교육의 일반적인 절차는 다음과 같다. 우선 자음자를 'ㄱ'부터 'ㅎ'까지 가르친 다음 모음자를 'ㅏ'부터 'ㅖ'까지 가르친다. 물론 한 번에 모든 자음자와 모음자를 가르치지는 않으며 학습 분량을 적절하게 조절함으로써 한 번에 기억해야 할 자모음자의 수가 지나치게 많지 않도록 한다. 자모음자의 형태와 이름을 정확하게 매칭하려면 많은 반복 학습을 통해 자모음자의 형태와 이름을 장기기억으로 공고화해야 한다. 영어 알파벳을 가르치는 가장 일반적인 방법은 영상을 보여 주며 알파벳 노래를 따라 부르게 하는 것이지만, 한글 자모음자 이름을 가르치는 방법은 조금 다르다. 한글 자모음자를 가르칠 때는 대개 낱자가 포함된 단어를 보여 주면서 낱자의 이름을 따라 말하게 한다. 노래를 부르든 단어 속에 포함된 낱자를 보면서 이름을 외우든 자모음자의 형태와 이름을 기억하려면 반복학습이 필연적이다.

자모음자 이름을 다 익힌 다음에는 자음자와 모음자를 결합하여 민글자를 만들고 그것의 소리를 익힌다. 민글자 소리 익히기에는 주로 음절표가 사용된다. 음절표의 세로축에는 자음자, 가로축에는 모음자가 적혀 있으며, 음절표의 각 칸에는 자음자와 모음자가 결합함으로써 만들어질 수 있는 다양한 민글자가 적혀 있다. 교사가 음절표에 적힌 글자들을 읽어 주면 아동들이 따라 읽으면서 글자와 소리의 대응 관계를 학습하지만, 이것이 장기기억으로 형성되는 데에는 많은 반복학습이 필요하다.

민글자 읽기에 익숙해진 다음에는 받친글자 읽기를 지도하며, 민글자와 받친글자 읽기가 능숙해지면 2글자 이상으로 이루어진 단어 읽기를 가르친다. 받침이 없는 단어, 받침이 있는 단어, 음운변동이 없는 단어, 음운변동이 되는 단어 등 다양한 유형의 단어 읽기를 연습함으로써 해독의 정확성과 속도가 빨라지면 읽기 지도가 종결된다.

다음으로 의미중심접근법에서는 발음중심접근법과 달리 해독 기술을 명시적으로 가르치지 않으며, 독자가 가진 어휘력, 배경지식, 개념 등을 활용하여 글의 의미를 파악하도록 하는 데 초점을 둔다. 의미중심접근법에서는 텍스트 속에 등장하는 문자에 반복적으로 노출되면 익숙한 글자나 단어의 소리를 자연스럽게 기억할 수 있다고 보기 때문에 자모음자의 이름과 소리, 자음자와 모음자의 결합 원리, 자소와 음소의 대응 관계를 명시적으로 가르치지 않는다. 의미중심접근법에서는 탈맥락적으로 글자나 단어를 반복하여 읽게 하거나 쓰게 하지 않으며 텍스트 읽기를 통해 의미를 구성할 수 있도록 지도한다. 의미중심접근법으로 읽기를 지도할 경우 그림책은 매우 효율적인 읽기 자료이다. 삽화는 해독 기술이 부족한 독자가 단어의 소리를 추측하거나 텍스트의 의미를 이해하는 데 활용할 수 있는 단서이다.

발음중심접근법과 의미중심접근법은 미국 읽기 교육을 이끌어 온 양대 축으로 경쟁관계에 있었으나, 2000년대 이후부터는 발음중심접근법이 읽기 지도 방법의 대세로 자리를 굳혀 가고 있다. 발음중심접근법이 대세로 굳어지게 된 데에는 미국 국립읽기위원회(National Reading Panel)가 2000년에 발표한 보고서의 영향이 무척 크다. 이 보고서에는 발음중심지도법(phonics instruction)이 읽기장애 학생들뿐만 아니라 읽기부진 아동에게도 매우 효과적인 읽기교수법으로 소개되어 있다. 의미중심접근법도 한때는 미국 읽기 교육의 한 축을 형성하였으나 발음중심접근법이 부상하면서부터 자연스럽게 뒤안으로 밀려나게 되었다. 의미중심접근법이 비판받는 가장 큰 이유는 자소와 음소의 대응 관계를 적용하여 새로운 단어를 읽을 수 있도록 지도하는 대신 문자에 대한 반복 노출이라는 비효율적인 방식으로 읽기를 지도하기 때문이다. 자소와 음소의 대응 관계를 이해하고 있으면 새로운 단어도 곧바로 읽어 낼 수 있으나 의미중심접근법을 따를 경우에는 새로운 단어가 출현할 때마다 그것의 형태와 소리를 정확하게 매칭하여 기억하는 데 상당한 시간이 소요된다. 물론 발음중심접근법 또한 자모음자의 이름과 소리를 암기하고 자소와 음소의 대응 관계를 적용하여 글자나 단어를 정확하고 빠르게 해독하기 위해 반복연습을 동반한다는 점에서 읽기 학습을 단순히 기능을 익히는 지거운 활동으로 전락시킨다는 비판을 받고 있다.

그런데 아이를 키우며 아이와 함께했던 여러 가지 문해 관련 활동이나 읽기부진 아동에게 한글을 가르쳤던 경험에 비추어 보면, 의미중심접근법은 비효율적·비체계적이고 발음중심접근법은 읽기 본연의 목적인 의미 구성보다는 해독 기술을 익히기 위한 기계적 반복훈련에 치중한다는 세간의 비판에 동의하기 어렵다. 읽기를 가르치기 위한 두 가지 접근법이 상충되기보다는 문해 발달 과정에서의 사용 적기에서 차이를 보일 뿐이다. 아동의 읽기 발달 과정에서 발생적 문해력 형성기에는 의미중심접근법을, 공식적인 읽기 교육이 시작된 이후부터는 발음중심접근법을 적용하는 것이 좋다. 발생적 문해력 형성기에는 아동에게 그림책을 읽어 주는 과정에서 자연스럽게 문자에 대한 노출 빈도가 높아짐으로써, 아동은 책 내용과 관련된 배경지식을 형성하고 어휘력이 향상된다. 또한 아동은 책 읽기를 통해 자신이 직접 경험할 수 없는 세상에 대한 개념을 형성할 수도 있다. 발생적 문해력이 형성되는 시기에 의도적으로 낱자의 이름을 가르치고 자소를 조작하여 자소와 음소의 대응 관계를 가르치는 것은 자칫 아동으로 하여금 문자에 대한 거부감을 형성시켜 줄 수 있다. 한편, 공식적인 문자 교육이 시작되면 자모지식에서부터 자소와 음소의 대응 관계에 이르기까지 아동이 초기 문해력을 형성하는 데 필요한 기술들을 명시적으로 가르쳐 주어야 한다.

　발생적 문해력 형성기의 아동은 대부분 부모와 함께 책 읽기를 좋아한다. 아동은 혼자 힘으로 책을 읽을 수는 없지만 부모가 읽어 준 책의 내용을 듣고 자신이 이해한 것을 바탕으로 부모와 책의 내용에 대해 언어적 상호작용을 한다. 부모가 책을 읽어 줄 때 아동은 수동적으로 듣고만 있지 않으며 자신의 배경지식을 바탕으로 내용을 재구성하거나 이해가 되지 않는 부분에 대해서는 질문함으로써 책의 내용과 자신의 배경지식 사이의 간극을 메워 간다. 아동은 책에서 새로운 사실을 배울 수 있고 책 속 인물을 통해 간접적으로나마 새로운 세상을 경험할 수 있기 때문에 책 읽기를 좋아한다. 책 읽기를 통해 부모와 정서적 유대감을 형성할 수 있다는 점 또한 아동이 책 읽기를 좋아하는 이유이다. 부모는 자녀와의 정서적 유대관계를 기반으로 아동이 새로운 언어양식인 문자의 세계로 입문할 수 있도록 안내하는 중요한 임무를 수행한다. 자녀를 무릎에 앉히고 책을 읽어 줄 때 부모는 아이의 체온과 숨결을 느끼면서 아이의 다양한 언어적 반응을 수용하고 적절하게 대응해 준다. 아동은 책을 매개로 이루어지는 부모와의 긍정적 상호작용 경험을 통해 책 읽기에 흥미

를 갖게 되고 문자의 세계로 자연스럽게 입문한다. 이처럼 의미
중심접근법은 발생적 문해력 형성기의 아동을 문해 활동으로 이
끄는 데 가장 적합한 방법이다.

발생적 문해력 형성기에 아동의 읽기 경험이 쌓여 갈수록
읽고 쓸 수 있는 글자나 단어가 증가하지만, 단지 노출 빈도에
의해서만 글자나 단어의 소리를 익히게 하는 것에는 한계가 있
다. 새로운 글자와 단어가 출현할 때마다 누군가의 도움을 받을
필요 없이 혼자 힘으로 글을 읽기 위해서는 해독 기술을 습득해
야 한다. 발생적 문해력 형성기에서 문자 자극에 노출된 경험이
많은 아동은 문자가 메시지를 전달하는 매개체라는 것과 문자
의 형태에 따라 소리와 전달하는 의미가 달라진다는 사실을 인
식하게 된다. 뒤이어 혼자 힘으로 문자를 해독하여 문자로부터
메시지를 추출해 내고 싶은 욕구를 갖게 된다. 이때가 바로 아동
에게 공식적인 문해 교육을 실시할 적기이며, 발음중심접근법은
공식적인 문해 교육에 적절한 읽기 지도 방법이다.

이 장에서 소개하고자 하는 읽기 지도의 방법은 발음중심
접근법도 의미중심접근법도 아닌 '그림책을 사용한 읽기 지도'
이다. 그림책은 영유아기에서부터 초등학교, 중학년 때까지 읽
기 자료로 가장 많이 활용된다. 영유아용 그림책에는 텍스트보
다 그림의 비율이 더 높기 때문에 아직 글자를 해독하지 못하는
아동이 최소한의 장해를 겪으며 책의 내용을 이해할 수 있다. 심
지어 누군가 글을 읽어 주지 않더라도 그림만 보고도 책 내용을
이해할 수 있을 만큼 영유아용 그림책 속의 삽화는 메시지 전달

력이 높다. 그림책은 문자 해독 능력, 어휘력, 배경지식이 또래에
비해 현저히 낮은 읽기부진 아동이 낮은 해독 능력이나 부족한
배경지식과 어휘력으로 인한 장해를 덜 경험하며 읽기를 배우도
록 이끄는 데 가장 적합한 교육자료이다.

3. 그림책이라는 매체

　영유아기의 언어 발달은 대개 부모와의 상호작용을 통해
자연스럽게 이루어지는데, 그림책 읽기는 부모와 자녀 사이의
언어적 상호작용을 매개하는 효과적인 촉진제이다. 그림책을
매개로 한 부모와 자녀 간 언어적 상호작용은 아동의 언어 표현
과 어휘력 발달에 결정적인 영향을 미친다(김숙령, 육길나, 2007).
부모가 온정적인 태도로 자녀에게 그림책을 읽어 주면서 책 내
용을 기반으로 언어적 상호작용을 할 때 아동의 구어 발달이 촉
진될 뿐만 아니라 문자에 대한 개념도 형성된다. 부모는 자녀가
구어적 의사소통을 원활히 할 수 있기 전부터 그림책을 읽어 주
기 시작하는데, 이처럼 문자언어를 매개로 한 구어적 상호작용
은 아동의 구어 발달에 기여할 뿐만 아니라 문해력 발달의 기반
을 다진다. 부모가 자녀와 언어적 상호작용을 가장 풍부하게 경
험할 수 있는 상황이 바로 자녀에게 책을 읽어 주는 순간이며,
특히 그림책은 이러한 상호작용에 매우 적합한 매체이다.
　그림책에 등장하는 그림은 작가의 메시지를 시각적으로 전

달하는 상징물로 문자와는 다른 방식으로 처리된다. 문자를 동
시조음으로 발음할 수 있는 최대 단위는 글자이며, 단어와 어절,
구절은 동시조음이 불가능하기 때문에 한 문장의 내용을 이해
하려면 앞에서부터 순차적으로 읽고 어절 및 구절이 전달하는
의미를 조합함으로써 문장의 의미를 재구성하여야 한다. 텍스
트를 읽을 때 한 번에 주의를 기울일 수 있는 단위는 읽기 발달
정도에 따라 차이를 보이는데, 문해 발달 초기에는 한 글자 또는
한 단어씩 읽지만 점점 구절 단위까지 주의를 기울일 수 있게 된
다. 그러나 아무리 읽기 능력이 발달하더라도 주의폭이 문장 수
준으로 확장되지는 않는다. 텍스트를 읽고 이해하는 것은 순차
적 정보처리를 통해서만 가능하다. 이에 비해, 그림이 전달하는
메시지를 파악하기 위한 정보처리는 거의 동시적으로 진행된다.
그림이 전달하는 메시지를 이해하기 위해 그림을 더 작은 단위
로 분석한 후 각 부분의 내용을 종합할 필요가 없다. 거의 대부
분의 아동은 그림을 보자마자 그것의 의미를 곧바로 이해할 수
있다. 학령기 이전의 아동은 사물을 인식할 때 그것을 더 작은
단위로 분해한 다음 각 부분을 이해하고 부분에 대한 이해를 조
합함으로써 전체를 인식하는 방식을 취하지 않으며, 오히려 사
물을 하나의 전체로 인식하는 경향을 보인다.

　　그림책 속의 그림은 텍스트의 보조 수단으로 사용되기도
하지만 그 자체가 시각적 텍스트로서의 기능도 갖고 있다(김지
영, 2008). 따라서 그림책을 사용하여 읽기 지도를 할 경우 그림을
텍스트를 이해하기 위한 보조 수단으로만 사용할 것이 아니라

그것이 지니고 있는 메시지를 읽을 수 있도록 안내하는 것이 좋다. 글자를 읽지 못하는 아동이라도 배경지식을 가지고 있으면 그림 읽기를 통해 책 내용을 이해할 수 있기 때문에 그림책은 읽기에 대한 거부감을 극복하는 데 효과적인 도구이다. 글자를 해독할 수 있는 아동도 텍스트를 읽기 전에 그림을 살펴봄으로써 책 내용을 예측할 수 있으며, 자신의 예측이 맞는지 확인하기 위해 책을 읽는 동안 주의를 집중하기 때문에 전반적으로 독해가 향상된다.

초기 문해력을 습득하지 못해 읽기부진을 겪고 있는 아동은 대부분 읽기를 싫어한다. 이들은 읽기를 통한 성공 경험을 한 적이 거의 없으며, 자신들의 불완전한 읽기로 인해 또래들로부터 무시를 당한 경험이 더 많다. 읽기에 대해 부정적인 태도를 가진 아동이 읽기에 대해 긍정적인 태도를 갖도록 하려면 우선은 읽기가 재미있는 활동이어야 한다. 그림책은 글자 읽기에 대한 부담을 덜어 주며 책 내용에 대한 흥미를 불러일으키는 데 매우 적합한 매체이다.

4. 읽기 지도의 실제

이 절에서 소개하고 있는 읽기 지도 방법은 일대일 개별지도 방식으로 이루어지는 읽기회복(reading recovery) 프로그램의 절차를 벤치마킹한 것으로 '익숙한 책 읽기' '낱말 익히기' '짧은 글 짓기' '새로운 책 소개하기'라는 네 개의 단계로 이루어져 있다(Clay, 2016). 읽기 지도의 매 회기는 익숙한 책 읽기로 시작되며, 낱말 익히기, 짧은 글 짓기, 새로운 책 소개하기 순으로 진행된다. 한 회기에 소요되는 시간은 대략 30분 전후가 적절하며 각 단계별 소요 시간은 〈표 5-4〉를 참조하여 적절하게 조절하도록 한다. 가능하다면 매일 읽기 지도를 하는 것이 가장 좋지만 일주일에 최소 2~3회 정도의 읽기 지도가 이루어져야만 아동의 읽기 능력에 가시적인 변화가 나타날 수 있다. 한 회기 내에 최소 두 권의 그림책을 읽기 위해서는 텍스트가 너무 두껍지 않아야 한다는 점에도 주의를 기울여야 한다. 매 회기 읽기 지도가 끝난 후에는 교수-학습 과정에서 주목할 만한 사실들을 일지에 기록함으로써 다음 회기 읽기 지도 시 참고하도록 해야 한다.

●●●● **표 5-4** ○ 회기 내 단계별 소요 시간

지도 단계	소요 시간
익숙한 책 읽기	7~8분
낱말 익히기	5분 내외
짧은 글 짓기	7~8분
새로운 책 소개하기	10분 내외

1) 익숙한 책 읽기

그림책을 사용한 읽기 지도에서 '익숙한 책'이란 아동에게

읽기 지도를 시작한 이후 교수적 목적으로 한 번이라도 사용하였던 책을 말하며, 읽기 지도와 상관없이 아동이 그 이전에 읽었던 책을 의미하는 것은 아니다. '익숙한 책 읽기'의 의미를 오해하여 아동에게 예전에 읽었던 책을 가지고 오게 하여 읽기 지도에 사용하는 경우도 볼 수 있는데, 이럴 경우에는 그림책의 난이도가 통제되지 않아 읽기 지도의 효율성이 떨어진다. 읽기 지도 횟수가 늘어날수록 익숙한 책의 목록은 확장되는데, 익숙한 책 읽기에 사용할 그림책을 선정하는 것은 전적으로 교사의 판단에 달려 있다. 다만, 교사가 미리 선정한 익숙한 책들 중에서 아동이 읽고 싶은 책을 선택하도록 하는 것은 가능하다.

읽기 지도의 매 회기를 익숙한 책 읽기로 시작하는 데에는 그럴 만한 이유가 있다. 익숙한 책 읽기를 할 경우에는 새로운 책을 처음 읽을 때와 비교하여 해독의 정확성과 속도가 높고 책 내용에 대한 이해의 수준도 깊어지기 때문에 책 읽기에 대한 자신감을 갖게 된다. 새로운 책을 처음 읽을 때에는 해독에 주의를 집중하느라 적절한 속도로 리듬감을 살려서 읽거나 글의 내용을 깊이 생각할 여유가 없다. 하지만 같은 책을 여러 번 읽게 될 경우 글자나 단어를 지각하는 속도가 빨라짐으로써 읽기 유창성이 향상되며 보다 많은 주의가 글의 내용을 파악하는 데 활용될 수 있다.

해독 기술을 습득하지 못하여 읽을 수 있는 글자나 단어의 수가 극히 제한적인 아동의 경우에는 교사가 대신 책을 읽어 주도록 한다. 그렇지만 아동 또한 자신의 능력 범위 내에서 읽기에 참여할 수 있도록 안내해야 한다. 해독 기술을 갖지 못한 아동이 읽기에 참여할 수 있도록 유도하는 방법은 간단하다. 우선 책을 읽어 주기 전에 아동으로 하여금 읽을 수 있는 글자 윗부분에 연필로 작은 점을 찍어서 표시하게 한다. 교사는 책을 읽어 주다가 아동이 읽을 수 있는 글자가 출현하면 읽기를 멈추고 손가락으로 글자를 가리키며 아동이 읽을 때까지 기다린다. 아동이 글자를 다 읽고 나면 교사는 계속해서 책을 읽어 준다. 물론 이런 방법으로 책을 읽게 되면 일상적인 읽기와 달라서 부자연스럽게 느껴지지만 아동이 책 속의 글자에 주의를 기울이도록 하는 효과가 있을 뿐만 아니라 아동이 스스로 책을 읽고 있다는 자신감을 갖게 해 준다.

익숙한 책을 여러 번 읽게 되면 아동이 책 내용을 다 알게 되어 지겨워할 것이라고 생각하기 쉽지만 의외로 아동은 같은 책을 여러 번 읽는 것에 대한 거부감이 크지 않다. 부모가 가정에서 자녀에게 같은 그림책을 여러 번 읽어 주는 경우는 매우 흔하다. 아동은 매번 초롱초롱한 눈빛으로 책에 시선을 고정하고 부모의 말소리에 귀를 기울이는 데 비해, 오히려 부모가 같은 책을 여러 번 읽어 주는 것을 지겨워하여 무덤덤하게 읽는 모습을 볼 수 있다. 아동이 스스로 책을 읽을 수 있게 되었을 때에도 같은 책을 여러 번 읽는 장면을 자주 목격할 수 있다.

익숙한 책일지라도 읽기 지도의 초점을 어디에 두느냐에 따라 아동이 느끼는 도전감은 얼마든지 달라질 수 있다. 익숙한 책으로 사용하는 책들은 대개 바로 전 회기에서 새로운 책으로 소개된 책들이다. 새로운 책을 소개할 때 교사는 책에서 다루어지는 주요 내용을 짚어 주고 새로운 개념과 익숙하지 않은 단어의 의미를 간략하게 설명해 준 다음 아동이 책을 읽게 한다. 따라서 전 회기에 새롭게 소개된 책을 익숙한 책으로 사용할 경우 이전에 미처 살펴보지 못했던 내용에 대해 주의를 전환시킬 수 있으며, 새로운 책 읽기에서 오류를 보였던 낱말들 중에서 여전히 아동이 해독하기 어려워하는 낱말들을 중심으로 낱말 익히기 활동을 할 수 있다.

개별화 읽기 지도를 참관할 때 익숙한 책 읽기 단계에서 교사가 과도하게 많은 질문을 던지는 경우를 종종 볼 수 있다. 교사는 아동이 책 내용을 정확하게 이해하고 있는지 확인하기를 원하며, 만일 아동이 이해하지 못한 부분이 있다면 보완해 주고 싶어 한다. 그렇지만 아동이 익숙한 책을 읽어 나갈 때 교사가 던지는 질문의 수가 지나치게 많으면 읽기의 흐름을 방해하게 된다. 꼭 필요한 경우가 아니라면 아동이 책을 읽고 있는 도중에 책 내용에 대한 질문을 던지지 않도록 하며 아동이 책을 다 읽고 난 다음에 질문을 하거나 책 내용에 대한 간단한 대화를 나누는 것이 좋다.

같은 책을 익숙한 책 읽기 단계에서 여러 번 사용하다 보면 아동이 텍스트를 완전히 암기해 버리는 경우가 생기기도 한다. 만약 이런 경우가 발생한다면 그 책은 당분간 익숙한 책의 목록에서 제외하는 것이 좋다. 익숙한 책의 목록에 포함된 책들을 몇 번씩 읽는 것이 좋은지에 대한 명확한 규정은 없으며, 교사의 임상적 판단에 따라 결정하는 것이 좋다.

2) 낱말 익히기

낱말 익히기 단계의 초점은 단어를 구성하고 있는 글자를
음절에 대응하거나 글자를 구성하는 자소를 음소에 대응함으로
써 올바른 말소리를 산출하는 데 맞추어져 있다. 익숙한 책 읽기
단계에서 아동이 읽기 오류를 보이는 단어들은 낱말 익히기 활
동의 소재로 활용된다. 낱말 익히기 단계에서의 교수-학습 목
표는 아동의 읽기 발달이 통단어 읽기, 글자 읽기, 자소 읽기 단
계 중 어느 수준에 해당하는지에 따라서 달라진다.

(1) 통단어 읽기 단계에서의 낱말 익히기

통단어 읽기를 하는 아동에게 필요한 낱말 익히기 활동은
단어를 음절 단위로 분리하기이다. 통단어 읽기를 하는 아동은
단어를 음절 단위로 구분하지 못하고 단어 전체를 하나의 자극
으로 지각하기 때문에 같은 글자가 들어 있는 두 단어에서 같은
글자를 잘 찾아내지 못한다. 통단어 읽기를 하는 아동에게 자음
자와 모음자의 이름과 소리를 가르치고 자소와 음소의 대응 관
계를 적용하여 글자나 단어를 읽도록 지도한다면 아동은 큰 좌
절을 겪게 될 것이다.

아동이 음절의 개념을 습득하고 있는지를 확인할 수 있는
가장 간단한 방법은 단어를 발음하면서 말소리의 수만큼 박수

를 쳐 보게 하는 것이다. 교사가 먼저 단어를 발음하면서 음절의 수만큼 박수를 치는 시범을 보인 후 아동에게 새로운 단어를 하나 말해 준 다음 음절 수만큼 박수를 쳐 보게 한다. 가령, "'나비'는 몇 개의 말소리로 되어 있니?"라고 물을 때 아동이 두 번 박수를 치고 난 후 "2개입니다."라고 답을 한다면 음절의 개념을 인식하고 있는 것으로 볼 수 있다. 아동이 음절의 개념을 습득하고 있는지를 확인하는 또 다른 방법은 2글자 이상으로 이루어진 단어들 속에서 같은 글자를 찾아보게 하는 것이다. 단어가 글자 단위로 분리될 수 있다는 사실을 인식하지 못하는 아동은 같은 글자 찾기를 어려워한다.

엘코닌 박스는 단어가 음절 단위로 분리된다는 것을 지도하는 데 적합한 도구이다. 엘코닌(Elkonin)은 옛 소련의 심리학자로 추상적인 대상인 음소의 개념을 지도하기 위해 [그림 5-1]과 같은 박스들을 사용하였다. 원래 엘코닌 박스 하나는 한 음소에 대응하지만, 한글의 음절 개념을 지도하기 위해 엘코닌 박스를 사용할 경우에 박스 하나는 한 음절에 대응한다. 엘코닌 박스를 사용하여 '다람쥐'라는 단어가 몇 개의 음절로 이루어져 있는지를 지도할 경우, 각 박스 아래에 바둑돌이나 작고 둥근 칩을 하나씩 배치시킨 후 '다람쥐'를 한 음절씩 천천히 발음하면서 바둑돌이나 칩을 하나씩 박스 안으로 이동시킨다([그림 5-2] 참조). 음절은 눈에 보이지 않고 청각적으로 존재하는 자극이지만 바둑돌이나 칩을 사용함으로써 음절을 시각적으로 형상화하는 것이다. 교사의 시범이 끝나고 난 다음에는 아동이 교사가 했던 것과

똑같은 방식으로 단어를 천천히 발음하면서 칩을 하나씩 이동시
킨다. 단어를 구성하는 음절의 수에 따라 박스의 수는 자유롭게
조절할 수 있다.

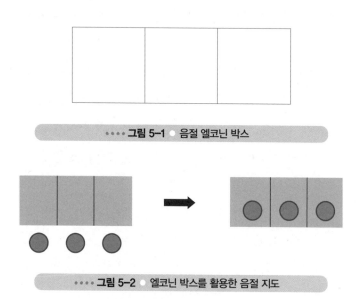

•••• **그림 5-1** ● 음절 엘코닌 박스

•••• **그림 5-2** ● 엘코닌 박스를 활용한 음절 지도

단어를 한 음절씩 발음할 때마다 바둑돌이나 칩을 하나씩
엘코닌 박스 안으로 이동시키면서 아동은 말소리가 음절이라는
분절적 단위로 분리될 수 있음을 인식하게 된다. 바둑돌이나 칩
대신에 작은 종이쪽지에 쓴 글자를 엘코닌 박스 안으로 이동시
키는 방법을 사용한다면 단어가 글자 단위로 분리될 수 있다는
것을 보다 직접적으로 확인할 수 있다.

(2) 글자 읽기 단계에서의 낱말 익히기

통단어 읽기 단계에서 글자 읽기 단계로 발전하게 되면 낱말 익히기 활동의 내용도 달라진다. 글자 읽기 단계의 아동은 음절의 개념을 알고 있으며 같은 글자는 단어 속에서 어디에 위치하느냐에 상관없이 대체로 동일한 소리를 유지한다는 사실도 인식하고 있다. 글자 읽기 단계에 도달한 아동은 서로 다른 단어 속에 포함된 같은 글자를 신속하게 찾아낼 수 있다. 또한 읽을 수 있는 글자의 수가 증가함에 따라 자신이 알고 있는 글자를 사용하여 새로운 단어를 추측하여 읽는 경향을 보인다. '호랑이'라는 단어를 읽을 수 있는 아동에게 '호돌이'라는 새로운 단어를 보여 주었을 때 첫 글자인 '호'를 보고서 /호랑이/라고 읽어 버리는 것이다. 두 단어의 가운데 글자인 '랑'과 '돌'은 시각적으로 다르지만 이러한 차이에 대해 주의를 기울이지 못하는 것이다. '호랑이'라는 단어와 '호돌이'라는 단어를 이웃해 놓고 한 글자씩 비교하면 그제야 '랑'과 '돌'이 다른 글자임을 알아차린다.

글자 읽기 단계에서 이루어지는 낱말 익히기 활동의 초점은 글자를 자소 단위로 분해하고, 각각의 자소가 표상하는 음소를 익히며, 글자를 구성하는 자소를 조작하고 그에 따른 음절을 산출하는 데 있다. 글자를 자소 단위로 분해하고 조작하는 활동에 가장 적합한 교구는 자석 낱자이다. 자석 낱자를 사용하면 글자가 초성자와 중성자 또는 초성자, 중성자 및 종성자로 분리될 수 있음을 쉽게 확인할 수 있다. [그림 5-3]에서와 같이 자석 낱자로 글자를 조합한 다음 조합된 글자에서 초성자, 중성자, 종성자를 다른 낱자들로 대치하면서 자소의 변화에 따른 음절의 차이를 학습하기에 용이하다.

글자 읽기 단계에서 지도해야 할 핵심 내용은 자소가 표상하는 소릿값, 즉 음소이다. 한글 자음자의 이름 속에는 그것의 소릿값이 반영되어 있고 모음자의 이름은 소릿값과 일치하기 때문에 한글 자모음자의 이름을 익히는 것은 음소 인식의 출발이다. 자모음자의 이름을 익힐 때에도 자음자 'ㄱ', 모음자 'ㅏ'의 이름부터 익히기보다는 아동에게 유의미한 자모음자의 이름을 먼저 익히는 것이 좋다. 자모음자 이름을 가르치는 방법에 대한 보다 자세한 설명은 앞서 4장에서 다루었다. 자음은 음절 내에서의 위치에 따라 소릿값이 달라지는데 초성의 소릿값을 다 익히고 난 다음에 종성의 소릿값을 익히는 것이 좋으며, 개별 자소의 소릿값을 독립적으로 익히기보다는 '초성자+중성자' 또는 '초성자+중성자+종성자' 형태로 된 글자 속에서 익히는 것이 더 적절하다.

•••• **그림 5-3** ● 자석 낱자를 활용한 낱말 익히기

음소 지도를 위한 엘코닌 박스는 한글의 글자 구조에 따라 [그림 5-4]와 같이 여섯 가지의 형태를 띤다. 각각의 형태에서 음소 엘코닌 박스 하나는 하나의 음소에 대응한다. 예를 들어, 형태1 엘코닌 박스는 음절 /가/가 /ㄱ/와 /ㅏ/라는 2개의 음소로 이루어져 있다는 것을 지도하는 데 사용되며, 형태2~6 엘코닌 박스는 각각 음절 /고/, /과/, /강/, /공/, /광/의 음소를 지도하는 데 사용된다.

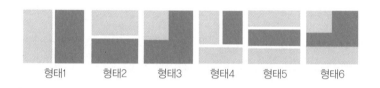

형태1   형태2   형태3   형태4   형태5   형태6

•••• **그림 5-4** ● 한글 글자 구조에 따른 음소 엘코닌 박스의 형태

엘코닌 박스를 이용하여 음소를 지도할 때에도 바둑알이나 칩을 박스에 대입함으로써 음소를 시각화할 수 있으나 자음자나 모음자를 직접 대입할 경우에는 음소를 보다 구체적으로 시각화할 수 있다는 장점이 있다. 형태1 엘코닌 박스를 사용하여 음절 /가/의 두 음소를 지도할 때 낱자 'ㄱ'과 'ㅏ'를 박스 밑에 위치시킨 다음 각각의 음소 /ㄱ/와 /ㅏ/를 천천히 발음하면서 낱자 'ㄱ'과 'ㅏ'를 박스 안으로 이동시킨다. 교사의 시범이 끝나면 아동이 교사의 시범을 똑같이 따라한다.

(3) 자소 읽기 단계에서의 낱말 익히기

자소 읽기를 하는 아동은 단어를 음절 단위로 끊어서 읽기 때문에 음운변동이 일어나는 단어를 읽을 때 오류가 발생한다. 가령, '난로'라는 단어를 음절 단위로 끊어 읽으면 /난로/로 발음되는데 원래의 말소리인 /날로/와 큰 차이를 보인다. 이처럼 음운변동을 적용하지 않고 표기한 대로 한 음절씩 축자적으로 읽게 되면 듣기에도 부자연스럽고 읽기 속도도 감소한다. 자소 읽기 단계를 넘어 자동화된 읽기 단계로 발전하려면 2음절 이상으로 이루어진 단어를 읽을 때 이웃한 글자와의 관련성을 고려하여야 한다. 그렇다고 아동에게 음운변동의 명칭을 말해 주거나 음운변동에 대한 문법적인 설명을 해 줄 필요는 없다. 다만, 단어 중에서 글자 표기와는 다르게 소리 나는 경우가 있다는 사실을 말해 주고 해당 단어가 출현할 때마다 음운변동을 적용하여 읽는 시범을 보여 주는 것으로 충분하다. 읽을 수 있는 음운변동 단어의 수가 증가하면 동일한 유형의 음운변동이 일어나는 단어들을 범주별로 묶어 보는 활동을 해도 좋다.

3) 짧은 글 짓기

대부분의 읽기 지도에서는 글자나 단어를 철자(綴字)하는 것이 쓰기와 관련된 활동의 전부인 데 비해, 그림책을 사용한 읽기 지도에서는 문장 단위의 쓰기를 지도한다. 짧은 글 짓기 단계에서 이루어지는 주요 활동은 아동으로 하여금 짧은 글을 짓고 그것을 종이에 옮겨 쓰게 하는 것이다. 단어나 문장 받아쓰기에서는 교사가 불러 주는 것을 그대로 받아 적기만 할 뿐이지만 짧은 글 짓기에서는 아동 스스로 문장을 구성한 후 글로 쓰게 한다.

짧은 글 짓기의 초점은 아동이 이야기꾼이 되어 글을 구성하고 그것을 문자로 표현하는 데 있기 때문에 철자나 문어적 표현의 정확성을 높이는 것을 지나치게 강조하지 말아야 한다. 글감은 아동이 자유롭게 선택할 수 있도록 하되 마땅한 글감을 생각해 내지 못할 경우에는 익숙한 책 읽기에서 인상 깊었던 내용, 학교에서 있었던 일, 평소 아동이 흥미를 보이는 주제 중에서 선택할 수 있도록 안내한다. 아동이 글을 구성하는 데 어려움을 보일 경우에 교사는 아동과 글감에 대해 간단한 대화를 나누면서 아동이 문장을 산출해 내도록 도움을 준다. 아동이 문장 구성을 마치면 그것을 다시 말로 표현하게 한 후 종이에 옮겨 쓰게 한다. 만일 단어를 철자하는 데 어려움을 보인다면 낱말 익히기 단계에서 했던 활동을 통해 단어 철자를 완성하도록 지도한다.

짧은 글 짓기에 익숙해지기 전까지 아동이 구성하는 글은 대개 구어적 성격을 띠며 홑문장으로 이루어진다. 그런데 짧은 글 짓기 경험이 누적되어 감에 따라 아동이 구성하는 글은 차츰 문어적 특성을 띠게 되어 한 문장 내에 여러 가지 문장 성분이 사용되며, 홑문장보다는 겹문장이 자주 등장한다. 또한 문장의 수도 증가할 뿐만 아니라 문장과 문장 사이를 자연스럽게 연결하기 위한 접속사 사용 빈도도 높아진다.

아동이 글을 종이에 다 옮겨 쓴 후에는 여러 차례 소리 내어 읽어 보게 하며, 그동안 교사는 아동이 쓴 문장을 [그림 5-5]와 같이 띠지에 옮겨 쓴다. 띠지는 A4 용지를 길이 25~30cm, 폭 1.5~2cm 크기로 자른 종잇조각이다. 교사가 띠지에 옮겨 쓴 문장을 아동이 읽고 난 다음 교사는 아동이 보는 앞에서 어절 단위로 띠지를 자른 다음 어절 조각을 뒤섞는다([그림 5-6], [그림 5-7] 참조). 이어서 아동은 뒤섞인 어절 조각을 원래의 문장이 되도록 조립한다. 아동이 어절 조각을 조립하는 데 익숙해지면 한두 어절을 음절 단위로 잘라서 조립하게 하는 것도 좋다. 문장 조립하기 활동이 끝나면 어절 조각과 음절 조각을 버리지 말고 집게로 집은 다음 잘 보관해 둔다.

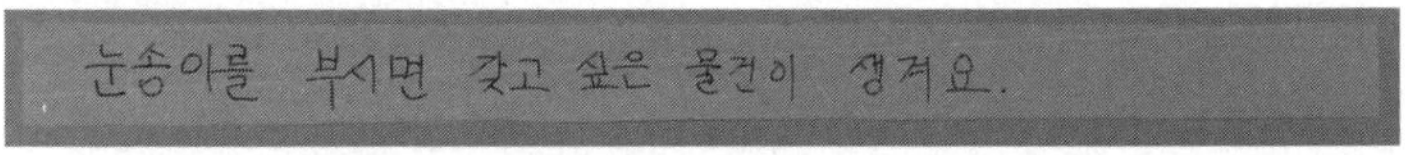

•••• **그림 5-5** ● **띠지에 문장 옮겨 적기**[2]

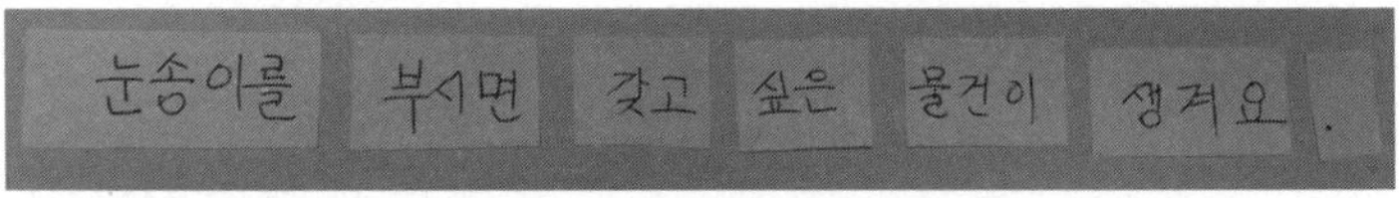

•••• **그림 5-6** ● **어절 단위로 띠지 자르기**

---

2 '부시면'은 부정확하게 철자되었으나 아동이 '부수다'와 '부시다'를 구분하지 못하기 때문에 이 단계에서 교정하지 않았다.

●●●● **그림 5-7** ● 어절 조각 뒤섞기

4) 새로운 책 소개하기

그림책을 사용한 읽기 지도에서 새로운 책 소개하기는 제일 마지막 단계의 활동이다. 새로운 책을 소개해 주는 주체는 교사이며, 아동은 교사의 책 소개가 끝난 후 소리 내어 책을 읽는다. 새로운 책 소개하기에서 교사의 주된 역할은 적절한 책 선택하기, 책의 제목이나 주제와 관련된 배경지식 활성화하기, 중요한 개념이나 새로운 단어의 의미 설명하기이다. 교사가 새로운 책 소개하기를 통해 제공한 정보들은 아동의 단어 인식 정확도와 읽기 속도를 높여 주는 데 기여한다.

새로운 책을 선정할 때에는 몇 가지 사항을 고려해야 한다. 첫째, 아동이 흥미 있어 하는 내용을 담고 있는 책일수록 아동의 주의를 끌기가 쉽다. 둘째, 책의 내용을 이해하는 데 필요한 배경지식이 너무 많지 않아야 한다. 아동이 이미 형성한 지식을 바탕으로 교사의 안내를 통해 충분히 이해할 만한 내용을 담고 있는 책이 가장 적절하다. 새로운 단어나 아동의 이해 수준을 넘어서는 개념들이 지나치게 많이 등장할 경우 책 읽기에 대한 흥미를 상실할 뿐만 아니라 내용을 이해하지 못해 좌절감을 맛보게 된다. 비록 해독을 정확하게 할 수 있는 경우일지라도 책의 내용을 이해하지 못하고 읽는 것은 독서가 아니라 단순한 글자 읽기 연습일 뿐이다. 셋째, 책의 분량이 주어진 시간 내에 다 읽을 수 있는 정도여야 한다. 쪽수가 너무 많은 책을 선택할 경우에는 제한된 시간 내에 한 권의 책을 다 읽지 못하게 된다. 새로운 책 소개하기에 소요되는 시간은 대략 10분 이내라는 사실을 감안하여 책을 선택하도록 한다.

책의 내용을 이해하려면 배경지식이 필요하다. 가령, '그림자'라는 소재가 사용된 책을 읽을 경우 그림자의 생성 원리를 아는 것은 책의 내용을 이해하는 데 필수적이다. 그림자가 생기려면 빛이 있어야 하며, 그림자는 빛의 반대 방향에 생기고, 빛의 세기가 강할수록 그림자가 짙어진다는 사실을 이해하지 못하는 독자는 '그림자'를 소재로 쓰인 책을 읽으면서 저자가 의도한 글의 주제를 파악할 수 없다. 아동이 책의 내용을 이해하는 데 필수적인 배경지식을 갖고 있지 않다면 새로운 책 소개하기 시 교사는 최소한의 배경지식을 제공해 준다. 아동의 배경지식 여부를 확인하는 방법 중 하나는 책의 제목을 활용하는 것이다. 일반적으로 책의 제목은 책의 주제나 중심인물에 대한 단서를 제공해 준다. 책의 제목이 '제비'라면 제비라는 새를 본 적이 있는지, 제비가 사는 곳은 어디인지, 제비가 찾아오는 계절은 언제인지, 제비는 무엇을 먹고 사는지 등을 물어봄으로써 제비와 관련된 아동의 배경지식을 확인한 다음 책의 내용을 이해하는 데 필요한 정도로 제비에 관한 배경지식을 제공해 주어야 한다.

새로운 책에는 항상 새로운 단어가 등장한다. 그림책 속의 삽화는 새로운 단어의 말소리나 의미를 파악하는 데 필요한 단서가 되기도 하지만 그렇지 않은 경우라면 새로운 단어의 의미를 파악하기 위한 교수적 도움을 제공해 주어야 한다. 교사가 새로운 단어를 읽어 주고 의미를 설명해 주는 것이 가장 손쉬운 방법이긴 하지만 학습자가 수동적인 역할만 할 경우 학습의 효과는 떨어지기 때문에 문맥을 활용하여 단어의 의미를 파악할 수 있도록 교수적 지원을 제공하는 것이 바람직하다.

교사의 책 소개가 끝난 후 텍스트 읽기는 아동의 몫으로 남겨진다. 물론 아동이 전혀 책을 읽을 수 없는 경우라면 교사는 책 소개뿐만 아니라 텍스트 읽기도 해 주어야 한다. 아동이 책을 읽을 때 최대한 혼자 힘으로 읽어 갈 수 있도록 교사는 조용히 지켜보는 것이 좋다. 그렇지만 아동이 읽지 못하는 단어가 있을 경우 그것을 해독할 수 있는 단서를 제공하거나 단어를 읽어 줄 뿐 책을 읽는 도중 내용에 대한 질문을 던지지 않도록 주의한다.

5) 지도 일지 작성하기

한 회기의 읽기 지도가 끝난 후에는 회기 내에 이루어졌던 교수 - 학습 활동에 대한 기억이 사라지기 전에 지도 일지를 작성하는 것이 좋다. 지도 일지는 특정한 양식에 구애될 필요가 없으며 회기 내에서 이루어졌던 교수 - 학습 활동 중에서 주목할 만한 사실들을 중심으로 교사가 자유롭게 기술하면 된다. [그림 5 - 8]은 필자가 아동을 지도한 후 작성한 지도 일지로 '지도 일시' '주요 활동' '사용한 도서'라는 세 가지 항목으로 이루어져 있다. 주요 활동에는 아동의 반응 중에서 주목할 만한 점들, 예를 들면 지난 회기에 비해 향상된 점, 아동 스스로 문제를 해결한 사례, 지난 회기와 마찬가지로 여전히 어려움을 보이는 점 등을 기술하며, 교사 자신의 교수 행동에 대한 반성과 성찰도 덧붙이면 좋다. 지도 일지는 매 회기마다 작성해야 하며, 다음 회기 읽기 지도를 하기 전에 반드시 지난 회기에 대한 지도 일지를 살펴봄으로써 교사의 반성과 성찰이 새로운 교수활동에 반영될 수 있도록 해야 한다.

1. 지도 일시: 2016. 11. 2. 수요일, 오후 1:30~2:10

2. 주요 활동

『문어의 편지』 읽기를 먼저 하였다. 지난주에는 만나지 못했기 때문에 기억에 의존하여 읽을 수 없는 상황이었다. ○○는 글자를 한 자 한 자 손가락으로 짚어 가며 천천히 읽어 갔다. '만났어요'의 '만났'과 '넣었지요'의 '넣었'과 같이 받침이 있는 글자를 제외한 모든 글자를 혼자 힘으로 읽었다. 책을 읽은 후 'ㅇ'이 받침으로 있는 글자 '소풍'의 '풍'을 익히기 위해 공, 강, 농을 '음절체+말미자음' 형태로 결합하여 읽기를 시도하였는데, 예상외로 잘하였다. 그런데 아직 초성과 중성으로 이루어진 글자에서 초성과 중성의 소릿값을 결합하여 읽는 활동에서는 초성의 소리에 /ㅣ/를 붙여 읽으려고 하였다. 이러한 현상의 원인은 자음의 이름이 기역, 니은, 디귿과 같이 /ㅣ/ 소리와 함께 오기 때문이라고 생각한다. 자음의 소리를 명시적으로 지도하여 /ㅣ/가 아닌 /ㅡ/ 소리임을 기억할 수 있도록 해야겠다. 그런데 내가 글자의 초성 소리를 내 주면 ○○는 자석 낱자에서 해당 자음을 정확하게 찾아낸다.

『마음대로 골라 봐!: 생활』을 새로운 책으로 소개하고 읽게 하였다. '무엇이든'에서 '엇' '든' 그리고 '골라 봐'의 '골', '쓸까'의 '쓸'과 같이 받침이 있는 글자는 읽지 못해 읽어 주었다. '번개'라는 글자를 쓰게 할 때 우선 '버'를 쓰게 한 후 /번/ 소리가 나려면 받침이 /은/ 소리가 나는 낱자가 와야 함을 명시적으로 가르쳤다. '번'을 쓴 후 개를 '괴'로 썼다. '개미'의 '개'라고 얘기해 주었는데도 '번괴'로 쓴 것을 보면 /ㅐ/와 /ㅚ/를 구분하는 것이 아직 힘든가 보다.

○○는 초성의 소리를 들으면 정확하게 낱자를 골라내나 초성과 중성의 결합 시 어떤 소리가 만들어지는지에 대한 원리를 완전하게 알지는 못한다. 그럼에도 불구하고 '초성+중성'으로 이루어진 글자는 천천히라도 읽어 낸다. 받침 있는 글자를 읽을 때에는 받침을 빼고 읽는데, 앞으로 지속적으로 음절체에 말미자음을 결합하여 글자 읽기를 통해 자음 낱자가 종성에 올 때의 음가를 지도해야겠다. 동시에 초성과 중성이 결합하거나 음절 글자를 분해하여 각자의 음소로 분해하는 활동도 지속적으로 해야겠다.

3. 사용한 도서: 『문어의 편지』(장선혜 글/이주연 그림), 『마음대로 골라 봐!: 생활』 (피파 굿하트 글/닉 샤렛 그림)

•••• **그림 5-8** ● 지도 일지 예시

06

●

게임기반
읽기 교수

읽기의 심리학에 기초한

읽기잠재력 키우기

1. 게임기반 교수

읽기부진 아동을 지도할 때 교사들이 경험하는 큰 어려움 중 하나는 이들로부터 학습동기를 이끌어 내고 그것을 유지시키는 일이다. 읽기부진 아동이 읽기의 최종 목표인 읽기 이해 수준에 도달하기 위해서는 자모음자의 이름과 그것의 형태는 물론 각각의 낱자들이 상징하는 소릿값을 암기해야 하고, 글자를 구성하는 각각의 낱자를 그것이 상징하는 소리로 전환할 수 있어야 하며, 해독이 완료된 단어의 의미를 파악할 수 있어야 한다. 이러한 각각의 과제를 완수하는 데에는 반복연습을 위한 수고가 필요하다. 그런데 발생적 문해력을 구비하지 못한 읽기부진 아동의 경우에는 읽기와 관련된 사전 지식과 학습 기술의 결핍으로 인해 자모지식을 습득하고 해독 기술을 익히기 위한 반복연습의 과정에서 읽기 학습에 대한 흥미와 동기를 상실하고 결국은 읽기 배우기를 포기하는 경향이 강하다. 읽기부진 아동으로부터 학습동기를 유발해 내고 그것을 유지시키는 것이야말로 읽기 학습의 성패를 좌우하는 중요한 과업이라는 점에서 게임기반 교수(game-based instruction)는 읽기부진 아동에게 읽기를 가르치는 데 매우 효과적이다. 게임기반 교수는 규칙 준수, 밀도 높은 상호작용과 경쟁, 즉각적 보상이라는 게임의 핵심 요소들을 교수-학습 상황에 활용함으로써 교육목표를 달성하고자 하는 의도적 교수 행위를 의미하며, 특히 읽기부진 아동에게 효과적이다. 게임기반 교수가 읽기부진 아동에게 특히 효과적인 이유는 다음과 같은 읽기부진 아동의 특성에 잘 조응하기 때문이다.

첫째, 읽기부진 아동은 '즉각적인 반응'을 선호한다. 읽기부진 아동은 교수-학습 상황에서 참고 기다리는 것에 익숙하지 않다. 자신의 행동에 대한 강화나 보상이 주어질 때까지 참고 기다릴 줄 아는 것을 '만족지연'이라고 하는데, 읽기부진 아동의 경우 이러한 만족지연 능력이 일반 학생들에 비해 낮은 경향을 보인다. 읽기부진 아동의 만족지연 능력이 낮은 것은 이들의 낮은 자기조절 능력으로 설명될 수 있다. 자기조절 능력은 특정 상황이나 조건에 맞춰 자신의 행동을 조절할 수 있는 능력을 말하는데, 읽기부진 아동의 경우 일반 학생들에 비해 자기조절 능력이 현저하게 낮다(Lin, Coburn, & Eisenberg, 2016). 읽기부진 아동은 자신의 학습 행동에 대해 즉각적인 반응과 보상이 주어지지 않을 경우 학습에 대한 흥미를 상실하는데, 게임기반 교수에서는 즉각적인 피드백이 주어지기 때문에 학습에 대한 이들의 흥미도가 높게 유지될 수 있다.

둘째, 읽기부진 아동은 자극의 강도가 높을수록 잘 반응한다. 동일한 교수 내용일지라도 그것이 다감각적으로 제시될 경우에 잘 반응한다. 교수 내용을 단순히 글로만 제시하는 경우보다는 그림이나 영상과 같은 시각자극이나 시청각적 자극 또는 그 외 감각기관을 자극하는 방식으로 제시될 때 읽기부진 아동의 집중도가 높아진다. 교실에서 이루어지는 일반적인 읽기 수업에 비해 게임기반 교수에서 활용되는 게임은 대체로 색채나 형태적인 측면에서 다채로울 뿐만 아니라 게임의 진행 과정이 박진감 있고 스릴이 있기 때문에 읽기부진 아동의 반응 강도를 높여 준다.

셋째, 읽기부진 아동은 다중적인 자극이 포함된 학습을 선호한다. 읽기부진 아동은 단색으로 인쇄된 책보다는 글자의 색과 형태가 다양하고 그림이 함께 제시된 책을 더 선호한다. 게임기반 교수에서 학습자는 자신의 활동을 주목함과 동시에 다른 사람의 활동을 관찰하고 상상해야 하며, 나아가 이렇게 관찰하고 상상한 것들을 다양하게 조합함으로써 최종 결정을 내리고 반응한다는 점에서 학습활동에 쉽게 몰입하게 된다.

읽기부진 아동의 이러한 특성은 스마트폰을 중심으로 한

정보통신기술(ICT)이 보급되면서 더 극명하게 드러나고 있다. 최근의 다양한 연구는 읽기부진 아동이 스마트폰 중독이나 인터넷 게임 중독에 훨씬 더 많이 빠지는 경향이 있다는 것을 보여 주고 있다(정태근, 2005; 한상규, 김동태, 2019). 물론, 학습에 어려움을 느끼는 읽기부진 아동이 스마트폰이나 인터넷 게임을 도피처로 활용함으로써 중독에 빠지기도 하겠지만, 다른 한편으로는 이들의 뇌 활성화 양상이 스마트폰이나 인터넷게임에 부합하기 때문에 일반 학생들보다 더 과몰입하는 것으로 볼 수도 있다. 이러한 점에 있어서 게임기반 교수는 교수 - 학습 내용을 읽기부진 아동의 두뇌 특성에 맞는 형태로 제시함으로써 학습 효율을 극대화할 수 있다는 점에서 매우 효과적이라 할 수 있다.

최근 학교 현장에서 학습에 전혀 관심을 갖지 않거나 마지못해 수동적으로 수업에 참여하는 학생들의 수가 증가함에 따라 게임기반 교수를 활용하는 것은 더욱 주목받고 있다. 물론 게임기반 교수를 통해 앞에서 언급한 모든 효과가 저절로 산출되지는 않는다. 교수 - 학습을 위한 사전 계획 없이 다만 학습자의 흥미를 유발하기 위한 목적으로 게임을 도입할 경우에는 자칫 학습 목표와는 전혀 관련이 없는 놀이 활동만 하게 될 수도 있다. 교사는 교수 - 학습 과정을 계획하는 단계에서부터 수업목표와 내용, 학습자의 특성, 교실 상황 등이 게임기반 교수를 활용하기에 적합한지 점검하고 이에 따라 게임기반 교수를 계획하고 운영할 필요가 있다.

2. 게임기반 읽기 교수의 효과

게임기반 교수는 읽기부진 아동의 특성에 잘 조응함으로써 다음과 같은 효과를 나타낸다.

첫째, 학습자의 능동적인 참여를 이끌어 낸다. 읽기부진 아동은 학급에서 이루어지는 교수-학습 활동에서 대개 수동적인 방관자로 남아 있기 마련이다. 수업내용에 대한 이해도가 낮고 수업에서 제시되는 과제를 성공적으로 완수하지 못하기 때문에 수업 상황에서 이들이 적극성을 띠는 것은 극히 드문 일이다. 그렇지만 게임기반 교수는 게임을 매개로 이루어지기 때문에 읽기부진 아동도 게임의 규칙만 이해하면 쉽게 참여할 수 있고 즐거움을 느끼면서 덤으로 학습 효과도 누릴 수 있다.

둘째, 읽기 학습에 대한 읽기부진 아동의 두려움을 완화시키고 학습동기를 자극한다. 대부분의 읽기부진 아동은 읽기를 배우려는 동기가 거의 없거나 매우 약하기 때문에 이들에게 읽기를 가르치려고 할 때 교사가 해결해야 할 첫 번째 과제는 바로 학습동기를 유발하는 것이다. 그런데 읽기부진 아동이 읽기 학습에 대해 동기를 갖게 한다는 것은 말처럼 쉽지 않다. 읽기부진 아동은 읽기를 학습하는 과정 중이나 읽기와 관련된 활동을 하면서 이미 상당한 실패를 경험하였기 때문에 이들에게 읽기란 회피해야 할 과제이다. 읽기부진 아동의 입장에서 자신에게 수없이 많은 좌절을 안겨 준 '읽기'에 직면하는 것은 상당한 용기가 필요하다. 하지만 게임기반 교수를 통해 게임을 교수 매체로 활용한다면 학습에 대한 두려움을 최소화하면서 배움에 대한 동기를 유도할 수 있다. 일반적인 형태의 교수-학습 상황에서는 학습의 효과가 더디게 나타남에 비해 게임에서는 성공에 대한 보상이 즉각적으로 주어지기 때문에 읽기부진 아동의 학습동기가 빠르게 증폭된다.

셋째, 학습자의 주의를 집중시키는 효과가 탁월하다. 게임기반 교수에서는 지속적인 상호작용과 경쟁이 이루어지기 때문에 학습자가 잠시라도 다른 곳에 한눈을 팔기 어렵다. 게임이라는 매체를 활용하여 수업이 진행될 경우 게임 자체가 갖고 있는 다양한 형태(예: 일대일 게임, 소집단 게임 등)와 시각적 요소들(예: 게임 카드의 그림, 게임 화면의 그래픽 등)은 처음 학습을 시작하는 학생들의 주의를 끄는 데 매우 효과적이다.

게임기반 교수에서 이루어지는 즉각적 보상은 학습자가 게임을 활용한 교수-학습 활동에 지속적으로 관심을 갖게 할 뿐만 아니라 몰입을 유도하는 효과가 있다. 특히, 나이가 어려서 주의집중 상태를 오랫동안 유지하기 힘든 경우이거나 선행지식이 부족하여 해당 수업 회기에서 학습해야 할 내용에 대해 흥미를 갖지 못한 아동에게는 게임이라는 활동 자체가 이들의 흥미를 유발하는 데 효과적이다. 게임기반 교수-학습 활동에 대한 몰입은 궁극적으로 학습에 대한 효율성을 극대화시킴으로써 읽기부진 아동의 학업 성취도 향상에 기여한다.

넷째, 교사와 학습자 그리고 학습자들 간의 라포를 형성하는 데 효과적이다. 읽기부진 아동은 학업에서의 누적된 실패 경

험으로 인해 학업 향상을 위한 시도를 어떻게든 하지 않으려 한
다. 교사가 정규 수업 이외의 시간에 읽기부진 아동에게 개별화
읽기 지도를 시도하는 경우 아동과의 라포 형성에서 곤란을 겪
는 경우가 종종 발생한다. 특히 아동을 지도하는 교사가 담임교
사가 아닌 경우라면 라포 형성의 어려움은 더 심해진다. 교사는
아동이 싫어하는 '읽기'라는 힘든 과제를 지속적으로 제시하는
존재이기 때문에 읽기부진 아동의 입장에서는 회피의 대상이다.
읽기부진 아동은 읽기라는 과업을 통해 또 다시 실패를 경험하
고 싶지 않은 반면, 지도교사는 어떻게든 아동이 어려운 과제에
도전하여 그것을 해결하기를 촉구하기 때문에 둘의 이해가 충돌
한다. 그렇지만 교사가 교수적 의도를 가지고 치밀하게 구성한
게임을 읽기 지도에 활용할 경우 학습자는 무언가를 학습하고
있다는 사실을 의식하지 않은 채 즐겁게 놀이에 참여하면서 자
연스럽게 교사가 설정한 수업목표에 도달하게 된다. 또한 게임
은 학습에 대한 긴장을 유도하지 않고 아동을 심리적 이완 상태
로 이끎으로써 교수-학습 상황과 교사에 대한 경계심을 내려놓
게 하는 효과도 있다.

　　게임기반 교수를 일반 학급에 적용할 경우 읽기부진 아동
과 또래들 간의 관계 개선에도 기여할 수 있다. 읽기부진 아동이
학교생활에서 겪는 어려움은 학습에만 국한되지 않으며, 상당수
의 읽기부진 아동이 또래관계에서도 곤란을 겪고 있다. 학급 내
에서 읽기부진 아동은 또래 아동의 시선에서는 무능력한 아이
또는 협력학습의 팀원이 되었을 경우에는 자신들의 성취를 낮추

는 아이라는 부정적인 인식을 갖기 쉽다. 실제 교실 수업 상황에서 읽기부진 아동은 대부분 존재를 드러내지 않는 조용한 아이로 남아 있기 십상이다. 그런데 게임기반 교수에서 읽기부진 아동은 대단한 읽기 능력을 습득하지 못하였더라도 자신이 습득한 적은 기능이나 지식만 활용하면서도 활발하게 참여할 수 있다. 이들의 적극적인 참여는 그동안 읽기부진 아동을 조용하고 무능한 아이로 보던 또래들의 시선에 새로운 변화를 유도하는 기폭제가 될 수도 있다.

다섯째, 게임기반 교수는 읽기부진 아동으로 하여금 긍정적인 자아개념을 형성하도록 유도한다. 읽기부진 아동의 경우 대부분 오래된 읽기 학습 실패로 인해 자신의 효능감에 대해 매우 부정적인 평가를 내린다. 읽기부진 아동의 낮은 자아효능감을 깨뜨리고 읽기 학습에 대한 새로운 도전의식을 고취시키기 위해서는 성공 경험과 타인으로부터 인정을 받는 경험이 필요하다. 게임기반 교수의 특성상 읽기부진 아동이 다른 교수적 상황에서는 경험하기 힘든 성공 경험의 기회를 제공한다. 또한 읽기부진 아동의 성공 경험은 이들이 속한 팀의 구성원들이나 교사로부터 인정을 받을 수 있는 기회도 제공한다. 게임기반 교수를 통해 성공 경험을 쌓아 가고 타인으로부터 인정받는 경험이 누적된다면 읽기부진 아동이 자신의 능력에 대해 형성한 부정적인 인식들을 개선하는 계기가 마련될 수 있을 것이다.

여섯째, 게임기반 교수는 읽기부진 아동의 진로지도에 중요한 통찰을 제공해 줄 수 있다. 학생들의 진로지도를 성공적으로 수행하기 위해서는 학생이 무엇을 잘하고, 무엇을 좋아하는지를 알아야 한다. 그런데 읽기부진 아동은 대체로 학습 상황에서 실패를 경험하기 때문에 이들의 장점과 선호도를 파악하기란 쉽지 않다. 게임기반 교수는 게임이라는 상호작용적 활동을 중심으로 진행되기 때문에 학습자와 교수자 그리고 학습자들 간에 다양한 형태의 인지적·정서적·신체적 활동 및 사회적 관계와 활동들이 진행된다. 예를 들어, 게임에서 승리하기 위해서는 게임에 맞는 다양한 전략을 구상해야 하며(인지적 활동), 게임에서의 승리와 패배를 통해 다양한 감정을 경험하고(정서적 활동), 게임에 참여하기 위해 다양한 행동을 수행해야 하며(신체적 활동), 함께 팀을 이루어 하는 게임이라면 같은 팀 안에서 적절한 상호작용(사회적 관계 및 활동)을 할 수 있어야 한다. 이러한 다양한 형태의 관계와 활동들은 학습자들로 하여금 평상시 수업에서는 볼 수 없었던 자신만의 특성과 장점을 발견할 수 있는 계기가 된다. 나아가 이렇게 발견된 자신만의 특성과 장점은 추후 학생들의 장래직업 선택이나 진로에 대한 설계에 활용될 수 있다는 점에서 게임기반 교수는 학생들의 진로지도에도 유용하다.

3. 게임기반 읽기 교수에서 주의할 점

게임은 학습동기를 높이는 데 효과적인 방법으로 알려져 있기 때문에 게임을 활용한 교수-학습 활동은 과거부터 매우 주목받아 왔던 분야이다. 무엇보다 학습동기가 낮은 읽기부진 아동에게 게임은 학생 참여를 이끌어 낼 수 있는 매우 효과적인 방법으로 여겨졌기 때문이다. 특히 읽기부진 아동 지도가 주목받기 시작한 2000년대 초반부터 오프라인에서 교사와 함께 활동이 가능한 보드게임을 중심으로 많은 시도가 있어 왔던 것이 사실이다. 그러나 최근 들어 이러한 시도가 시들해지는 경향이 나타나고 있는데, 가장 큰 이유는 읽기부진 아동이 게임을 열심히 한다고 해서 실제 읽기 능력이 향상되지 않는다는 결과가 도출되었기 때문이다. 가령, 보드게임을 할 때 읽기부진 아동이 나타내는 주의집중, 몰입, 높은 동기 등이 교수-학습 상황으로 전이되지 않는다는 사실을 확인한 것이다. 그러다 보니 최근 들어 보드게임은 읽기부진 아동과 교사 간의 라포 형성 또는 학습활동에 대한 강화물 정도로만 제한적으로 활용되고 있는 상황이다.

그렇지만 게임을 제한적으로 활용하게 된 것이 게임 자체가 학습에 효과가 없기 때문은 아니다. 그보다는 교사나 학습 코치가 활용하는 기존의 보드게임이 학생의 '학습 능력' 향상을 목표로 만들어진 것이 아니라 재미와 흥미 그 자체를 목적으로 만들어졌기 때문에 그 이상의 효과를 기대하기 어렵다고 보는 것이 더 타당하다. 따라서 초기 설계 단계부터 읽기부진 아동의 읽기 발달 단계에 맞춰 읽기 능력의 향상을 도모할 수 있는 학습게임을 만들 필요가 있는데, 안타깝게도 현재 우리나라에는 이렇게 개발된 읽기 학습게임이 매우 부족한 상황이며 개발된 몇몇 게

임들조차도 충분한 임상적 효과를 담보해 내지 못하고 있는 것
이 사실이다.

4차 산업혁명의 물결은 교육현장에도 큰 변화를 가져오고
있다. 단순하게는 실시간 원격수업부터 증강현실이나 가상현실
을 통한 학습까지, 최근의 과학기술의 발전은 과거 면대면 위주
로만 가능했던 교수-학습을 시공간을 초월한 다양한 상황에서
실시할 수 있도록 만들어 주고 있다. 학생들이 또래들과 함께하
는 게임 또한 온라인 게임이 대세이며 요즘은 오프라인에서 게
임을 하는 것이 더 어색한 상황이다. 이렇게 학습과 게임 환경이
급속도로 발달하는 시대적 변화에서 읽기부진 아동을 위한 학
습게임이 제대로 연구되지 않고 있는 작금의 상황은 매우 안타
깝다고 할 수 있다. 읽기부진 아동을 위한 다양한 학습게임의 개
발과 활용에 교사와 학부모를 포함한 다양한 교육 관계자의 적
극적 참여와 지원이 절실한 상황이다.

4. 게임기반 읽기 교수 설계하기

어떻게 게임기반 교수를 설계해야 하는지에 대해서는 학자
들마다 다른 견해를 가지고 있으며, 각자가 자신의 관점을 반영
한 모형들을 제시하고 있다. 이 절에서는 여러 모형에서 공통적
으로 등장하는 요소들을 종합하여 읽기부진 아동을 위한 게임
기반 교수의 기본 틀을 제시하고자 한다.

게임기반 교수 설계 시 첫 번째 단계는 교수-학습 목표를 설정하고 그에 기반하여 교수-학습 내용을 선정하는 것이다. 교수-학습 목표가 구체적이고 명확하게 정의되지 않을 경우 자칫 게임기반 교수는 교수-학습의 활동이 아니라 게임 활동으로 귀착되기 쉽다. 교수-학습 목표는 읽기부진 아동이 성취하기를 원하는 구체적이고 명확한 것이어야 한다. 가령, '자모음자 지도하기'와 같이 교사 위주의 목표를 진술한다거나 '새로운 단어 습득하기'와 같은 막연한 목표는 곤란하다. 교수-학습 목표를 설정할 때는 우선 게임기반 교수를 통해 아동이 어떠한 인지적·정서적·행동적·사회적 변화를 경험하기 원하는지를 숙고한 후 각 영역별 목표를 관찰 가능하고 측정 가능한 형태로 진술하는 것이 좋다. 교수-학습 목표는 읽기부진 아동이 읽기 지도를 받기 전후에 가시적으로 변화하였는지를 파악하기 위한 준거로 활용된다.

교수 내용은 교수-학습 목표를 달성하기 위한 구체적인 행위이기 때문에 교수-학습 목표에 비해 더 구체적인 내용을 담고 있어야 한다. 또한 교수-학습 내용이 게임이라는 활동과 유기적으로 결합될 수 있는지에 대해서도 숙고해 보아야 한다. 교수-학습 내용 중 게임을 적용하기에 적합한 내용과 그렇지 않은 내용을 구분하여 적소에 게임을 활용하는 것이 효율적이다.

두 번째 단계는 적절한 게임기반 교수-학습 전략을 선택하는 것이다. 게임기반 교수에서는 게임 자체가 교수-학습 전략의 선택과 활용에 중요한 요소로 작용한다. 따라서 교사는 어떠한 게임을 어떻게 활용하여 교수를 진행할 것인지 계획해야 한다. 이때 중요한 것은 교수-학습 과정에서 게임을 어느 정도 비율로 활용할 것인지를 산정해 보는 것이다. 학습 목표나 학습 내용에 비해 게임의 비율이 너무 높으면 학생들은 학습활동보다 게임 자체에 빠져듦으로 인해 도리어 학습능률이 낮아질 수 있다. 반대로 게임 활용 비율이 너무 낮으면 게임기반 교수의 차별화된 장점인 흥미 유발, 몰입, 학습동기 유지가 발현되기 어렵다. 교사는 학습 목표와 학습 내용, 학습 상황과 읽기부진 아동의 특성 등에 맞춰 최적의 게임 활용 비율을 찾기 위해 노력해야 한다. 이 단계에서 교사가 또 하나 점검해야 할 것은 수업 상황의 가능성 여부인데, 현재 수업 상황이 게임기반 교수를 하기에 충분한 여건을 갖추고 있는가를 살펴보아야 한다. 예를 들어, 보드게임을 활용한 읽기 수업을 계획한다면 무엇보다 수업 시 충분한 수의 보드게임이 활용 가능한지를 파악하는 것이다. 만약 보드게임의 수가 부족하여 특정 게임을 활용하기 어려운 상황으로 파악되면 게임의 종류와 내용을 변경함으로써 게임기반 교수가 실행될 수 있도록 준비할 필요가 있다.

세 번째 단계는 읽기부진 아동이 게임기반 교수에 참여할 수 있는 기초적인 역량을 갖추고 있는지를 점검해야 한다. 게임기반 교수의 경우 게임이라는 활동을 통해 수업이 진행되기 때문에 읽기부진 아동이 필수적으로 갖추고 있어야 할 지식, 기능, 태도 등이 있다. 예를 들어, 보드게임 형태의 게임기반 교수의 경우 각 게임에 따른 규칙과 알고리즘이 있는데, 때로는 이러한 게임 알고리즘이 매우 복잡하여 별도의 학습이 이루어지지 않으면 게임에 참여하기 힘들 수도 있다. 교사는 읽기부진 아동이 이러한 역량을 갖추고 있는지 점검해 보고 만약 이러한 역량이 충분치 않다고 판단되면 학생에게 필요한 지식, 기능, 태도 등을 사전에 학습시키는 것이 가능한지 여부를 점검해야 한다. 만약 읽기부진 아동이 이러한 역량을 사전에 갖추는 것이 불가능하다고 판단되면 아동에게 적용 가능한 게임을 찾아보아야 한다.

네 번째 단계는 게임기반 교수를 실시하고 읽기부진 아동이 교사가 의도한 교수-학습 목표를 달성해 나가고 있는지를 점검하는 단계이다. 게임기반 교수에서 교사가 학생들이 게임에 참여하는 것을 바라만 보는 방관자가 되어서는 곤란하다. 게임기반 교수에서 학생들은 게임 자체에 몰입하느라 정작 게임을 통해 학습해야 할 것을 간과하는 경우가 수시로 발생한다. 또는 게임의 규칙이나 게임 진행 방식을 이해하지 못해 게임에서 소외되거나 게임을 통한 경쟁이 과열됨으로써 학생들 간에 다툼이 발생하기도 한다. 교사는 자신의 의도대로 학생들이 학습에 임하고 있는지 지속적으로 점검함으로써 읽기부진 아동과 같은 특정한 학생들이 소외당하거나 학생들 간 불필요한 갈등이 유발되지 않도록 지도해야 한다. 만약 다수의 학생이 제대로 학습에 참여하지 못한다면 이는 게임기반 교수가 잘못 설계되었을 가능성이 높다는 점에서 어디에 문제가 있는지 확인하고 필요에 따라서는 게임기반 교수를 수정할 필요가 있다.

다섯 번째 단계는 디브리핑(debriefing)으로 게임기반 교수를 다른 교수 모형과 차별화하는 요인이다. 디브리핑이란 '체험 후 반추하기(reflection)'를 의미한다. 우리는 흔히 경험을 통해 배운 다는 말을 하지만 사실 어떤 사건을 경험하는 것 자체는 생각보 다 학습에 큰 영향을 미치지 못한다. 왜냐하면 특정 사건을 경험 하는 것과 그러한 경험이 어떠한 의미를 가지고 있는지에 대해 이해하는 것 사이에는 자연스러운 간극이 존재하기 때문이다. 이러한 간극을 좁히려는 시도가 바로 디브리핑으로, 교사에 의 해 의도되고 안내된 경험에 대한 반추라고 할 수 있다(Fanning & Gaba, 2007). 게임기반 교수의 경우 다른 교수-학습 활동과 달리 매우 강력한 매체인 게임을 주로 활용하다보니 읽기부진 아동이 게임 자체는 성공적으로 수행하지만 이를 다른 장면에 제대로 적용하지 못하는 경우가 빈번하게 발생한다. 디브리핑의 단계에 서는 읽기부진 아동이 게임을 통해 습득한 내용을 정리·요약· 보고하고, 토론하게 만들어 학습 내용을 적용·내재화시킴으로 써 학습 목표를 달성하도록 지도한다.

여섯 번째 단계에서는 게임기반 교수를 통해 교수-학습목 표가 제대로 달성되었는지 종합적으로 분석해 보고 이에 대한 결과를 바탕으로 다음 단계의 게임기반 교수에 대한 피드백을 얻는다. 여기서 중요한 것은 단순히 교수-학습 목표가 달성되 었는지에 대한 판단뿐만 아니라 실시한 게임기반 교수가 얼마나 효율적이었는지에 대해서도 평가해야 한다는 점이다. 예를 들 어, 특정 형태의 게임기반 교수가 비록 교수-학습 목표 달성에는 성공했지만 너무 많은 시간과 비용, 노력이 투여되었다면 학습의 효율성이 떨어진다고 볼 수 있다. 또한 종합평가의 목적은 보다 나은 게임기반 교수를 만들어 내기 위한 것이라는 점에서 평가 결과가 반드시 다음 단계의 게임기반 교수 설계에 반영되도록 주의해야 한다.

5. 게임기반 읽기 교수의 실제

1) 게임기반 교수의 유형

게임기반 교수는 교수-학습 목표를 달성하기 위해 게임의 요소와 특성을 활용한다는 점에서 일반적인 게임과 구분되며 대체로 세 가지 유형으로 나누어진다.

첫째, 교수-학습 활동에 게임의 특정 요소만 반영하는 경우이다. 예를 들어, 게임의 요소인 '경쟁'이나 '즉각적 보상'을 교수-학습 활동에 첨가하여 학습 과정에 흥미를 불어넣음으로써 학습자의 능동적 참여를 이끌어 낼 수 있다. 게임의 요소를 한두 가지 적용한다는 점에서 게임처럼 보이지 않을 수도 있다. 〈표 6-1〉은 게임의 요소를 가미한 '릴레이 읽기'의 예시이다.

둘째, 게임을 매체로 활용하여 수업을 운영하는 경우이다. 이 경우는 게임의 특정 요소를 반영하는 경우에 비해, 보다 적극적으로 게임 그 자체를 수업의 매체로 활용한다. 예를 들어, 특

정 학습 내용을 잘 습득시키기 위해 부분적으로 컴퓨터 게임을
수업에 활용하기, 학습활동을 원활하게 전개하기 위해 보드게임
을 활용하기 등이 이에 해당된다.

•••• **표 6-1** ● **릴레이 읽기 예시**

1. 같은 수로 이루어진 2개의 집단을 구성한 후 각 집단의 리더를 뽑고, 각 집단의 읽기 순서를 정한다.

2. 읽어야 할 텍스트를 나누어 준다.

3. 교사의 시작 신호와 함께 각 집단의 1번 학생부터 큰 소리로 읽기 시작한다. 이때 각 집단의 리더는 상대팀 학생의 읽기가 정확한지를 점검한다.

4. 교사가 "그만."이라고 하면 다음 순번의 학생이 이어서 읽어 나간다.

5. 각 팀이 끝까지 읽는 데까지 소요한 총 시간을 측정한다.

6. 잘못 읽거나 생략하고 읽은 글자 수를 합산하여 총점 합산에 반영한다(예: 한 글자당 1초를 가산함).

7. 읽은 시간이 짧은 쪽이 최종 승자이다.

　　셋째, 게임을 기본 환경으로 하여 학습 활동을 실시하는 경
우이다. 이 경우는 게임을 가장 적극적으로 광범위하게 활용하
는 경우로, 게임을 기본 환경으로 하기 때문에 학습 목표를 제시
하고, 학습 내용을 익히고, 연습하고, 그 결과를 평가받는 거의
대부분의 학습 과정이 게임 속에서 진행된다. 가리스 등(Garris,
Ahlers, & Driskell, 2002)은 게임을 기본 환경으로 하여 학습이 일
어나는 게임기반 교수의 모형을 [그림 6-1]과 같이 제시하고
있다.

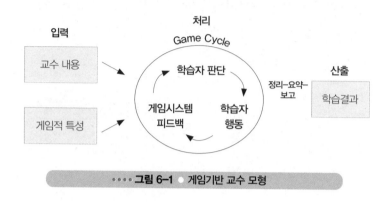

•••• **그림 6-1** ● 게임기반 교수 모형

2) 보드게임 활용하기

게임기반 교수에서 다양한 게임이 활용 가능하지만 그중에서도 보드게임(board game)은 읽기부진 아동 지도에 매우 유용하게 활용될 수 있다. 보드게임은 단어의 의미 그대로 게임판과 간단한 게임도구를 활용해 진행하는 놀이의 일종이다. 보드게임을 활용한 읽기 지도는 다음 몇 가지 점에 있어서 탁월한 장점을 갖는다.

첫째, 대면 활동을 기반으로 하고 있어서 게임 참여자 간 친밀감과 유대감 향상에 기여할 수 있다. 컴퓨터 게임과 같은 온라인 게임과는 달리 보드게임은 오프라인에서 2명 이상이 함께 진행하는 것이 기본이다. 게임 참여자들은 보드게임을 통해 끊임없이 상호작용을 하기 때문에 상호 간에 친밀감과 유대감을 형성할 수 있다.

둘째, 넓은 공간이나 기구가 필요하지 않아 어디서든 활용이 가능하다. 대부분의 보드게임은 작은 게임판과 간단한 게임 도구로 구성되어 있어서 많은 부피를 차지하지 않기 때문에 이동이 용이하며 게임을 할 때에도 넓은 공간을 필요로 하지 않아 활용도가 매우 높다.

셋째, 게임 원리가 비교적 간단하여 게임을 익히기 쉽다. 읽기부진 아동 지도에 게임을 활용하기 위해서는 무엇보다 읽기부진 아동이 게임의 원리를 습득하고 이를 학습에 활용할 수 있어야 한다. 게임 원리가 복잡하고 어려울 경우 게임 원리를 이해하고 습득하는 데에 너무 많은 시간과 에너지가 소모되기 때문에 도리어 학습의 효율성이 떨어질 수 있다. 보드게임의 경우 대부분의 게임 원리가 비교적 간단하여 읽기부진 아동이 쉽게 습득할 수 있기 때문에 읽기 지도의 효율성을 떨어뜨리지 않는다.

넷째, 게임 내용을 재구성하기가 용이하다. 성공적인 읽기부진아 지도를 위해서는 이들의 읽기 발달 단계와 읽기와 관련된 학습 특성들을 고려한 개별화된 읽기 지도가 필수적이다. 따라서 읽기부진 아동 지도에 게임을 활용할 때에는 상품으로 출시되어 있는 게임을 그대로 사용하기보다는 지도할 학생의 특성에 맞춰 게임을 재구성해야 하는데, 만약 게임을 재구성하기가 어렵다면 활용도가 떨어진다. 보드게임은 상대적으로 단순한 게임 원리로 구성된 경우가 많아 재구성이 용이해 읽기부진아 지도 시 활용도가 매우 높다. 보드게임을 활용한 읽기부진아 지도의 실제를 살펴보면 다음과 같다.

3) 보드게임을 매체로 한 읽기 지도의 실제

(1) 자모음자 이름 익히기

    'Go Fish' 게임은 보드게임 전문회사인 '행복한 바오밥'에서 시리즈로 제작한 학습용 카드형 보드게임으로 한글, 수학, 역사 등 다양한 과목에 적용할 수 있도록 구성되어 있다. 이 게임은 한글 자모음자의 이름을 익히는 데 매우 유용하며 [그림 6-2]와 같이 사용될 수 있다. 게임 참여자들은 각각 5장의 카드를 받고 게임을 시작하게 되는데, 자신의 차례에 특정 상대방을 지목한 후 자신이 가지고 있는 카드와 동일한 카드를 가지고 있는지 질문하여 만약 상대방이 해당 카드를 가지고 있을 경우 그 카드를 받아서 자신의 카드와 함께 내려놓으면 된다. 손에 쥐고 있는 카드를 모두 내려놓은 사람이 최종 승자가 된다.

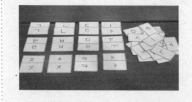

1. 한글 낱자카드를 두 세트 준비한다.[1]
2. 카드를 골고루 섞은 후 한 사람당 5장씩 카드를 나눠 준다.

---

1   보드게임 제작에 필요한 공카드(아무것도 쓰여 있지 않은 카드)는 도화지나 A4 용지 등을 활용하여 만들 수 있는데, 종이가 너무 얇을 경우 뒷면에 글자가 비칠 수 있어서 주의해야 한다. 고학년의 경우 학생들이 자신들에게 필요한 한글 학습 보드게임을 직접 만들도록 지도하면 더 효과적이다.

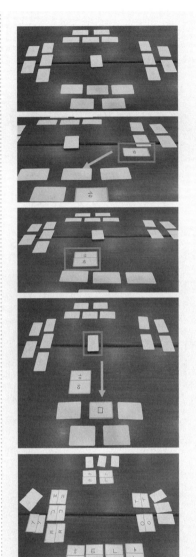

3. 분배하고 남은 카드들은 하나로 모은 다음 뒤집어서 한가운데 놓아둔다.

4. 순서는 가위바위보로 정하며 시계방향으로 진행된다.

5. 차례가 된 아동은 게임에 참여한 아동 1명을 지목한 다음, 자신이 가지고 있는 낱자들 중 하나의 이름을 말한다(예: "니은"). 지목을 받은 아동이 해당 낱자를 가지고 있는 경우 낱자카드를 건네주고 낱자카드 더미에서 2장의 카드를 가지고 온다. 상대방의 카드를 받은 아동은 자신의 카드와 습득한 카드를 동시에 내려놓으며 다시 한번 낱자의 이름을 말할 수 있는 기회를 갖게 된다.

6. 2장의 카드를 내려놓은 아동은 다시 한 번 더 상대를 지목할 수 있으며, 지목받은 아동이 해당 낱자를 가지고 있지 않을 경우 가운데에 놓인 카드 더미의 가장 위에 있는 카드를 1장 가져온다. 다음 아동이 5, 6번과 같은 방식으로 게임을 이어간다.

7. 가지고 있는 낱자카드 전부를 가장 먼저 내려놓는 사람이 우승자가 되면서 게임이 종료되고, 게임이 종료되는 순간 가지고 있는 낱자카드의 수가 적을수록 순위가 높다.

•••• **그림 6-2** ● Go Fish 게임을 활용한 한글 낱자 익히기

(2) 일견단어 익히기

'치킨차차'는 독일의 보드게임 회사인 조흐(Zoch)에서 개발한 일종의 짝맞추기 메모리 보드게임으로 우리나라에서는 코리아보드게임즈가 제작하여 판매하고 있다. [그림 6 – 3]은 치킨차차 게임을 활용하여 일견단어를 익힐 수 있도록 지도하는 방법을 보여 주고 있다. 이 게임의 참여자들은 보임카드에 적힌 단어를 읽고 숨김카드를 들추어 낸 후 거기에 적힌 단어도 읽기 때문에 같은 단어를 여러 번 읽으면서 단어의 형태와 소리에 익숙해지게 된다. 또한 숨김카드에 적힌 단어의 위치를 기억하기 위해 집중을 하게 됨으로써 자연스럽게 게임에 몰입하게 된다. 게임에 사용하는 모든 단어는 아동이 읽을 수 있는 단어로 이루어져야 한다. 학습의 효과를 높이려면 이미 익숙하게 잘 읽는 단어들보다는 갓 익히기 시작한 단어들을 사용하는 것이 좋다.

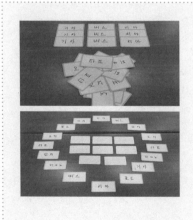

1. 단어 목록을 세 세트 준비한다.
2. 두 세트의 카드를 무작위로 섞은 다음 왼쪽 그림과 같이 둥글게 배열한다(보임카드). 나머지 한 세트의 단어카드는 무작위로 섞은 다음 원 안에 뒤집어 놓는다(숨김카드).
3. 게임 참여자는 자신의 말(캐러멜을 올려 놓은 종이컵)을 왼쪽 그림과 같이 보임카드 옆에 놓아둔다. 이때 말과 말 사이는 일정한 간격을 유지해야 한다.

4. '가위바위보'로 순서를 정하며 시계방향으로 진행한다.

5. 차례가 되면 자신의 말 바로 왼쪽에 놓인 보임카드에 적힌 단어를 소리 내어 읽고 숨김카드를 하나 선택하여 뒤집어 놓은 후 숨김카드에 적힌 단어를 소리 내어 읽는다. 보임카드와 숨김카드에 적힌 단어가 동일하다면 말을 왼쪽으로 한 칸 이동할 수 있다. 숨김카드는 원래 있던 자리에 다시 뒤집어 놓는다.

6. 말을 한 칸 이동한 참여자는 한 번 더 숨김카드를 선택하여 읽을 수 있는 기회를 갖게 된다. 만약 두 번째 선택에서 같은 단어를 찾지 못할 경우 다음 사람으로 순서가 이동한다.

7. 자신의 말이 다른 사람의 말 바로 뒤에 도착한 경우에는 그 사람의 말 바로 왼쪽에 놓인 보임카드의 단어를 읽고 숨김카드에서 동일한 단어를 찾아야 한다. 성공하면 앞의 말을 건너뛰어 이동하며 상대방의 캐러멜을 빼앗아 자신의 말 위에 올려놓는다.

8. 캐러멜을 빼앗긴 사람은 그 상태로 계속 게임을 이어가며 자신에게 기회가 주어질 때 다른 사람의 캐러멜을 빼앗을 수 있다.

9. 다른 참여자들의 캐러멜을 모두 빼앗는 사람이 최종 승자가 되고 게임은 종료된다.

⬤⬤⬤⬤⬤ 그림 6-3 ⬤ 치킨차차 게임을 응용한 일견단어 익히기

(3) 자소 – 음소 대응 관계 익히기

　'Yes! Reading'은 학습게임 개발회사인 '세이드 디자인'과 창원대학교 특수교육과 최진오 교수 연구팀이 읽기부진 아동에게 음소 구분 및 자모음자의 소릿값을 지도하기 위해 개발한 카드형 보드게임이다. 바닥에 나열되어 있는 단어카드들 중 제시되는 낱자를 포함하는 단어를 먼저 선택하는 사람이 해당 카드들을 습득하게 되며, 음소와 단어카드가 다 소진될 때까지 게임을 진행하여 가장 많은 카드를 습득한 사람이 승리한다. Yes! Reading의 게임 원리를 활용한 읽기 지도의 실제 예는 [그림 6–4]와 같다.

1. 단어카드와 음소카드를 무작위로 섞은 다음 한데 모아 뒤집어 놓는다.
2. '가위바위보'로 게임 참여자 중 1명을 딜러로 정하며, 딜러는 단어카드 더미에서 5장을 선택하여 참여자들 가운데 단어가 보이도록 펼쳐 놓는다.
3. 딜러는 음소카드 더미에서 카드 하나를 뽑아 단어카드 근처에 뒤집어 내려놓는다.
4. 음소카드에 적힌 낱자가 포함된 단어를 찾은 사람은 즉시 자신의 손을 단어카드 위에 올려놓고 해당 낱자가 포함된 글자를 읽고 난 다음, 낱자의

이름과 소릿값(음소)을 말한다(예: "/랑/의 /
리을/은 /ㄹ/ 소리가 납니다."). 정답을 맞히
면 단어카드를 자기 앞으로 가져온다.

5. 단어카드 더미의 제일 위에 놓인 카드를 뒤
   집어서 소진된 단어카드 자리에 채워 펼친
   단어카드가 5장이 되게 한다.

6. 더 이상 동일한 낱자를 포함하는 단어가 없
   을 경우에는 음소카드 더미에서 새로운 카
   드를 가져와서 3번에서와 같이 펼쳐진 단어
   카드를 근처에 놓아둔다.

7. 단어카드 더미가 모두 소진되면 게임이 종
   료되며, 단어카드를 제일 많이 가져간 사람
   이 최종 승자가 된다.

•••• 그림 6-4 ● Yes! Reading 게임을 활용한 자소-음소 대응 관계 익히기

07

난독증
바로 알기

읽기의 심리학에 기초한

읽기잠재력 키우기

　난독증의 문자적 의미는 '읽기에 어려움을 보이는 증상'이
다. 그런데 읽기부진 또한 읽기에 어려움을 보이는 현상이므로
문자적 의미로서의 난독증은 읽기부진과 잘 구분되지 않는다.
일반적으로 '난독증'이란 읽기부진과는 다른, 대단히 복잡한 심
리처리적 결함을 포함하는 읽기 문제로 이해되고 있다. 읽기부
진 아동 지도에 어느 정도 자신감을 갖고 있는 교사들마저도 난
독증 진단을 받은 아동을 지도하는 데 대해 난색을 보이는 것은
난독증이 일반적인 읽기부진과는 다른 무엇이라는 인식을 갖고
있기 때문이다. 이처럼 난독 아동 지도에 대해 교사들이 갖는 막
연한 두려움은 사실 난독증이 무엇인지에 대한 이해의 부족에서
비롯되었다. 이 장에서는 최근까지의 난독증 연구를 통해 밝혀

진 사실에 기초하여 난독증의 개념을 정립하며, 정립된 개념을 바탕으로 난독증 치료의 핵심 원리를 살펴보고자 한다.

1. 난독증 연구의 약사

최초의 난독증 연구자로 알려진 사람은 독일의 신경학자인 쿠스마울(Kussmaul)이다. 1877년 쿠스마울은 시력, 지능, 말하기 능력은 정상이지만 읽기 능력이 심각하게 손상된 일군의 성인들이 보이는 증상을 '단어맹(word blindness)'이라 칭하였다. 단어맹이라는 용어에서 알 수 있듯이, 단어맹 증상을 보이는 이들은 단어만 인식하지 못할 뿐 그 외 다른 시각자극을 인식하는 데에는 아무런 문제를 보이지 않았다. 쿠스마울이 단어맹으로 진단한 환자들은 신경학적 손상을 입기 전에는 정상적인 읽기 능력을 보유하고 있었지만 후천적인 신경학적 손상을 입은 후부터 단어맹 증상을 보이기 시작하였다는 점에서 공통성을 띤다.

난독증(dyslexia)이라는 용어는 1884년 독일의 안과의사인 베얼린(Berlin)에 의해 처음 사용되었다. 그는 정상 시력을 갖고 있지만 읽기 능력이 현저히 낮은 일군의 사람들을 가리키기 위해 'dyslexia'라는 신조어를 만들었는데, 이는 부재(absence)를 의미하는 그리스어 'dys'와 언어(language)를 의미하는 그리스어 'lexia'를 합성한 것으로 직역하자면 '단어 처리에 대한 어려움(difficulty with words)'으로 번역될 수 있다. 베얼린이 난독증이란 용어를 고안해 낸 이후부터 '난독증'과 '단어맹'이 동일한 의미로 사용되긴 하였지만 1960년대까지 '단어맹'이란 용어가 더 널리 쓰였다.

현시대를 살아가는 우리에게는 다소 낯설게 느껴지는 단어맹이란 용어가 난독증보다 더 일상적인 표현으로 자리 잡게 된 데에는 프랑스의 신경학자인 데저린(Dejerine)의 영향이 크다. 1887년, 데저린은 말하기 능력이 정상이며 지능의 손상도 없는 환자 1명을 의뢰받았다. 이 환자는 데저린이 보여 주는 여러 가지 물체의 이름을 말할 수 있었으며, 숫자 읽기와 받아쓰기뿐만 아니라 글쓰기도 할 수 있었다. 이 환자는 어느 날 갑자기 단어 읽기, 색깔명 말하기, 악보 읽기 능력을 모두 상실하게 되었는데, 이러한 급작스러운 변화가 시력의 문제 때문이라고 판단하여 안과 의사를 찾았다. 그런데 그를 진료한 안과 의사는 그의 문제가 단순히 안과 질환 때문이 아닌 것으로 판단하였고, 그를 신경학자인 데저린에게 의뢰하였다.

데저린은 이 환자의 증상을 파악하기 위해 여러 가지 검사를 실시하여 몇 가지 흥미로운 사실들을 발견하게 되었다. 이 환자는 데저린이 제시한 문자열을 전혀 읽을 수 없었으나 해당 문자열을 보고 똑같이 쓸 수 있었다. 심지어 자신이 의도한 메시지를 글로 정확하게 표현할 수도 있었다. 그렇지만 특이하게도 환자 자신이 쓴 글을 읽어 보라고 하였을 때 그는 아무것도 읽을 수 없었다. 이 환자가 글을 쓰고 있을 때 일정 시간 동안 글쓰기를 중단시킨 후 다시 쓰게 하면 이전까지 썼던 내용과 자연스럽게 연결되도록 글을 구성할 수 없었다. 더욱 흥미로운 것은 이 환자의 손바닥에 다른 사람이 단어를 써 주면 그것을 해독할 수 있었을 뿐만 아니라 자신의 손가락으로 단어의 획을 따라 써 보게 하였을 때에도 그 단어를 해독할 수 있었다는 점이다. 데저린은 이 환자의 증상을 순수 단어맹(pure word blindness)이라 칭하였다.

이 환자를 사후 부검한 데저린은 그의 뇌에서 두 번의 뇌졸중 흔적을 발견하였는데, 첫 번째 뇌졸중에서는 좌반구 후두엽의 시각피질과 뇌량의 뒷부분이, 두 번째 뇌졸중에서는 좌반구 각회(angular gyrus)가 손상된 것으로 확인되었다(Dehaene, 2017; Wolf, 2015). [그림 7-1]은 두 번의 뇌졸중으로 인해 손상된 뇌량과 시각피질 그리고 각회의 위치를 뇌의 평면도상에 표시한 것이다. 데저린은 첫 번째 뇌졸중 시 손상된 두 부위가 읽기 능력의 상실과 밀접한 관련이 있을 것으로 추정하였는데, 이후의 난독증 연구를 통해 이러한 추정은 타당한 것으로 밝혀졌다. 환자의 좌반구 시각피질이 손상되었더라도 우반구 시각피질에서 동일한 기능을 담당하고 있기 때문에 문자의 시각적 형태에 대한 초기 지각에는 문제가 없었다. 하지만, 우반구 시각피질에서 처리된 시각정보가 좌반구 시각단어영역으로 이동하기 위해 반드시 거쳐야 하는 뇌량이 손상됨으로써 좌뇌에 위치한 시각단어영역은 문자의 형태에 대한 정보를 전혀 건네받지 못하였던 것이다. 환자에게 단어의 획을 손으로 따라서 쓰게 하였을 때 단어를 해독할 수 있었던 것은 과거에 해당 단어를 반복하여 쓴 경험을 통해 형성된 근육 기억이 단어의 시각적 처리와 별개로 유지되고 있음을 보여 준다.

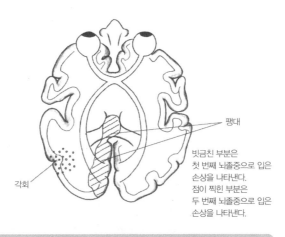

팽대

빗금친 부분은
첫 번째 뇌졸중으로 입은
손상을 나타낸다.
점이 찍힌 부분은
두 번째 뇌졸중으로 입은
손상을 나타낸다.

각회

●●●● **그림 7-1** ● **뇌량과 각회가 손상된 환자의 뇌**

출처: Wolf (2015)

　　또한 데저린은 1891년에 의학저널 『Lancet』에 머리를 지렛대에 맞아 뇌손상을 입은 환자의 증상에 대해 보고하였는데, 이 환자는 뇌졸중으로 인해 읽기 능력을 상실하였던 환자와 마찬가지로 기존의 읽기 능력을 잃어버렸고 심지어 언어 기능도 일부 상실하였다. 뇌손상 이후에 읽기 능력을 상실한 환자들에 대한 관찰 경험이 축적됨에 따라 데저린은 읽기 문제가 뇌의 특정 영역의 손상과 관련이 있다는 확신을 갖게 되었고, 이러한 확신을 증명하기 위해 읽기 문제와 언어 문제에 대한 의학적 연구에 더욱 천착하게 되었다.

초기 난독증 연구는 대부분 질병이나 사고로 인한 뇌손상 때문에 읽기 능력을 상실한 성인 환자들의 사례를 중심으로 이루어진 데 비해, 영국의 내과의사 모건(Morgan)이 1896년 '선천적 단어맹' 사례를 보고하면서부터 뇌손상에 기인하지 않은 난독증에 대한 연구가 활기를 띠게 되었다. 모건의 환자였던 14세 소년은 질병이나 사고로 인한 뇌손상을 입지 않았음에도 불구하고 후천적 단어맹 증상을 보인 성인 환자들과 동일한 정도로 심각한 읽기 문제를 보였다. 프랑스 내과의사인 힌셸우드(Hinshelwood)는 모건의 보고서에 자극을 받아 20세기 초반까지 선천적 단어맹과 후천적 단어맹의 사례에 대한 자료를 수집하였고, 단어맹의 유전 가능성에 대해 언급하였다.

유럽을 중심으로 이루어지던 난독증 연구가 미국에서도 발현되게 된 데에는 미국의 생리학자 오튼(Orton)의 영향이 절대적이었다. 난독증 연구와 난독증 치료 전문가 양성을 가장 활발하게 하고 있는 단체 중 하나인 국제난독증협회(International Dyslexia Association)의 전신은 바로 오튼이 설립한 오튼난독증협회(Orton Dyslexia Society)이다. 최초의 난독증 연구가 쿠스마울로부터 비롯되었다면, 미국의 난독증 연구는 오튼으로부터 시작되었다고 말할 수 있다.

오튼은 뇌 기능의 편재화(lateralization)[1]가 언어에 미치는 영향을 연구해 오던 중 1925년에 이르러 언어 발달에는 좌뇌가 우

---

1   뇌가 성장함에 따라 좌뇌와 우뇌가 담당하는 역할이 분화되는 현상을 말한다.

뇌에 비해 우세하게 관여한다는 연구결과를 발표하였다. 그는 좌뇌 손상을 입은 병사들이 공통적으로 난독 증상을 보이는 현상에 주목하였고 좌뇌 손상이 난독증과 밀접한 관련이 있으리라는 결론에 도달하게 되었는데, 미국의 난독증 연구자들이 난독증의 생리학적 원인을 규명하는 데 집중하게 된 것은 전적으로 오튼의 영향 때문으로 보인다.

오튼은 당시에 널리 통용되고 있던 '단어맹'이라는 용어 대신 '거울상 시각장애(strephosymbolia)'[2]라는 용어를 사용하였는데, 이는 그가 기본적으로 난독증을 인지적인 문제가 아닌 시각적인 문제로 인식하고 있었음을 시사한다. 하지만 오튼이 난독증을 단순히 시각적인 문제로만 국한시킨 것은 아니다. 당시 유럽의 대표적인 난독증 연구자인 힌셸우드와 마찬가지로 오튼 또한 난독증의 유전 가능성에 주목하였으며, 특히 난독증이 가족 내에 유전적으로 존재하는 언어 문제와 밀접한 관련이 있다는 사실을 강조하였다. 최근까지의 난독증 연구를 통해 도출된 잠정적인 결론 중 하나는 난독증은 음운처리의 결함 때문에 발생한다는 것이다. 비록 오튼이 난독증과 관련이 있는 언어적 문제로 음운처리의 결함을 특정하지는 않았지만 문자 처리에 문제를 보이는 난독증이 언어 문제와 관련이 있다는 사실을 1920년대 당시에 인지하였다는 것은 놀라울 따름이다.

19세기 후반부터 20세기 초반까지 난독증 연구는 의사들이

---

2   직역하면 '대칭 인지'이다.

나 생리학자들의 주도하에 이루어졌으나 20세기 중반에 접어들면서부터는 교육학자들과 심리학자들이 난독증 연구에 뛰어들기 시작하였다. 의학과 생리학 분야에서 이루어진 난독증 연구는 난독증을 이해하는 데 집중되었다면, 교육학과 심리학 분야에서 이루어진 난독증 연구의 초점은 난독증을 해결하는 데 모아졌다. 난독증의 원인에 대한 의학적인 설명은 난독증의 실체를 이해하는 데는 유용하지만 난독증으로 인한 읽기의 어려움을 극복하는 데 실질적인 도움이 되지는 않는다. 읽기 문제를 해결하는 데는 의학적인 설명보다는 교육학과 심리학에 기반한 실천적 개입이 훨씬 더 중요하다. 20세기 중반 이후부터 교육학자들이나 심리학자들이 난독증 연구에 관심을 갖게 된 것은 당시 아동기에 발생하는 학습 문제의 원인과 해결책에 대한 연구결과가 상당한 정도로 축적되었다는 사실과 무관하지 않다.

의학과 생리학 분야에서 집중적으로 이루어지던 난독증 연구가 교육학과 심리학 분야로 확장되는 본격적인 계기가 된 것은 '지각장애 아동 탐구(Exploration into perceptually handicapped children)'라는 주제로 1963년 시카고에서 개최된 학술대회이다. 당시 이 학술대회를 주도했던 이들은 해당 분야의 학자들이 아니라 '평균 이상의 지능을 가졌지만 학습에 어려움을 보이는 자녀'를 둔 부모들이었다. 이 학술대회에서 주요 발제자였던 커크(Kirk)는 '평균 이상의 지능을 가졌지만 학습에 어려움을 보이는 증상'을 학습장애(learning disabilities)로 칭하였는데, 이후 학습장애라는 용어는 미국 내에서 널리 통용되었고 미국 「특수교육법」

에 공식적인 장애 명칭으로 굳어졌다. 학술대회를 주도했던 학부모들은 커크가 만들어 낸 학습장애라는 개념을 바탕으로 학습장애 아동협회(Association for Children with Learning Disabilities)를 설립하였는데, 이 단체는 오늘날 미국 학습장애학회(Learning Disabilities Association of America)의 전신이다.

　1975년 미국에서 「전장애아교육법(Education for All Handi-capped Children Act)」이 제정될 때 학습장애는 특정학습장애(specific learning disabilities)로 명명되었고, 1990년에 「전장애아교육법」이 「장애인교육법(Individuals with Disabilities Education Acts: IDEA)」으로 개정된 이후부터 현재까지도 여전히 특정학습장애로 불리고 있다. 학습장애의 법적 명칭에 '특정한'(specific)이란 형용사를 추가한 것은 학습장애를 가진 대부분의 아동이 모든 교과에서 낮은 성취를 보이는 것이 아니라 특정 교과에서만 저성취를 보이기 때문이다. IDEA에서 말하는 특정한 교과란 '읽기' '쓰기' '수학' 영역을 가리킨다. IDEA(2004)에서 특정학습장애는 '구어나 문어를 이해하거나 사용하는 것과 관련된 기본 심리과정 중 하나 이상에서 나타난 이상'으로 정의되어 있으며, 이러한 심리 과정의 이상으로 나타날 수 있는 현상으로 '듣기, 사고하기, 말하기, 읽기, 쓰기, 철자하기, 수학 연산에서의 불완전한 수행'이 있다.

　미국 「특수교육법」에서 규정한 특정학습장애를 판별하는 기준에 따르면, '구어 표현(oral expression), 듣기 이해(listening comprehension), 문어 표현(written expression), 기본적인 읽기 기술

(basic reading skill), 읽기 유창성 기술(reading fluency skills), 읽기 이해(reading comprehension), 수학 계산(mathematics calculations), 수학 문제 풀이(mathematics problem solving)' 중 하나 이상에서 연령이나 학년 수준에 적합한 성취를 하지 못할 경우에 특정학습장애라고 판별을 받는다. 이 중 읽기와 관련된 영역은 기본적인 읽기 기술, 읽기 유창성 기술, 읽기 이해이며, 이들 세 영역에 관련된 학습장애가 바로 읽기장애(reading disabilities)이다(Bradley et al., 2002). 어떤 이들은 읽기장애를 난독증과 동일한 개념으로 간주하기도 하지만 둘은 동일한 현상을 가리키는 용어가 아니다.『정신질환의 진단 및 통계 편람 제5판(DSM-5)』(American Psychiatric Association, 2015)에서는 난독증을 단어 인식의 정확도 또는 단어 인식의 유창성 문제, 빈약한 해독, 빈약한 철자 능력으로 특징지어지는 특정학습장애로 분류함으로써 난독증이 단지 읽기의 문제만이 아니라 철자의 문제까지 포함하고 있음을 분명히 하고 있다.

2. 난독증의 개념 정립하기

간혹 매스컴을 통해 유명인 중 누군가가 난독증으로 어려운 학창시절을 보냈다는 이야기가 전해지면 한동안 해당 유명인과 '난독증'이란 용어가 일반인 사이에 회자되는 경우가 있긴 하지만 난독증에 대한 관심은 그리 오래지 않아 사그라든다. 더구

나 우리나라에서는 난독증이 의학의 치료 영역으로 치부되어 왔
기 때문에 교육자들마저도 난독증에 대해 별로 주의를 기울이지
않았다. 그런데 최근 몇 년 사이에 난독증에 대한 관심이 교육현
장에서 폭증하는 기현상이 벌어지고 있다. 그 시발점은 2016년
교육부가 전국 5,641개 초등학교의 담임교사들을 대상으로 실
시한 '읽기학습특성 체크리스트'의 결과 발표이다. 이 검사에 참
여한 담임교사들은 자신의 학급에서 읽기에 어려움을 보이는 아
동들을 선정한 다음, 이들의 읽기 곤란 정도를 체크리스트에 표
기하였다. 읽기 곤란을 겪는 아동에게 직접 읽기 검사를 실시한
것이 아니라 아동을 잘 알고 있는 담임교사를 통해 간접적으로
아동의 읽기 문제를 파악하는 방식을 사용한 것이다. 교사는 체
크리스트를 작성한 후 각 항목에 대한 점수를 합산하여 '해당사
항 없음' '읽기곤란 예상' '난독증 의심' '난독증 추정(진단평가 필요)'
중 하나의 범주로 아동을 분류하였다. 읽기에 어려움을 보이더
라도 경계선 지능을 가졌거나 특수교육대상자로 진단받은 아동
일 경우에는 체크리스트 평가 대상으로 선정하지 않았다. 초등
학교 담임교사들이 '읽기학습특성 체크리스트'를 실시한 결과,
읽기곤란이 예상되는 학생은 8,710명, 난독증이 의심되는 학생
은 9,608명, 난독증으로 추정되는 학생은 5,173명인 것으로 밝혀
졌다(에듀팡, 2017).

　　전국적으로 14,781명의 초등학생이 난독 증세를 보인다는
결과가 발표되자 그 후폭풍은 만만치 않게 컸다. 당장 대전광역
시 교육청을 필두로 8개 시·도의 교육청, 1개의 광역자치단체,

7개의 지방자치단체에서 난독증 학생 지원 조례를 제정하였다. 향후 더 많은 시·도 교육청, 광역자치단체, 지방자치단체에서 난독증 학생 지원 조례를 제정할 것으로 예상된다. 난독증 학생 지원 조례가 제정되면서 난독증 치료는 더 이상 의학의 영역 속에만 머물러 있을 수 없게 되었으며, 교육 분야의 중요한 과제로 자리매김을 하게 되었다. 최근 몇 년 사이에 발생한 이러한 급작스러운 변화에 대응하기 위해 시·도 교육청이 주축이 되어 교사들과 학습종합클리닉센터의 학습코치들을 대상으로 난독증 관련 연수를 제공하고 있다. 그러나 난독증의 개념에 대한 혼동은 여전하며, 난독증 진단을 받은 아동을 학교에서 지도하는 것에 대한 거리낌은 상당한 듯하다. 학교에서 난독증 치료를 담당하려면 우선 난독증이 무엇인지에 대한 올바른 이해가 선행되어야 할 것이다.

100여 년이 넘게 난독증 연구가 진행되어 왔지만 난독증의 정의는 나라마다, 연구자들마다 조금씩 차이를 보인다. 이 절에서는 난독증 연구와 치료에 가장 오랫동안 헌신해 온 국제난독증협회의 정의를 통해 난독증의 개념을 살펴보고자 한다. 다음은 국제난독증협회(https://dyslexiaida.org)에 게시된 난독증의 정의와 이를 번역한 것이다.

Dyslexia is a specific learning disability that is neurobiological in origin. It is characterized by difficulties with accurate and/or fluent word recognition and by poor spelling and decoding abilities. These difficulties typically result from a deficit in the phonological component of language that is often unexpected in relation to other cognitive abilities and the provision of effective classroom instruction. Secondary consequences may include problems in reading comprehension and reduced reading experience that can impede growth of vocabulary and background knowledge.

난독증은 신경생물학적인 소인을 가진 특정학습장애의 일종이다. 난독증을 가진 사람들은 해독과 철자가 서툴고, 단어인식을 정확하고 유창하게 하지 못하는 특성을 보인다. 해독, 철자 및 단어 인식의 어려움은 언어의 음운적 요소에서의 결함 때문에 생기는 것이다. 이러한 음운적 요소에서의 결함은 난독증을 가진 사람들의 다른 인지 능력이나 교실 수업을 통해 이들에게 제공되었던 효과적인 수업을 고려할 때 예상할 수 없었던 것이다. 해독의 어려움으로 인해 이차적으로 독해에 문제가 발생하며 읽기를 기피하게 된다. 읽기 경험이 빈약함에 따라 어휘나 배경지식의 형성 또한 지체된다.

각 문장은 단순한 듯 보이지만 문장을 구성하는 단어들 속에는 중요한 개념들이 함축되어 있기 때문에 국제난독증협회가 제시한 정의를 읽는 것만으로는 난독증이 무엇인지 이해하기 어렵다. 다음에서는 난독증의 핵심 개념들을 톺아봄으로써 그것의 의미를 명료화하고자 한다.

1) 난독증의 원인

난독증이 신경생물학적인 소인(素因)을 가진다는 것은 뇌의 기능 이상 때문에 발생한다는 것을 의미한다. 난독증이 신경생물학적 소인을 가진다는 사실은 읽기 활동 시 난독인의 뇌와 비난독인의 뇌가 작동하는 방식의 차이를 통해 명확하게 드러난다. 뇌 영상 촬영기법에 의해 읽기 활동 수행 시 비난독인의 뇌와 난독인의 뇌를 비교하였을 때, 비난독인의 뇌에서는 좌반구의 활성화가 두드러지는 데 비해 난독인들의 경우 좌우뇌가 비교적 균등하게 활성화되었다(Shaywitz, 2011; Wolf, 2015).[3]

2) 핵심 증상

난독증의 핵심 증상은 서툰 해독과 철자(spelling)이다. 해독은 문자소(grapheme)를 그것이 표상하는 음소(phoneme)로 변환하는 활동이다. 문자소란 청각자극인 음소를 시각적으로 표상한 것이며, 한글 기본 자음자 14개(ㄱ, ㄴ, ㄷ, ㄹ, ㅁ, ㅂ, ㅅ, ㅇ, ㅈ, ㅊ,

---

3   난독증의 신경생물학적 소인에 대한 보다 구체적인 설명은 이 책의 3장 참조.

ㅋ, ㅌ, ㅍ, ㅎ)와 기본 모음자 12개(ㅏ, ㅑ, ㅓ, ㅕ, ㅗ, ㅛ, ㅜ, ㅠ, ㅡ, ㅣ, ㅐ, ㅔ)는 한국어의 음소를 시각적으로 형상화한 문자소이다. '글을 읽는다'는 것의 표면적 의미는 글 속에 포함된 글자나 단어를 구성하고 있는 자음자와 모음자를 그것이 표상하는 말소리로 전환하는 것이다.

　해독이 문자를 말소리로 전환하는 활동임에 비해 철자는 말소리를 문자로 전환하는 활동이며 쓰기의 본질적인 목적인 작문을 위한 필요조건이다. 철자를 정확히 하기 위해서는 음운론적 지식과 자모지식뿐만 아니라 형태론적 지식도 필요로 한다. 가령, 문장 받아쓰기를 할 때 /갇따/라는 말소리를 듣고 정확히 철자하려면 /갇따/로 발음될 수 있는 2개의 단어 '같다'와 '갔다'를 의미상 구분할 수 있어야 한다. '같다'는 어간 '같 -'과 어미 '- 다'로 이루어지며, '갔다'는 어간 '가 -'에 시제 선어말 어미 '- 었 -'과 종결어미 '- 다'가 결합되어 이루어진 단어라는 사실을 알고 있지 않으면 /갇따/라는 말소리가 포함된 문장을 듣고 정확하게 철자할 수 없다. 초기 문해력 형성기의 아동이 문장 받아쓰기를 할 때 소리 나는 대로 철자하는 것은 형태론적 지식이 완전히 형성되지 않았기 때문에 나타나는 대표적인 오류이다.

　난독증의 또 다른 핵심 증상은 단어 인식(word recognition)의 정확성과 유창성 부족이다. 단어 인식이란 문자로 표기된 단어를 보고 그것의 발음과 의미를 파악하는 것이다(Harris & Hodges, 1995). 그런데 단어 인식을 위한 심리적 처리 과정은 단어의 성격에 따라 차이를 보인다. 첫째, 처음 본 단어를 인식하려면 문자소를 음소로 전환하는 과정을 거치거나 이미 알고 있는 단어 속에 포함된 글자들로부터 유추해야 한다. 단어를 구성하는 문자소를 음소로 전환함으로써 단어를 인식하는 것은 비단어[4]를 해독하는 것과 본질적으로 동일하다. 둘째, 여러 번 본 적이 있는 단어를 인식하는 것은 처음 본 단어를 인식하는 것과는 다른 심리적 과정을 거친다. 익숙한 단어를 읽을 때는 해독을 위한 의식적인 노력을 기울일 필요가 없으며, 단어의 형태, 발음, 의미가 장기기억 속에서 빠르게 인출된다.

국제난독증협회의 난독증 정의에서 '단어 인식의 유창성'(fluent word recognition)은 개별 단어 읽기의 유창성에만 제한되는 것은 아니며, 텍스트 읽기의 유창성을 포괄하는 광의의 개념이다(Lyon, Shaywitz, & Shaywitz, 2003). 국제난독증협회 또한 2003년에 난독증을 새롭게 정의하기 전까지는 난독증의 증상을 '개별 단어 해독의 곤란'(difficulties in single word decoding)으로 제한하였다. 그런데 개별 단어를 순차적으로 제시할 경우에는 단어 읽기의 유창성에 아무런 문제가 없지만, 이미 유창하게 읽을 수 있는 단어가 포함된 텍스트를 읽게 하자 유창성에 문제를 보이는 난독 현상을 확인하게 되면서 난독증이 단순히 개별 단어 읽기의 유창성으로만 제한될 수 없다는 것을 깨닫게 되었다. 그 결과 2003년부터는 단어 인식의 유창성 결함을 개별 단어 읽기

---

4   실제로 존재하지 않는, 인위적으로 만들어 낸 단어(nonword, pseudoword)를 말한다.

유창성을 넘어 텍스트 읽기의 유창성을 포괄하는 개념으로 확장
하였다.

3) 음운론적 결함

　해독과 철자가 어렵고 단어 인식의 정확성과 유창성이 부
족한 직접적인 원인은 음운론적 결함 때문이다. 국제난독증협
회의 전신인 오튼난독증협회는 1994년에 난독증을 "주로 음운
처리 결함으로 인한 것으로 개별 단어 해독에 어려움을 보이는
특수 언어기반 장애"[5]라고 정의하였다. 당시까지만 해도 여전히
난독증이 시각체계의 병리와 관련이 있다는 인식을 가진 난독증
연구자들이 많았다는 점에서 난독증의 근본 원인이 시각체계의
이상 때문이 아니라 음운처리의 결함 때문이라고 선언한 것은
파격적이었다. 물론 이러한 파격적 선언은 단순한 주장이 아니
라 실증적 연구를 통해 밝혀진 사실에 기초하고 있었다.
　난독증 연구는 여전히 진행 중이며, 아직까지 난독증의 실
체에 대한 명확한 결론에 도달하지 못하였음에도 불구하고 난
독증은 언어기반 학습장애(Washburn, Binks-Cantrell, & Joshi, 2014)
로 음운처리의 결함 때문이라는 사실에 대해서는 모종의 합
의가 이루어져 있다(Brady & Shankweiler, 1991; Foorman, Francis,

5　원문은 다음과 같다. "a specific language-based disorder of constitutional
　origin characterized by difficulties in single word decoding, usually
　reflecting insufficient phonological processing."

Shaywitz, Shaywitz, & Fletcher, 1997; Goulandris, Snowling, & Walker, 2000; Stanovich & Siegel, 1994). 물론 '음운처리'의 개념에 대한 의견이 둘로 갈리기 때문에 아직까지 '음운처리의 결함'이 무엇인지에 대해서는 합의된 결론에 도달하지 못한 상태이다. 음운처리(phonological processing)라는 용어를 처음 사용했던 와그너와 토거슨(Wagner & Torgesen, 1987)은 음운처리에 음운 인식, 음운 재부호화, 음성 재부호화라는 세 가지 요소를 포함시켰다. 그런데 울프와 바우어스(Wolf & Bowers)를 위시한 동료 연구자들은 음운처리라는 용어는 사용하되 와그너와 토거슨과는 달리 음운 재부호화를 음운처리와는 별개의 개념으로 구분하였다(Wolf, 1997, Wolf & Bowers, 1999). 따라서 '음운처리'라는 용어가 등장할 때마다 그것이 의미하는 바가 와그너와 토거슨의 범주를 따른 것인지 또는 울프와 바우어스의 범주를 따르고 있는지 분별하도록 주의를 기울여야 한다(Lovett, Steinbach, & Frijters, 2000). 음운처리의 개념은 이 장의 '3. 음운처리' 절에서 자세히 설명하고 있다.

난독증은 읽기의 문제인데 난독증의 근본적인 원인이 음운론적 결함(phonological deficit)이라고 하면 의아하게 생각할 수 있다. 음운론은 언어의 소리 체계를 규정하는 규칙으로 음소와 음절의 조합을 통해 말소리를 산출하는 데 관여하는 원리이다. 한글은 초성 자음 18개(ㄱ, ㄴ, ㄷ, ㄹ, ㅁ, ㅂ, ㅅ, ㅈ, ㅊ, ㅋ, ㅌ, ㅍ, ㅎ, ㄲ, ㄸ, ㅃ, ㅆ, ㅉ), 종성 자음 7개(ㄱ, ㄴ, ㄹ, ㄹ, ㅁ, ㅂ, ㅇ), 모음 21개(ㅏ, ㅓ, ㅗ, ㅜ, ㅡ, ㅣ, ㅔ, ㅐ, ㅟ, ㅚ, ㅑ, ㅕ, ㅛ, ㅠ, ㅒ, ㅖ, ㅘ, ㅝ, ㅙ, ㅞ, ㅢ)로 총 46개의 음소로 이루어져 있으며, 이 음소들의 조합으로 만들어질 수 있는 단어의 수는 50만 개 이상이다. 음운 인식에 결함이 있으면 말소리에 대한 표상이 정확하게 형성되지 않아 말소리를 음절과 음소 단위로 지각하고 조작하는 데 어려움을 겪는다. 읽기는 문자를 그것이 상징하는 음소에 대응하는 것으로부터 비롯되는데, 음소의 표상이 명확하게 확립되어 있지 않을 경우 '문자소-음소' 대응 관계의 안정성이 떨어져 해독 단계에서부터 어려움을 겪게 되는 것이다.

　　인간은 의사소통의 수단으로 손짓이나 몸짓[6]을 사용하기도 하지만 주로 말을 사용하여 의사소통을 한다. 손짓이나 몸짓을 조합하여 여러 개의 신호를 만들어 낼 수도 있으나 그러한 조합의 수는 말소리의 조합으로 만들어질 수 있는 신호의 수와는 비교할 수 없을 정도로 적다. 영장류 동물이나 고래는 여러 가지 신호를 사용하여 동족과 의사소통을 하는데, 이는 마치 인간이 손짓이나 몸짓을 사용하여 의사소통을 하는 것과 비슷하다. 다만 차이가 있다면, 동물들이 사용하는 신호의 수는 인간이 손짓이나 몸짓의 조합을 통하여 만들어 낼 수 있는 신호의 수보다 적다는 것이다. 동물들이 사용하는 신호나 인간이 사용하는 손짓과 몸짓 신호 모두 각각의 신호가 독립적이며 다른 신호와 공유하는 부분을 갖지 않는다는 점에서 공통적이다. 하나의 신호는 하나의 의미만을 전달하며, 한 가지 신호의 일부분 또는 전체

6　청각장애를 가진 이들이 사용하는 수어와 무관한 비교적 단순한 형태의 수신호와 몸짓을 말한다.

가 또 다른 의미를 전달하는 신호의 일부분으로 포함되지 않는다. 가령, 포식자가 출현했음을 알리는 신호와 포식자가 사라졌다는 것을 의미하는 신호 사이에 공통성은 없다. 이러한 신호 체계에서는 신호의 수가 증가할수록 기억의 부담이 증가하기 때문에 동물들의 의사소통은 지극히 제한적인 수준에서만 가능하다.

인간은 언어라는 매개체를 사용하기 때문에 동물과 비교하였을 때 구사할 수 있는 메시지의 수가 거의 무제한이다. 인간의 말소리는 음소 단위로 이루어져 있기 때문에 단 몇십 개의 음소를 사용하여 수십만 개의 단어로 조합될 수 있다. 음소들의 다양한 조합을 통하여 수많은 의미를 전달할 수 있기 때문에 인간의 언어는 동물의 신호 체계와 비교할 수 없을 정도로 효율적이다. 한글의 경우에는 초성, 중성, 종성 중 일부를 변화시킴으로써 '강' '감' '공' '곰' '방' '밤'과 같이 다양한 조합의 단어를 구성할 수 있다. '강'과 '감'은 완전히 다른 의미를 전달하는 단어이지만 /가/라는 소리를 공유하며 두 단어의 의미는 종성 /ㅇ/과 /ㅁ/에 의해 구분된다. '강'의 중성 /ㅏ/를 /ㅗ/로 대치하여 '공'을, 초성 /ㄱ/를 /ㅂ/로 대치하여 '방'을 만드는 것과 같이 하나의 음소만 변환하였을 뿐임에도 불구하고 뜻이 완전히 다른 새로운 단어가 만들어진다.

신경학적인 문제가 없다면 별도의 교육을 받지 않더라도 말을 사용하는 환경 속에서 자라기만 하면 초성, 중성, 종성의 변화를 지각하고 그에 따른 말의 의미 차이를 인식할 수 있다. 일상생활에서의 의사소통은 동시조음(coarticulation) 방식으로 산출된 말소리로 이루어지는데, 만약 말소리의 미세한 변화를 자동적으로 감지하지 못하고 의식적인 주의를 기울여야 한다면 정상적인 의사소통이 불가능하다. 외국어를 습득하는 과정 중에 정상적인 외국어 발음 속도도 빠르게 느껴지는 경험을 많이 해보았을 것이다. 말을 하는 사람은 동시조음 방식으로 말소리를 산출하는데, 듣는 사람은 동시조음된 말소리를 낱낱의 소리로 분리하여 순차적으로 처리하기 때문에 화자와 청자 사이에 말소리 처리 속도의 차이가 발생하는 것이다.

어린아이들은 음소나 음절이 무엇인지 명확하게 알아차리지는 못하지만 음소나 음절의 조합을 통해 자신이 전달하고자 하는 메시지를 단어, 구절, 문장의 형태로 구성할 수 있다. 만일 음운론적 결함을 가지고 있어서 음소나 음절의 조합이 어렵다면 음소나 음절의 시각적 상징인 자소, 글자를 습득하는 데 문제가 발생할 수밖에 없다. 음운론적 결함이 있어서 음소와 음절에 대한 표상이 정확하게 형성되어 있지 않다면 음소와 음절의 시각적 상징물인 자소, 글자와의 대응 규칙을 습득하는 데에 문제가 생기게 된다.

4) 다른 인지 능력을 고려할 때 낮은 음운처리 능력

난독증 진단을 받은 사람들의 음운처리 능력은 이들의 다른 인지 능력(other cognitive abilities)을 고려할 때 예상할 수 있는 수준보다 훨씬 낮다. '다른 인지 능력'이라는 표현을 쓴 것은 음운처리 능력 또한 인지 능력의 일종이기 때문이다. 난독증 진단을 받은 사람들의 음운처리 능력은 이들과 음운처리 이외의 다른 인지 능력이 비슷한 비난독인들과 비교하였을 때 유의하게 낮다. 그런데 여기서 '다른 인지 능력'에 비해 음운처리 능력이 낮다는 것은 지능지수와 읽기 성취도 간의 불일치 정도를 의미하는 것이 아니란 점을 유념해야 한다.

난독증을 진단하는 데 가장 일반적으로 사용되었던 기준은 지능지수와 읽기 성취도 사이의 불일치 정도이다. 이를 흔히 불일치모델이라고 부른다. 불일치모델에서는 지능지수를 잠재력으로, 읽기 성취도를 현재의 학업수행 수준으로 간주하였으며, 지능지수에 비해 읽기 성취도가 현저히 낮으면 이는 매우 특이한 현상으로 여겨 학습장애로 진단하였다. 그런데 불일치모델이 가진 문제점이 드러나면서 학습장애나 난독증을 진단할 때 더 이상 불일치모델을 사용해서는 안 된다는 합의가 이루어졌고, 국제난독증협회는 난독증을 진단할 때 불일치모델을 사용하지 말 것을 권고하고 있다(Lyon, 1995; Lyon, Shaywitz, & Shaywitz, 2003). 미국 「장애인교육법(Individuals with Disabilities Education Improvement Act: IDEIA)」과 DSM-5에도 불일치공식은 더 이상 난독증 진단의 기준으로 포함되어 있지 않다. 따라서 난독증을 진단할 때 불일치모델을 사용한다는 오해를 불러일으킬 수 있는 '다른 인지능력을 고려할 때 예상할 수 있는 수준보다 낮은 음운처리 능력'이라는 표현은 난독증의 정의에서 제외되는 것이 바람직해 보인다.[7]

불일치공식을 대체할 수 있는 난독증 진단 준거 중 하나는 읽기연령(reading age)과 생활연령(chronological age)의 차이이다(Shaywitz, 2011). 읽기연령이란 평균적인 능력을 가진 일반인들이 특정한 읽기 점수에 도달하는 나이를 가리킨다. 일반적으로 동일한 생활연령에 속하는 사람들은 읽기연령이 같거나 유사하지만, 난독증의 경우 생활연령에 비해 읽기연령이 낮다. 난독증 진단 시 활용할 수 있는 또 다른 준거는 피검사자의 읽기 성취도가 그의 교육수준이나 전문적인 성취수준(professional level of attainment)과 얼마나 차이가 나는지를 비교해 보는 것이다(Shaywitz, 2011). 만일 고등교육을 받은 한 사람의 읽기 성취도가 그와 같은 수준의 교육을 받았거나 동일 직종에 속하는 다른 사람들의 읽기 성취도에 비해 유의하게 낮은 경우 난독증으로 진단할 수 있다.

5) 양질의 교육

읽기를 학습하는 데 필요하고 적절한 교육을 받았느냐는 것은 난독증을 판별하는 데 매우 중요한 준거이다. '효과적인 교실 수업(effective classroom instruction)'을 난독증의 정의에 포함시킨 이유는 잘못된 읽기 교육으로 인해 해독과 철자의 곤란, 단어 인식의 정확성과 유창성 부족이 발생하는 경우에는 난독증으로 진단하지 않기 위해서이다. 한국난독증협회에서도 국제난독증

7 불일치모델의 문제점은 '5. 난독증 진단' 절에서 자세히 다루고 있다.

협회의 정의를 그대로 사용하고 있는데, 다만 '효과적인 교실수업'이라는 표현 대신 '효과적인 교육'이라는 표현을 사용하고 있다(한국난독증협회, 2020). 국제난독증협회는 효과적인 교육을 받는 장소를 교실로 규정함으로써 학교를 통한 문해 교육을 전제하고 있다. 국제난독증협회가 위치한 미국에서 공식적인 문해 교육의 출발점은 초등학교 K학년[8]이기 때문에 난독증 진단은 1학년부터 가능하다. 한편, 우리나라에서 공식적인 문해 교육은 미국보다 1년 더 늦은 초등학교 1학년때 시작되나 대부분의 아동이 초등학교 입학 전에 어린이집이나 유치원 또는 사교육 시장을 통하여 한글 교육을 받기 때문에 난독증을 진단하기에 적합한 연령은 아이에 따라 달라질 수 있다는 점에 주의해야 한다.

난독증을 진단하기에 적합한 연령을 결정하는 것뿐만 아니라 아동이 받았던 문해 교육의 질을 평가함에 있어서도 신중함이 요구된다. 난독증 관련 연구에서 난독증 피험자를 선정하거나 난독증 치료 클리닉에서 난독증을 진단할 때 난독증의 제 증상을 측정하기 위한 여러 검사를 실시한 다음, 검사 결과를 바탕으로 난독증 여부를 판별하는 것을 흔히 볼 수 있다. 이처럼 한 시점에서 측정한 검사 결과를 바탕으로 난독증을 진단할 경우, 난독증 진단을 의뢰받은 피검사자가 양질의 문해 교육을 받았는지는 충분히 고려되지 않는다. 난독증 연구자들이나 치료자들은 피검사자가 초등학교 1학년 국어과 수업을 받았다면 당연

---

8   미국 초등학교는 대개 K학년부터 시작하며, 1, 2, 3, 4, 5학년으로 이어진다.

히 양질의 문해 교육을 받은 것으로 간주하고 있는 듯하다.

　　학습장애 진단을 내리려면 일정 기간 동안 적절한 교육을 제공함으로써 부적절한 교육을 받았거나 교육 기회 자체를 부여받지 못하여 학업에 어려움을 겪는 학생들이 학습장애로 잘못 진단되지 않도록 주의해야 한다. 학습장애 진단의 정확성을 높이기 위한 이러한 절차는 학습장애의 일종인 난독증을 진단할 때에도 동일하게 적용되어야 하지만 현실은 그렇지 못하다. 2010년 교육과학기술부에서 일선 학교에 학습장애 판별을 위한 구체적인 지침[9]을 권고하였는데, 가장 인상적이었던 것은 학습장애 진단을 내리려면 최소 3개월 동안 아동을 지도하면서 아동의 반응을 관찰해야 한다는 항목이었다. 당시 이러한 지침을 일선 학교에 권고한 배경에는 양질의 교육 여부가 학습장애를 판별하는 데 매우 중요한 기준이라는 인식이 널리 퍼져 있었기 때문이다.

　　대부분의 아동은 초등학교에 입학하기 전에 이미 한글 교육을 받기 때문에 초등학교에 입학할 당시에는 이미 상당한 정도의 초기 문해력을 습득한 상태이다. 초등학교 1학년 담임교사들 또한 이러한 현실을 정확히 파악하고 있으므로 그들이 담임하는 아동 대부분이 1학년 수준의 읽기 및 쓰기 능력을 갖추고 있으리라고 예상한다. 만약 초등학교 입학 전까지 초기 문해력

9　2010년 교육과학기술부는 '학습장애학생 선정 조건 및 절차'에 대한 지침을 전국 지역교육청에 제공하였다.

을 습득하지 못한 아동이라면 초등학교에 입학하는 시점부터 이미 또래들과 상당한 정도의 문해력 격차를 보일 수밖에 없다.

2015 초등학교 국어과 교육과정에서 초기 문해 지도에 배당된 시수가 그 이전과 비교하여 크게 증가한 것은 사실이나, 다수의 학생이 교육과정에 제시된 성취수준 이상의 문해력을 습득한 상태에서 담임교사가 한글 미해득 아동의 수준에 맞추어 초기 문해 교육을 실시하기란 결코 쉽지 않을 것으로 예상된다. 담임교사가 교육과정에 제시된 초기 문해 교육의 내용들을 모두 가르친다고 하더라도 교수전략이나 교수자료 그리고 수업의 진도가 한글 미해득 아동에게 적절하지 않다면 여전히 1학년 수준에서 기대되는 초기 문해 수준에 도달하지 못할 가능성이 존재한다. 따라서 초등학교 1학년을 마쳤다는 것만으로 '양질의 교육'을 받았다고 단정 짓는 것은 바람직하지 않다. 난독증 여부를 진단하려면 우선 일정 기간 동안 일대일 문해 교육을 실시하고 그에 따른 아동의 반응을 관찰하는 절차를 거침으로써 '양질의 교육'이라는 조건을 충족시키도록 해야 한다.

6) 난독의 영향

난독증으로 진단받은 사람들의 독해력이 낮은 것은 이들이 독해에 필요한 상위인지 능력을 구비하지 못했기 때문이 아니라 독해의 필요조건인 해독과 유창성에 결함이 있기 때문이다. 해독의 정확성이 떨어지면 독해의 정확성은 필연적으로 낮아진다.

정확한 해독이 가능하더라도 충분히 빠른 속도로 읽지 못할 경우에도 독해는 저하된다.

해독의 정확성이 떨어지거나 읽기 유창성이 낮은 사람들에게 읽기는 즐거운 활동이 아니라 가능한 회피하고 싶은 과업일 뿐이다. 학령기 아동의 어휘력 발달에 결정적인 영향을 미치는 것은 독서의 폭인데(Cain & Oakhill, 2011), 난독 아동은 책 읽기를 꺼리기 때문에 학년이 높아질수록 또래들에 비해 점점 더 낮은 어휘력을 갖게 된다. 저학년 시기에는 난독 아동과 비난독 아동 간에 어휘력의 격차가 크지 않지만 학년이 높아짐에 따라 독서량에서도 차이가 커지기 때문에 어휘력 격차는 더욱 증가하는 것이다. 독해에 필요한 배경지식 형성도 어휘력의 발달과 비슷한 패턴을 보인다. 독서의 양과 폭은 지식의 형성에 결정적으로 기여하는데, 책 읽기를 회피하게 될수록 획득하는 지식의 양은 제한적인 수준에서 머물며 그 결과 독서의 범위 또한 확장되지 못해 새로운 지식을 습득하지 못하는 악순환에 빠지게 된다.

3. 음운처리

음운처리(phonological processing)란 문자언어나 음성언어를 처리할 때 음운 정보를 사용하는 것을 의미하며 음운 인식, 음운 재부호화, 음성 재부호화라는 세 가지 요소를 포함한다(Wagner & Torgesen, 1987).

1) 음운 인식

음운 인식(phonological awareness)은 말소리를 음절과 음소와 같은 분절적 단위로 지각하고 이를 조작하는 능력을 말한다 (Castles & Coltheart, 2004; Ziegler & Goswami, 2005). 음운 인식은 크게 음절 인식(syllable awareness)과 음소 인식(phoneme awareness)으로 구분된다. 음절 인식은 음절의 개념에 대한 이해를 의미하며, 음절 수 세기, 음절 탈락, 음절 대치, 음절 합성, 음절 변별 검사를 통해 확인할 수 있다. 음절 수 세기는 단어를 구성하는 음절의 수를 파악하는 것으로 음절 수에 대한 인식은 엘코닌 박스를 활용하거나 음절 수만큼 박수치기를 통해서도 향상될 수 있다. 음절 탈락은 단어를 구성하는 음절 중 일부를 탈락시키는 것이며, 음절 대치는 단어를 구성하는 음절 중 일부를 다른 음절로 대체하는 것이다. 음절 합성은 2개 이상의 음절을 결합하는 것이며, 음절 변별은 검사자가 제시하는 음절로 시작되는 단어를 찾는 것이다.

음소 인식은 음소의 개념에 대한 이해를 의미하며, 음소를 탈락·합성·대치·변별하는 검사를 통해 음소 인식 정도를 확인할 수 있다. 음소 탈락은 초성이나 종성을 탈락시킨 후 남은 음소를 발음하는 것이며, 음소 합성은 음소 탈락과 반대로 초성과 중성을 결합하여 발음하거나 음절체(초성+중성)에 종성을 결합하여 발음하는 것이다. 음소 대치는 음절을 구성하는 초성, 중성, 종성 중 하나를 다른 음소로 대체하여 발음하는 것이다. 음소 변별은 검사자가 제시하는 음소로 시작하는 음절 또는 단어를 찾는 것이다.

2) 음운 재부호화

음운 재부호화(phonological recoding in lexical access)란 심성어휘집 속의 어휘 기입(lexical entry)에 접근함으로써 활자화된 단어(written word)를 소리로 전환하는 것이다. 심성어휘집이란 장기기억으로 형성된 어휘사전을 가리키며, 어휘 기입이란 심성어휘집 속에 저장되어 있는 개별 어휘의 단위를 의미한다. 단어가 가장 일반적인 어휘 기입이지만 익숙한 단어 속에 포함된 글자들도 어휘 기입을 형성하고 있다. 글자나 단어가 제시되었을 때 심성어휘집에서는 그것의 어휘 기입에 대한 신속한 검색을 통하여 글자나 단어가 표상하는 말소리를 빠르게 인출한다. 가령, '나비'라는 단어를 보자마자 바로 읽을 수 있는 아동이라면 그의 심성어휘집 속에 나비가 어휘 기입으로 자리 잡고 있다고 볼 수 있으며, '나비'를 구성하는 각각의 글자인 '나'와 '비' 또한 '나비'와는 별도로 개별적인 어휘 기입으로 아동의 심성어휘집 속에 존재할 가능성이 높다. 다른 단어들 속에 포함되어 있는 같은 글자를 빠르게 찾아낼 수 있다면 이는 각 글자가 심성어휘집 속에서 어휘 기입으로 존재하기 때문이다.

음운 재부호화는 문자나 숫자와 같은 시각적 자극이 제시되었을 때 그에 대응하는 말소리를 인출하는 활동이므로 엄밀

히 말해 음운론적 활동으로 보기 어려운 측면이 있다. 음운처리
란 말소리를 듣고 처리하는 청각적 활동임에 반해 음운 재부호
화는 시각적 자극이 제시되었을 때 이를 청각적으로 처리하는
시청각적 활동에 해당한다. 음운 재부호화의 이러한 특성 때문
에 울프와 바우어스(1999)는 음운 재부호화를 음운처리와는 별
개의 능력으로 간주하였다. 그렇지만 음운 재부호화를 음운처
리의 하위 요소로 포함할 수 있는지에 대한 논쟁과는 별개로 음
운 재부호화에서의 결함은 난독증의 대표적인 특징으로 밝혀져
있으며, 난독증을 진단하기 위한 검사 배터리 속에 포함된 연속
빠른 이름대기는 음운 재부호화를 측정하기 위한 검사이다.

3) 음성 재부호화

음성 재부호화(phonetic recoding)란 다른 사람의 말소리를 듣
고 작업기억 속에 일시적으로 저장하였다가 자신의 말소리로 변
환하는 것으로 음운 기억(phonological memory)이라고도 불린다
(Lonigan et al., 2009; Wagner & Torgesen, 1987). 다른 사람의 말소리
를 자신의 말소리로 전환한다는 점에서 '음성을 재부호화'하는
것이며, 다른 사람의 말소리를 자신의 말로 재생하기 전에 일시
적으로 단기기억 속에 파지하고 있어야 한다는 점에서 '음운 기
억'이라고 일컬어진다.

하나의 글자를 해독하려면 글자를 구성하는 각 문자소에
대응하는 음소들을 순서대로 기억하였다가 동시조음 방식으로

음절을 산출할 수 있어야 한다. 단어를 해독하는 것도 글자를 해독하는 것과 동일한 과정을 거치되 글자를 해독할 때와 비교하여 기억하고 있어야 할 말소리의 단위가 늘어나기 때문에 음운 기억의 역할은 더욱 커진다. 해독에 기반한 읽기를 많이 해야 하는 읽기 발달의 초기 단계에서 음운 기억의 역할은 매우 중요하지만(Baddeley, 1982), 해독이 무의식적으로 이루어지는 능숙한 읽기 단계에서도 음운 기억의 역할은 줄어들지 않는다. 해독 단계에서 음운 기억의 역할은 글자 또는 단어의 말소리를 기억하는 데 제한되지만, 능숙한 읽기 단계에서는 구절 또는 문장 전체의 말소리를 기억하는 것으로 음운 기억의 범위가 확장된다.

4. 난독증의 유형

1) 이중결함가설에 따른 분류

이중결함가설은 난독증을 단지 음운 결함만으로 설명하는 단일결함가설에 대한 반박으로, 음운 결함이 난독증의 핵심적인 특징이긴 하지만 음운 결함으로 설명할 수 없는 또 다른 결함이 존재한다고 보는 입장을 취한다. 이중결함가설을 최초로 주장한 이들은 울프와 바우어스로, 이들은 난독증을 음운 결함형과 빠른 이름대기 결함형 그리고 이 두 가지 결함을 모두 보이는 이중 결함형으로 분류하였다(Wolf & Bowers, 1999).

음운 결함형은 음운처리에만 문제를 보이고 빠른 이름대기 과제는 정상적으로 수행하는 유형의 난독증을 가리킨다. 울프와 바우어스가 '음운처리'에 음운 인식과 음운 기억만 포함시키며 음운 재부호화는 별개의 구인으로 간주한다는 사실을 상기할 필요가 있다. 음운처리에서의 문제 여부를 확인하는 가장 직접적인 방법은 음운 인식 검사와 음운 기억 검사를 실시하는 것이며, 비단어 해독 검사를 통해 간접적으로 음운 결함 여부를 확인할 수도 있다. 음운 결함 난독의 대표적인 문제인 음소 인식 결함은 자소 – 음소 대응에 어려움을 유발함으로써 해독에 장애를 초래한다. 음소의 표상이 정확하게 형성되어 있지 않을 경우 음소를 시각적으로 상징화하는 자소와의 대응 관계 또한 온전하게 성립하기 어렵다. 그렇지만 모든 해독의 문제가 음운 결함 때문만은 아니기 때문에 해독 검사에서 유의하게 낮은 성취를 보인 것만으로 음운 결함형 난독증을 가지고 있다고 판별해서는 곤란하다.

빠른 이름대기 결함형은 음운처리에는 문제를 보이지 않지만 빠른 이름대기 과제에서 결함을 보이는 유형의 난독증을 의미한다. 빠른 이름대기 결함형 난독증을 가진 아동은 음운처리에는 문제를 보이지 않으며 속도가 느리긴 하지만 해독이 정확하다(Wolf, 2015). 빠른 이름대기 과제에 사용하는 자극이 알파벳 낱자인 경우 빠른 이름대기 과제 수행점수는 읽기 유창성과 유의한 상관관계를 보일 뿐만 아니라 읽기 유창성을 유의하게 예측한다(DeMann, 2011; Katzir, Kim, Wolf, Morris, & Lovett, 2008; Stage,

Sheppard, Davidson, & Browning, 2001). 초등학교 저학년 때는 읽어야 할 텍스트의 분량이 많지 않기 때문에 읽기 속도가 다소 느리더라도 해독이 정확하다면 학업에 큰 문제가 발생하지 않지만, 학년이 높아질수록 읽어야 할 텍스트의 분량이 급격히 증가하기 때문에 읽기 속도가 느린 것은 학업 전반에 걸쳐 문제를 야기한다.

난독증을 음운 결함형, 빠른 이름대기 결함형, 이중 결함형으로 분류하게 되면서 난독증 치료 방법 또한 다양해졌다. 난독증이 음운 결함이라는 단일한 요인 때문에 발생한다고 보던 입장에서는 난독증 치료가 음운 인식을 향상시키는 데 집중되었다. 물론 음운 인식 능력을 향상시키기 위한 집중 치료를 통하여 음운 인식은 물론 비단어 해독도 향상되었다. 그렇지만 음운 인식과 해독 능력 향상이 자연스럽게 읽기 속도의 증가로 이어지지는 않았다. 이에 울프와 바우어스(1999)는 음운 인식 향상 프로그램에 반응하지 않는 난독인들을 대상으로 읽기 유창성 향상 프로그램을 실시하였는데, 일군의 난독인들이 유창성 향상 프로그램에 긍정적인 반응을 보였다. 앞으로 난독증 연구가 진행됨에 따라 난독증의 특성이 보다 구체적으로 밝혀질 수만 있다면 그에 발맞추어 난독증의 치료 방법 또한 더욱 정교해질 수 있을 것이다.

2) 읽기의 구성 요소에 따른 분류

읽기의 주요 구성 요소가 해독, 유창성, 독해라는 데 기반

하여 난독증을 해독장애형 난독, 유창성장애형 난독, 독해장애
형 난독으로 분류하는 경우를 볼 수 있다(강소영, 2018). 해독장애
형 난독증은 자소와 음소 간 대응 규칙을 적용하여 새로운 글자
나 단어를 읽는 데 어려움을 보이는 난독 유형을 가리킨다. 해독
기술을 평가하기 위해 가장 일반적으로 사용되는 검사가 비단어
읽기이다. 비단어는 심성어휘집 속에 어휘 기입으로 존재하지
않기 때문에 비단어를 읽기 위해서는 자소와 음소의 대응 관계
를 적용하는 음운경로가 정상적으로 작동해야 한다. 난독 아동
은 또래 비난독 아동에 비해 비단어 읽기에서 유의하게 낮은 수
행을 보였으며, 그들과 단어 읽기 성취가 동일한, 그렇지만 나이
는 더 어린 비난독 아동과 비교하였을 때에도 비단어 읽기 수행
에서 유의하게 낮은 성취를 보였다(Manis, Szeszuiski, Holt, & Graves,
1988; Snowling, 1980).

유창성장애형 난독증이란 또래 비난독 아동과 해독 기술
에서는 차이를 보이지 않으나 읽기 속도가 유의하게 낮은 유형
을 의미한다. 로벳(Lovett, 1987)은 난독증 피험자들을 정확성 결
함형(accuracy-disabled)과 속도 결함형(rate-disabled)으로 구분 지
은 후 또래 비난독 아동과 비단어 읽기, 자소-음소 대응이 규칙
적인 단어 읽기, 자소-음소 대응이 불규칙적인 단어 읽기, 텍스
트 읽기 수행을 비교하였다. 정확성 결함 난독 아동은 속도 결함
난독 아동 및 또래 비난독 아동에 비해 비단어 읽기뿐만 아니라
단어 읽기에서도 유의하게 낮은 수행을 보였다. 한편, 속도 결
함 난독 아동은 비단어 읽기에서 또래 비난독 아동과 동일한 수

행을 보였으나 텍스트 읽기 속도가 유의하게 느렸을 뿐만 아니
라 텍스트 속 단어 읽기의 정확도에서도 유의하게 낮은 성취를
보였다. 정확성 결함 난독증은 해독장애형 난독증을, 속도 결함
난독증은 유창성장애형 난독증을 가리킨다는 사실을 감안할 때
유창성장애형 난독증은 해독장애형 난독증과 뚜렷이 구분되는
독립된 범주임을 알 수 있다(Lovett, 1987).

　　마지막으로, 독해장애형 난독증이란 해독과 유창성은 정상
이나 독해력이 유의하게 낮음을 의미한다. 그런데 난독증을 규
정짓는 핵심적인 증상이 해독과 철자 곤란, 단어 인식의 정확성
과 유창성 부족이라는 것을 상기한다면 해독과 유창성에는 전
혀 문제가 없는데 독해력만 유의하게 낮은 것을 난독증으로 볼
수 있는가라는 의문을 제기할 수 있다. 독해장애형 난독증이란
것이 정말 난독증인가라는 질문에 답하기 전에 먼저 독해에 영
향을 미치는 요인들을 검토해 보자. 해독과 유창성은 독해를 위
한 필요조건이긴 하지만 독해를 충분히 설명하려면 어휘력, 배
경지식, 형태론적 지식, 문장구조에 대한 이해와 같은 요인들이
독해에 미치는 영향을 고려하여야 한다. 어휘력은 독해력을 가
장 강력하게 예측하는 변인으로, 학년이 높아질수록 독해력에
대한 어휘력의 예측력은 높아진다(Catts et al., 1999; Roth et al., 2002).
배경지식 또한 독해에 절대적인 영향을 미치는데, 배경지식은
어휘력과 유의한 정적 상관을 가진다(Gersten, Fuchs, Williams, &
Baker, 2001). 학년이 높아짐에 따라 교과서에 등장하는 어휘의 수
준이 높고 텍스트 이해에 필요한 배경지식의 양은 증가한다. 해

독과 유창성에 특별한 문제를 보이지 않음에도 불구하고 독해에 어려움을 보이는 경우는 대부분 어휘력과 배경지식의 부재에서 그 원인을 찾을 수 있다.

난독 아동이 독해에 어려움을 보이게 되는 것은 궁극적으로 해독이라는 읽기의 필요 조건을 갖추지 못했거나 해독 기술은 있으나 유창성이 부족하여 텍스트 이해에 주의를 집중할 수 없는 상태가 지속되기 때문이다. 여기에 더하여 해독과 유창성 부족으로 인해 읽기를 기피함으로써 읽기 이해에 필요한 어휘력과 배경지식을 형성하지 못하게 된다. 독해의 곤란은 난독에 수반되는 결과이지 그 자체로 독립된 난독 유형이 될 수는 없다.

5. 난독증 진단

1) 지능지수와 난독

지능지수, 지능지수와 읽기 성취도 간 격차는 난독증을 진단하는 데 가장 많이 사용되어 온 대표적인 지표들이다. 2000년대 초반까지만 하더라도 난독증으로 진단을 받으려면 지능지수가 평균 이상이어야 했으며, 심지어 최근에도 평균 이상의 지능을 난독증 판별의 핵심 지표로 사용하는 경우를 볼 수 있다. 지능지수가 평균 이상일 경우에만 난독증으로 진단하는 것은 지능지수가 평균보다 낮은 아동이 난독 증상을 보인다면 이를 난독증 때문이 아니라 단지 낮은 지능 때문이라고 가정하기 때문이다. 그렇지만 지능지수가 난독증 진단을 위한 타당한 준거로 인정받으려면 지능지수가 평균 이상인 난독 집단의 음운처리 능력이 지능지수가 평균 미만인 집단의 음운처리 능력과 질적으로 다르다는 것이 증명되어야 한다(Aaron, 1997). 지능지수에 따라 음운처리에서 질적인 차이가 존재하는지를 확인하기 위해 지능지수가 평균 이상인 난독 아동과 지능지수가 평균 미만인 읽기부진 아동의 음운처리 수행 정도를 비교한 연구에 따르면 두 집단은 차이를 보이지 않았으며, 심지어 비단어 읽기와 철자에서도 유의한 차이가 발견되지 않았다(Ellis, McDougall, & Monk, 1996; Felton & Wood, 1992; Fredman & Stevenson, 1988; Johnston, Rugg, & Scott, 1987b; Jorm, Share, Maclean, & Matthews, 1986; Siegel, 1992; Stanovich & Siegel, 1994). 오히려 지능지수가 평균 이상인 난독 집단과 지능지수가 평균 미만인 읽기부진 집단은 이들보다 나이는 어리지만 동일한 읽기 성취를 보이는 비난독 일반 아동과 비교하였을 때 음운처리에서 유의하게 낮은 성취를 보이는 것으로 밝혀졌다(Johnston et al., 1987a, 1987b).

지능지수를 난독증 진단의 기준으로 포함하는 것과 관련하여 또 한 가지 짚어 보아야 할 점은 평균 이상의 지능지수가 정확히 어느 정도를 의미하느냐는 것이다. 사실 평균 이상의 지능지수에 해당하는 기준은 연구자들마다 차이를 보이는데, 80 이상(Siegel, 1992), 85 이상(Gajar, 1980; Kavale & Reese, 1992; Shepard, Smith, & Vojir, 1983), 90 이상(Johnston et al., 1987a, 1987b)을 난독증 판별을 위한 지능지수의 기준으로 삼는 경우가 가장 흔하다. 평균 이상의 지능지수를 판별하는 기준이 80~90의 어느 지점으로 설정될지는 경계선 지능을 판별하는 기준을 얼마로 보느냐에 따라 달라진다. 경계선 지능이란 지적장애 수준보다는 높지만 평균보다는 낮은 수준의 지능을 가리킨다(강옥려, 2016). 경계선 지능을 지능지수 70~80으로 삼을 경우 평균 이상의 지능은 80 이상으로, 경계선 지능을 지능지수 70~85로 삼을 경우에는 평균 이상의 지능은 85 이상으로 설정이 된다. 그런데 우리나라에서는 난독증으로 진단을 받기 위한 지능지수의 기준을 70으로 설정함으로써 경계선 지능을 가진 경우에도 난독증으로 포함시켰다는 점에서 외국과 차이를 보인다(김애화, 김의정, 김자경, 정대영, 2018). 이처럼 난독증 진단을 위한 평균 이상의 지능이 가리키는 지능지수가 연구자에 따라 또는 나라에 따라 차이를 보인다는 사실은 지능지수가 난독증의 특성을 반영한다기보다는 임의적인 기준에 지나지 않는다는 것을 의미한다.

지능지수와 함께 난독증 진단의 핵심 기준으로 오랫동안 사용되어 온 지표는 지능지수와 읽기 성취도 간의 불일치 정도이다. 지능지수와 읽기 성취도 사이의 불일치를 난독증 진단의 핵심 준거로 사용하는 이유는 지능지수가 평균 이상이면 읽기 성취도 또한 그에 걸맞게 평균 이상이어야 하고, 지능지수가 평균보다 낮으면 당연히 읽기 성취도도 평균 미만이라고 전제하기 때문이다. 이러한 전제하에서 평균 이상의 지능지수를 가진 이들이 낮은 읽기 성취도를 보이는 것은 일반적이지 않으며, 평균 미만의 지능지수를 가진 이들이 낮은 읽기 성취도를 보이는 것은 당연한 것으로 간주된다. 지능지수에 대한 이러한 전제는 언뜻 보기에 그럴듯해 보이나 실증적인 자료에 기반하고 있지 않다는 점에서 많은 비판에 직면하고 있다.

지능지수와 읽기 성취도 간의 불일치 정도가 난독증 진단의 준거가 되려면 우선 지능지수와 읽기 성취도 간 상관관계가 상당한 정도로 높아야 한다. 그런데 지능지수와 읽기 성취도 간 상관관계는 피험자들의 연령이나 사용한 지능검사의 종류에 따라 다를 뿐만 아니라 읽기 성취도 검사가 해독능력을 측정하는 검사인지 독해력을 측정하는 검사인지에 따라서도 달라진다. 스타노비치 등(Stanovich, Cunningham, & Feeman, 1984)의 문헌연구에 따르면, 초등학교 1학년을 대상으로 실시된 29개의 연구에서 지능지수와 읽기 성취도 간 상관관계의 중앙치는 0.46, 초등학교 2학년을 대상으로 한 18개의 연구에서는 0.47, 초등학교 3학년이 참여한 12개의 연구에서는 0.45, 초등학교 4학년~중학교 3학년이 참여한 29개의 연구에서는 0.61, 고등학생 이상이 참여한 6개의 연구에서는 0.64로, 학년이 높아짐에 따라 지능지수와 읽기성취도 간 상관관계가 높아지는 경향을 보인다. 일반적으로 상관계수가 0.4~0.6이면 두 변인 사이에 상관관계가 존재하고 있음을, 그리고 상관계수가 0.6~0.8이면 두 변인 사이의 상관관계가 높은 것임을, 그리고 상관계수가 0.8 이상인 경우 상관관계가 매우 높은 것으로 판단한다(성태제, 시기자, 2011). 이 기준에 따르면 초등학교 1~3학년에서 지능지수와 읽기 성취도 간에 상관관계가 존재하고는 있으나 높지 않으며, 초등학교 4학년 이상에서는 지능지수와 읽기 성취도 간 상관이 높긴 하지만 매우 높은 정도는 아님을 알 수 있다.

상관계수와 더불어 눈여겨보아야 할 수치는 상관계수의 제곱값을 백분율로 환산하여 산출하는 설명력 계수이다. 초등학교 1~3학년에서 산출할 수 있는 설명력 계수는 20.25~22.09%로, 이는 지능지수가 읽기 성취도의 약 20~22%를 설명할 뿐이며, 읽기 성취도의 78~80%는 지능지수가 아닌 다른 요인들로 설명될 수 있다는 것을 의미한다. 초등학교 4학년 이상에서는 읽기 성취도에 대한 지능지수의 설명력이 약 37~41%로, 초등학교 1~3학년에 비해서는 높지만 지능지수로 설명할 수 있는 읽기 성취도가 50%에도 미치지 못한다.

지능지수와 읽기 성취도 간 불일치 정도에 의해 난독증 여부를 판별하는 것은 학습장애를 판별할 때 지능지수와 학업 성취도 간 불일치 정도를 핵심적인 준거로 삼은 데서 비롯되었다. 지능지수에 비해 학업 성취도가 유의하게 낮을 때 학습장애로 진단하는 것을 불일치모델이라 일컫는다. 이 모델에서 지능지수는 선천적으로 타고난 능력, 즉 잠재력을 반영하는 것으로, 현재의 학업 성취도는 잠재력의 발현으로 나타난 현재의 수행 능력이라고 가정한다. 잠재력은 현재의 학업 성취에 그대로 반영되기 때문에 둘 사이에 상관관계가 높은데, 만약 높은 잠재력을 가지고 있지만 현재의 학업 수행이 저조하다면 이는 지능의 문제가 아니라 학습장애를 갖고 있기 때문이라고 보는 것이다. 마찬가지로 학습장애의 일종인 난독증 또한 지능지수와 읽기 성취도 간의 격차를 통해 진단해 왔던 것이다. 그런데 지능지수가 지적인 잠재력을 가리키는 타당한 측정치라는 신념은 발달심리, 교육심리, 심리 측정학 분야에서 더 이상 정설로 받아들여지지 않고 있다. 지능지수는 다만 현재의 인지적 기능을 측정한 총량으로 여겨질 뿐이다(Stanovich, 1991).

지능검사를 구성하고 있는 소검사를 세부적으로 살펴보면, 지능검사가 잠재력보다는 현재의 수행 수준을 측정하는 검사라는 인상을 더욱 강하게 갖게 된다. 대표적으로 언어성 검사의 일종인 어휘검사는 제시된 단어의 의미를 말하는 것인데, 읽기 경험이 부족한 읽기장애 아동은 대체로 어휘검사 점수가 낮다(Biemiller, 1977~1978). 또 다른 언어성 검사의 하나인 유사성 찾기 검사는 제시된 2개의 단어 사이의 유사성을 말하는 소검사인데, 읽기장애 아동은 읽기 경험의 부족으로 인해 낮은 성취를 보인다. 언어성 검사를 구성하는 또 다른 소검사인 이해력 검사나 정보 검사도 피검사자의 읽기 경험 및 읽기 능력의 영향으로부터 자유롭지 않다(Siegel, 1989).

언어성 검사뿐만 아니라 동작성 검사도 학습 경험의 영향으로부터 독립적일 수 없다. 동작성 검사를 구성하는 소검사의 하나인 그림 순서 맞추기 검사는 제시된 그림들을 사건의 순서에 맞게 배열하는 것으로, 그림책 읽기를 통해 스토리 전개에 익숙한 피검사자에게 유리한 검사이다. 사물 조립하기나 블록 맞추기 소검사 또한 이러한 유형의 놀이도구나 교구에 노출된 경험이 많은 아동에게 절대적으로 유리하다(Siegel, 1989). 사물 조립하기, 블록 맞추기, 빠진 곳 찾기, 그림 순서 맞추기, 기호 쓰기, 미로 검사는 과제를 완수하는 데 시간제한이 있으며, 이 중에서 그림 순서 맞추기, 블록 맞추기, 사물 조립하기 검사의 경우 과제 해결을 빨리할수록 가산점이 주어진다. 학습장애 아동은 주어진 시간 내에 지능검사의 과제들을 해결할 수는 있지만 가산점이 주어지는 검사에서 가산점을 받지 못하여 비장애 아동에 비해 낮은 지능지수를 가진 것으로 평가되는 경향이 두드러졌다(Barsky & Siegel, 1987; Siegel, 1989에서 재인용). 이렇게 지능지수가 잠재력에 대한 적절한 지표가 아니라는 사실은 지능지수와 읽기 성취도 간의 불일치 정도가 난독증을 판별하기 위한 적절한 준거가 될 수 없음을 의미한다.

이렇게 난독증을 진단하는 기준으로 지능지수를 사용하지 않는 것이 국제적인 추세이지만 우리나라에서는 여전히 지능지수를 난독증을 판별하기 위한 핵심 준거로 삼고 있다(김애화, 김의정, 김자경, 정대영, 2018). 국내에서 난독증을 진단할 때 사용하는 지능지수의 절단선은 70인데 이는 난독증과 지적장애를 구분하기 위한 것으로 보인다. 그런데 난독증 진단을 위한 지능지수의 기준을 70으로 규정하는 것은 통계적인 측면에서 본다면 다소 임의적이다(MacMillan, Siperstein, & Gresham, 1996). 대표적인 지능검사 도구인 WISC-IV의 측정 오차는 대략 ±5점(American Association on Mental Retardation, 2002; Psychological Corporation, 2003)으로 만일 지능지수가 70일 경우라면 측정오차를 고려한 실제 지능지수는 65~75에 존재하기 때문에 난독증을 지적장애와 구분 짓고자 하는 본래 의도가 훼손되어 버린다.

　DSM-5에는 지적장애가 직접적인 원인이 되어 나타나는 읽기의 문제는 난독증으로 진단하지 않는다고 명시되어 있으며, 「장애인 등에 대한 특수교육법」에도 지적장애가 직접적인 원인이 되어 나타난 학습의 문제는 학습장애로 진단하지 않는다고 명시함으로써 난독증과 지적장애를 구분 짓고 있다. 그렇지만 DSM-5와 「장애인 등에 대한 특수교육법」에 명시된 이러한 제외 규정은 지적장애로 진단받은 경우에는 난독증 진단을 받을 수 없다는 것을 의미하지는 않는다. 지적장애인의 읽기 문제가 지적장애 때문에 발생한 것이 아니라면 지적장애인도 난독증 진단을 받을 수 있어야 한다. 그런데 실제로 지적장애 진단을 받은 아동이 난독증으로 진단받는 경우는 좀처럼 볼 수 없는데, 그 이유 중 하나는 지적장애인이 보이는 읽기의 문제와 음운처리에서의 낮은 수행이 지적장애를 갖고 있기 때문에 나타난 현상인지 아니면 지적장애와는 별개로 나타난 현상인지 변별하는 것이 매우 어렵기 때문이다. 지적장애인의 음운처리 과제 수행이 낮은 지능 때문인지 그렇지 않은지를 확인하려면 지적장애인들의 음운처리 과제 수행 양상에 대한 충분한 데이터가 존재해야 한다. 동일한 지능지수를 가진 지적장애인들이 음운처리 과제 수행에서 보이는 일반적인 양상이 밝혀져 있다면, 지능지수는 동일하나 음운처리 과제에서 현저하게 낮은 수행을 보일 경우 난독증으로 진단받을 수 있을 것이다. 하지만 현실적으로 지적장애인의 음운처리 과제 수행에 대한 실증적 데이터가 부족하기 때문에 지적장애인에게 난독증 진단이 내려지는 경우는 찾아보기 어렵다. 지적장애 아동이 난독증 진단에서 제외되는 것은 지능지수가 진단에 있어 주요한 기준이 되기 때문이라기보다는 진단의 용이성 때문이라고 보는 것이 더 타당할 것이다.

2) '양질의 교육' 여부를 평가하는 기준

'양질의 교육'을 받았는지의 여부는 난독증 진단에서 매우 중요한 기준이다. 적절한 읽기 교육을 받지 못해서 해독과 철자, 단어 인식의 정확성과 유창성이 부족한 경우라면 난독증으로 진단하지 말아야 하며, 대신 읽기부진으로 명명할 수 있다. 그런데 '적절한 교육'이란 것이 지능지수처럼 객관적인 수치로 분명하게 드러나지 않기 때문에 적절한 교육을 받았는지를 확인하는 것은 간단한 문제가 아니다. 뿐만 아니라 '적절한 교육'이라는 표현은 논리적 모순을 내포한다. 만일 난독 아동에게 '적절한' 읽기 교육이 제공되었다면 이들의 읽기 능력이 향상된다는 논리적 결론이 수반되는데, 적절한 읽기 교육에도 불구하고 읽기 성취도가 향상되지 않았다는 것은 언어적 모순이다. 역설적이게도 난독 아동이 받은 읽기 교육의 적절성을 평가할 때 난독 아동의 읽기 성취도가 아닌 비난독 일반 아동의 읽기 성취도를 지표로 삼는다는 사실 또한 한 번쯤 짚어 보아야 할 점이다.

미국 정부가 공교육의 책무성을 확보하기 위해 2001년에

제정한 「아동낙오방지법(No Child Left Behind Act: NCLB)」의 핵심
골자는 교사들이 과학적 절차에 따라 수행된 연구를 통해 효과
가 입증된 교수전략을 사용하여 수업을 실시해야 한다는 것이
다. 과학적 절차에 따라 수행된 연구를 통해 효과가 입증된 전략
을 '근거기반 중재(evidence-based practices)' 또는 '과학적 중재'라
고 일컫는다. 미국 교육부는 교사들이 근거기반 중재를 실제 교
실 수업에 활용할 수 있도록 지원하기 위해 읽기, 쓰기, 수학 교
과에서 사용되는 교수전략들을 광범위하게 분석한 다음, 효과적
인 전략들을 추출하여 교사들에게 홍보하였다. 교사 자신의 교
수 경험이나 동료 교사들의 조언을 통해 습득한 교수전략이 아
닌, 객관적으로 효과가 입증된 교수전략이 교실 수업에 활용되
도록 함으로써 교수의 질을 높이고, 궁극적으로는 공교육의 책
무성을 높이려는 것이 「아동낙오방지법」의 목적이었다. 학급 내
전체 학생을 대상으로 근거기반 읽기 중재를 실시한 다음 학생
들의 반응을 측정하였을 때 또래들에 비해 현저하게 낮은 읽기
성취를 보이는 학생들은 소집단에서 또 다른 형태의 근거기반
읽기 중재를 받게 된다. 이러한 소집단 지도를 통해서도 읽기 성
취가 향상되지 않는다면 개별지도 방식으로 또 다른 형태의 근
거기반 읽기 중재를 실시한다. 난독증 진단을 내리려면 우선 학
급 전체를 대상으로 한 수업뿐만 아니라 소집단 지도를 거치며
대상 학생의 읽기 수행을 측정하는 절차를 거쳐야 한다.

　　국내에는 아직 교사들이 교실 수업에서 활용할 수 있는 근
거기반 읽기 교수전략이 보급되어 있지 않기 때문에 초기 한글

교육을 실시해야 하는 초등학교 저학년 교사들은 자신들의 주
관적인 판단에 따라 교수전략을 선택하게 된다. 교사가 선택한
교수전략이 객관적으로 효과가 입증된 것이며 그것을 활용하는
교사의 역량 또한 뛰어날 경우도 있겠으나, 그와 반대로 효과가
입증되지 않은 교수전략을 투입하거나 교사의 교수 역량이 미
흡한 경우도 있을 것으로 예상된다. 이러한 상황에서 초등학교
1학년 국어 교과를 통해 이루어진 공식적인 초기 문해 교육을
받았다는 사실만으로는 아동에게 주어진 읽기 교육이 충분히 양
질의 것이었다고 평가하기는 어렵다. 초등학교에 입학하기 전에
어린이집이나 유치원 또는 한글 사교육 시장을 통해 아동이 받
은 한글 조기교육을 일컬어 '양질의 읽기 교육'이라고 간주하는
것 또한 무리가 있다. 이처럼 난독증 진단 이전에 아동이 경험한
읽기 교육이 양질의 것인지를 판단하기 어려운 상황이라면, 난
독증 진단을 내리기 전 해당 아동에게 상당한 기간 동안 근거기
반 읽기 교수전략을 활용하여 읽기를 가르친 후 아동의 반응을
관찰하는 과정을 반드시 거치도록 해야 한다.

3) 난독증 진단검사

난독증을 무엇으로 정의하느냐에 따라서 난독증 진단에 사
용하는 검사 도구가 조금씩 달라진다. 여기에서는 국제난독증
협회의 난독증 정의에 기반하였을 때 난독증 진단에 사용될 수
있는 검사 도구들을 살펴본다.

(1) 음운 인식 검사

음운 인식이란 단어를 구성하는 음절과 음소를 지각하는 것은 물론 음절과 음소를 조작함으로써 다양한 말소리를 구현할 수 있는 능력을 의미한다(Ziegler & Goswami, 2005). 음운 인식 검사는 크게 음절 인식을 알아보기 위한 검사 그리고 음소 인식을 알아보기 위한 검사로 이루어져 있다. 음운 인식 검사 시에는 피검사자에게 자모음자나 글자를 시각적으로 제시하지 않으며 오직 말소리만 들려준다.

우리나라 아동의 음절 인식은 만 3세부터 발달하기 시작하여 초등학교 입학 전인 만 5세가 되면 거의 대부분 완성된다(윤혜경, 1997). 우리나라 난독 아동은 또래 비난독 아동과 음절 인식에서는 차이를 보이지 않기(양유나, 배소영, 2018) 때문에 음절 인식 검사의 난독증 변별력은 약하다고 할 수 있다. 물론 다른 언어권 국가에서도 학령기 이전의 음절 인식과 학령기 이후의 읽기나 철자 발달 사이의 관련성이 높지 않고(Castles & Coltheart, 2004), 음절 인식의 난독증 예측력이 낮기(Elbro, Borstrom, & Peterson, 1998) 때문에 음절 인식 검사의 난독증 변별력은 높지 않은 것으로 보인다.

•••• **표 7-1** ◑ 음절 인식 검사의 구성

구분	예
음절 분리	/바위/의 첫소리(또는 끝소리)는 무엇인가?
음절 탈락	/바위/에서 /바/(또는 /위/)를 빼고 말하면?
음절 대치	/바위/에서 /위/를 /다/로 바꾸면?
음절 결합	/바/와 /위/를 합쳐서 말하면?

음소 인식은 말소리의 최소 단위인 음소를 변별·대치·결합·탈락함으로써 새로운 말소리를 만들어 내는 능력을 의미한다. 난독인은 음절 인식이 아닌 음소 인식에서 결함을 보이는데, 이런 경향은 우리나라뿐만 아니라 다른 언어권에서도 공통적으로 발견된다(Castles & Coltheart, 2004). 음소 인식 능력은 난독증을 변별하는 데 있어서 핵심적인 지표이다.

●●●● 표 7-2 ● 음소 인식 검사의 구성

구분	예
음소 변별	다음 중 /ㅂ/ 소리로 시작하는 그림은?(여러 개의 그림 제시)
음소 대치	/바/에서 /ㅂ/를 /ㅅ/로 바꾸어 말하면?
음소 결합	/ㅂ/와 /ㅏ/를 합쳐서 말하면?
음소 탈락	/밤/에서 /ㅁ/ 소리를 빼고 말하면?

(2) 음운 기억 검사

음운 기억이란 단어의 음운 정보인 말소리를 일시적으로 기억하는 것을 의미한다. 하나의 단어를 해독하려면 단어를 구성하는 각 문자소에 대응하는 음소의 표상들을 단어 전체의 말소리를 산출해 낼 때까지 기억 속에 계속 유지하고 있어야 한다. 만일 음운 기억이 정상적으로 작동하지 않을 경우 최종적인 말소리 산출에 필요한 음소 조합에 문제가 생긴다. 해독 기술을 습득해 가는 단계에서는 글자나 단어의 말소리를 파지하는 데 많은 주의를 기울이기 때문에 글을 읽고도 정작 그 의미를 파악하지 못하는 경우가 많다. 그렇지만 해독 기술이 향상될수록 의식적인 주의를 기울이지 않더라도 구절 또는 짧은 문장에 대한 음운 정보를 단기기억 속에 유지할 수 있게 되어 글의 의미를 파악하는 데 더 많은 정신 에너지를 투입할 수 있어서 독해의 정확도가 높아진다.

음운 기억을 측정하는 대표적인 방법으로 '비단어 따라 말하기' 검사가 있다. 비단어 따라 말하기 검사에서 피검사자는 검사자가 불러 주는 비단어를 그대로 따라 말한다(Lonigan et al, 2009). 비단어 따라 말하기 검사의 난이도는 비단어의 음절 수를 늘리거나 음절을 구성하는 음소의 수와 복잡도를 높임으로써 다양하게 조정될 수 있다. 단어 따라 말하기는 단기기억 속에 음운 정보를 일시적으로 기억하는 음운 기억 능력보다는 피검사자가 장기기억 속에 형성하고 있는 단어에 대한 음운 정보를 인출하는 능력을 측정하는 과제이므로 음운 기억을 측정하는 데는 사용되지 않는다.

음운 기억을 측정하는 또 다른 방법은 작업기억 과제를 제시하는 것이다. 작업기억이란 단기기억의 일종으로 간섭자극이 존재할 때 이를 무시하고 목표 과제를 정확하게 수행하는 데 요구되는 기억을 가리킨다. 작업기억을 측정하는 가장 일반적인 방법은 지능검사의 소검사 중 하나인 '숫자 거꾸로 말하기'를 실시하는 것이다. 검사자가 불러 주는 숫자열을 들은 후에 이를 듣고 역순으로 말하려면 검사자가 불러 준 숫자열을 단기기억 속에 파지하면서 동시에 이를 역순으로 재구성할 수 있어야 한다.

(3) 연속 빠른 이름대기 검사

연속 빠른 이름대기는 동일한 범주에 속하는 서로 다른 시
각자극이 동시에 제시될 때 최대한 빨리 순차적으로 명명하는
과제로 사용 빈도가 보통 이상인 단어를 인식하는 데 소요되는
시간에 대한 예측력이 높고(Wolf & Bowers, 1999), 텍스트 읽기의
속도 및 텍스트 읽기의 표현력(expressiveness)과 높은 상관관계
를 가진다(Young & Bowers, 1995). 연속 빠른 이름대기 과제 수행
의 속도는 유치원에서 초등학교 2학년 사이의 기간에 가장 급속
하게 향상되기(Torgesen, Wagner, & Rashotte, 1994) 때문에 이 시기
의 난독 아동과 비난독 아동을 변별하는 데 유용하다. 연속 빠른
이름대기 과제에 사용되는 시각자극의 범주는 대개 숫자, 낱자,
글자, 사물, 색 등인데, 자극의 범주에 따라서 읽기 성취와의 상
관관계는 조금씩 다르다. 일례로, 사물 빠른 이름대기에 비해 숫
자와 낱자 빠른 이름대기가 읽기와의 상관관계가 높으며(Wolf,
1984), 숫자와 낱자 중에서도 낱자 빠른 이름대기는 숫자 빠른
이름대기에 비해 읽기 유창성과의 상관관계가 더 높다(DeMann,
2011).

이처럼 빠른 이름대기 과제에 사용하는 자극의 범주에 따
라 읽기와의 상관관계에 차이가 발생하는 것은 사물보다는 숫
자가, 숫자보다는 낱자가 읽기와 보다 더 직접적인 관련이 있기
때문일 것으로 추정해 볼 수 있다. 따라서 난독증을 진단할 경
우에는 그림, 색, 숫자보다는 낱자나 글자 빠른 이름대기 검사를
사용하는 것이 적절해 보이지만, 만일 피검사자가 숫자, 낱자,

글자의 이름을 알지 못하는 경우에는 피검사자에게 익숙한 사물이나 색을 대체 자극으로 사용할 수 있을 것이다.

연속 빠른 이름대기 검사는 사용하는 시각자극의 범주에 상관없이 구성 방식이 동일하다. 일반적으로 동일한 범주에 속하는 서로 다른 시각자극 5개가 하나의 세트로 구성되고, 동일 세트 내에서 자극의 배열 순서는 무작위이다. 검사는 총 10세트로 이루어지기 때문에 피검사자가 명명해야 하는 시각자극의 수는 모두 50개이다(〈표 7-3〉 참조). 물론 세트의 수를 늘려서 빠른 이름대기 과제 속에 포함된 시각자극의 수를 확장할 수도 있다. 연속 빠른 이름대기 검사 시에는 시간제한이 있는데, 명명할 자극이 50개인 경우에는 30초, 100개인 경우에는 60초의 시간이 주어진다.

•••• 표 7-3 ● 글자 연속 빠른 이름대기 검사

가	다	마	다	사	마	다	사	마	가
다	가	라	사	다	사	라	가	다	라
라	라	다	라	마	가	마	라	사	다
마	사	사	마	가	라	라	마	가	마
사	마	가	라	라	다	가	다	라	사

빠른 이름대기 결함 난독 아동은 또래 비난독 아동과 비교하였을 때 자소와 음소의 대응이 규칙적인 단어 또는 비단어 읽기 정확도에서는 차이를 보이지 않지만 연속 빠른 이름대기 과

제 수행 속도나 읽기 속도는 현저히 느리다. 또한 빠른 이름대기 결함 난독 아동은 그들과 비슷한 읽기 성취를 보이는 비난독 읽기부진 아동과 비교하였을 때에도 연속 빠른 이름대기 과제 수행의 속도가 유의하게 느렸다.

빠른 이름대기 결함을 가진 난독 아동에게 명명할 시각자극을 한 번에 모두 보여 주는 대신 한 번에 하나의 자극만을 제시할 경우, 이들이 하나의 시각자극을 명명하는 데 소요하는 시간은 비난독 아동과 차이를 보이지 않는다는 연구결과가 발표되기도 했다(Stanovich, 1985). 가령, 난독 아동과 비난독 아동에게 '가' '다' '라' '마' '사'를 한 번에 하나씩 제시하여 읽게 할 경우 두 집단이 명명 속도에서 유의한 차이를 보이지 않는다는 것이다.

오브레곤(Obregón, 1994)은 난독 아동이 연속 빠른 이름대기 과제 수행을 할 경우 단일 자극 이름대기에 비해 더 많은 시간을 소요하는 이유를 밝히기 위한 연구를 실시하였는데, 그 결과 매우 흥미로운 사실을 발견하였다. 난독 아동은 시각자극을 명명하는 속도가 느린 것이 아니라 하나의 시각자극을 명명한 다음 뒤따르는 시각자극을 명명하기 전까지의 시간, 즉 반응지연 시간이 비난독 아동에 비해 유의하게 길었다. 난독 아동은 한 자극에서 다음 자극으로 주의를 전환하는 데 더 많은 시간을 소요했던 것이다. 물론 난독 아동은 명명할 시각자극을 하나씩 제시할 경우에도 비난독 아동에 비해 명명 속도가 유의하게 느리다는 연구결과(Lorsbach & Gray, 1985)도 있기 때문에 난독 아동이 단일 시각자극과 연속적으로 제시되는 시각자극을 명명하는 속도에 대한 연구는 당분간 난독 분야의 흥미로운 주제로 남아 있을 것이다.

연속 빠른 이름대기와 같이 연속해서 과제를 처리해야 되는 경우 이웃하는 2개의 자극 중 두 번째 자극을 인식하고 구분해 내는 정확성이 감소하는 현상을 주의점멸(attentional blink)이라고 한다. 주의점멸은 주의자원(attentional resources)을 첫 번째 자극에서 두 번째 자극으로 빠르게 이동시키는 능력의 부족으로 인해 발생한다. 한 번에 하나의 시각자극을 명명할 경우에도 다음에 제시되는 시각자극으로 주의를 전환할 필요가 있지만, 이 경우에는 주의전환이 피검사자 본인의 자율에 의해서라기보다는 검사자의 주도로 이루어진다. 그렇지만 명명할 시각자극이 동시에 제시된 상황에서는 피검사자가 주의전환의 자율권을 가지게 되는데 전환 속도가 느리기 때문에 두 번째 제시된 자극을 정확하게 변별하지 못하는 것이다.

(4) 해독 검사

해독이란 문자소를 음소에 대응하여 문자언어가 표상하는 소릿값을 산출해 내는 것을 의미한다. 해독 능력을 측정하기 위해 가장 일반적으로 사용되는 검사는 비단어 읽기이다. 비단어란 실제 단어의 일부를 변형하여 만들어진, 아무런 의미를 갖지 않은 단어를 말한다. 비단어는 피검사자의 심성어휘집 속에 존재하지 않기 때문에 피검사자는 비단어를 구성하는 문자소를 음소에 대응하는 느린 읽기 과정을 거치게 된다. 물론 비단어 읽기 과정에서 문자소와 음소의 대응 관계를 적용하는 느린 읽기 경로만 작동하는 것은 아니다. 비단어를 구성하는 글자가 고빈도 단어 속에 포함된 글자일 경우에는 해당 글자에 대한 소리 정보가 장기기억에서 빠르게 인출되므로 읽기 속도가 빨라진다. 그렇지만 대체로 비단어 읽기를 할 경우에는 단어 읽기를 할 경우와 비교하여 읽기 속도가 떨어지는데, 이는 빠른 읽기경로보다는 자소와 음소의 대응 관계를 적용한 느린 읽기경로가 작동하기 때문이다. 비단어 읽기는 난독인의 음운기반 해독 능력 손상을 확인할 수 있는 가장 확실한 방법이다(Rack, Snowling, & Olson, 1992). 난독 아동은 동일한 단어 읽기 능력을 가진 비난독 아동과 비교하였을 때에도 해독 검사에서 현저하게 낮은 성취를 보인다(Baddeley, Ellis, Miles, & Lewis, 1982; Snowling, 1980).

(5) 읽기 유창성 검사

읽기 유창성이란 빠르고 정확하게, 그리고 알맞게 띄워서 텍스트를 읽는 능력을 의미한다. 일군의 난독인들은 해독에 결함을 보이지 않지만 읽기 유창성에는 반드시 결함을 보인다(Wolf & Bowers, 1999). 읽기 유창성을 측정하기 위해 가장 보편적으로 사용되는 검사는 텍스트 읽기이다. 종종 읽기 유창성을 측정한다는 미명하에 단어 목록을 제시하고 그 속에 포함된 단어를 읽는 속도와 정확도를 관찰하는 경우를 볼 수 있으나 이러한 검사는 읽기 유창성이라는 개념을 전혀 반영하고 있지 않다. 읽기 유창성 검사의 목적은 피검사자가 30초 또는 1분이라는 시간

제한 속에서 제시된 텍스트를 얼마나 빠르고 정확하게 읽는지를 측정하는 것이다. 앞서 5장에서 제시한 '거북의 알 낳기'는 피검사자가 30초 동안 얼마나 빠르고 정확하게 텍스트를 읽을 수 있는지를 측정하기 위한 검사이다.

(6) 철자 검사

난독증은 읽기의 문제뿐만 아니라 철자의 결함도 포함한다. 읽기가 시각적으로 제시된 문자자극을 소리 정보로 변환하는 활동이라면, 철자는 소리 정보를 문자 정보로 변환하는 활동이다. 읽기는 문자를 그것이 표상하는 음소에 대응하는 과정을 거친다는 점에서 음운론적 지식에 기반을 둔다. 그렇지만 철자는 음운론적 지식뿐만 아니라 형태론적 지식과 의미론적 지식도 필요로 한다. 자소와 음소의 대응이 규칙적인 단어를 철자하는 것은 음운론적 지식만으로도 충분하다. 그렇지만 음운변동이 일어나는 단어를 음운론적 지식에 기반하여 철자할 경우에는 오류가 발생하며, 단어를 포함하는 구절이나 문장의 맥락을 파악한 다음 형태론적 지식과 의미론적 지식을 총동원할 때 정확한 철자가 가능하다. 철자 검사를 간단하게 할 수 있는 방법으로 단어 받아쓰기를 고려할 수도 있겠지만, 철자의 정확성은 형태론적 지식과 의미론적 지식에 기반을 두기 때문에 철자 능력을 측정하기에는 구절 쓰기나 문장 쓰기가 더 적절하다.

6. 음운 인식 검사의 한계

난독증 진단 과정에서 금과옥조와 같이 모든 대상에게 예외 없이 실시되는 검사가 바로 음운 인식 검사이다. 난독은 음운 처리의 결함으로 인해 해독과 철자, 단어 인식의 정확성과 유창성에 어려움을 보이는 증상이기 때문에 음운 인식 검사가 모든 대상에게 실시되어야 한다는 데 대해 이견을 제기할 수는 없다. 그럼에도 불구하고 음운 인식 검사가 모든 피검사자에게 공평하게 적용될 수 있는가에 대해서는 한 번쯤 의문을 가져 볼 필요가 있다.

다음과 같은 사례를 가정해 보자. 부모의 이혼과 경제적 어려움으로 인해 유아 때부터 조부모의 손에 자라난 아동이 있다. 조부모는 아동을 유치원에 보내는 것 외에 별도의 교육을 시키지 않았다. 아동이 다니는 유치원에서 한글 교육이 이루어졌지만 아동은 한글을 해득하지 못했고 그 상태로 초등학교에 입학하게 되었다. 초등학교 1학년이 끝나갈 때까지도 아동은 한글을 익히지 못하여 또래에 비해 심각할 정도로 읽기 발달이 지체되었다. 아동의 지적 능력은 평균 범주에 속하였고 일상생활을 하는 데에는 아무런 문제를 보이지 않았다. 만약 이 아동이 난독증 진단에 의뢰되어 음운 인식 검사를 받게 된다면 그 결과는 어떨까? 아동의 읽기부진 정도가 심각하다면 틀림없이 음소 인식 검사를 진행하기가 거의 불가능할 것이며, 결과적으로 난독증으로 진단받게 될 확률이 매우 높다. 이와 같은 사례에서 음운 인

식 검사 결과가 정말로 아동의 난독 증세를 정확하게 반영한다
고 볼 수 있을까? 작위적인 설정 같아 보이지만, 이와 유사한 사
례는 실제 교육현장에서 드물지 않게 볼 수 있다.

음운 인식 검사의 목적은 말소리의 분절적 특성을 인식함
으로써 말소리를 음절과 음소 수준에서 조작할 수 있는지를 측
정하는 것이다. 음운 인식은 문자가 아닌 말소리에 대한 인식을
바탕으로 말소리를 조작하는 능력에 해당하기 때문에 온전히 청
각적인 활동이라고 생각하기 쉽다. 그리하여 피검사자가 문자
교육을 전혀 받지 못한 경우일지라도 음운 인식 검사를 통해 그
의 음운 인식 능력을 파악할 수 있다고 간주한다. 그런데 정말로
음운 인식이 문자 교육 여부와는 별개로 발달할 수 있을까?

모레이스 등(Morais, Cary, Alegria, & Bertelson, 1979)은 읽기 교
육이 음운 인식에 미치는 영향을 분석하기 위하여 포르투갈 성
인 문해자와 문맹자에게 음운 첨가 검사와 음운 삭제 검사를 실
시하였다. 연구에 참여한 30명의 문맹자 중 20명은 문해 관련 수
업을 전혀 받은 적이 없었고, 4명은 자녀들로부터 알파벳 이름
을 배웠으며, 6명은 아동기 때 최소 1개월에서 최대 6개월 동안
학교에 다닌 적이 있다. 그리고 문해자 30명 전원은 15세가 되기
전까지 문맹 상태였으나, 15세가 되고 난 이후에 정부에서 실시
하는 읽기학습반에 참여하여 읽기를 배운 사람들이다.

음운 첨가 검사에서는 두 가지 유형의 과제가 제시되었다.
첫 번째 유형의 과제에서 검사자는 하나의 자음을 들려준 다음
잠시 쉬었다가 단어를 하나 발음해 주는데, 피검사자는 검사자

가 들려준 자음을 단어 앞에 결합하여 발음해야 한다. 두 번째 유형의 과제에서 검사자는 하나의 자음을 들려준 다음 비단어를 발음해 주며, 피검사자는 해당 자음을 비단어 앞에 첨가하여 발음해야 한다. 검사자가 단어를 들려준 경우에 문맹자는 46%, 문해자는 91%의 정반응을 보였으며, 비단어를 들려준 경우에 문맹자는 19%, 문해자는 71%의 정반응을 보였다.

음운 삭제 검사에서도 두 가지 유형의 과제가 제시되었다. 첫 번째 유형의 과제에서 검사자가 단어를 발음해 주면, 피검사자는 해당 단어의 첫 번째 자음을 제거한 다음 발음해야 한다. 두 번째 유형의 과제에서 검사자가 비단어를 발음해 주면, 피검사자는 비단어의 첫 번째 자음을 제거한 다음 발음해야 한다. 검사자가 단어를 발음한 경우에 문맹자는 26%, 문해자는 87%의 정반응을 보였고, 비단어를 발음한 경우에 문맹자는 19%, 문해자는 73%의 정반응을 보였다.

문맹자는 음운 첨가와 음운 삭제 모두에서 문해자에 비해 두드러지게 낮은 성취를 보였으며, 특히 비단어에 대한 음운 인식에서 문해자와의 격차가 더욱 컸다. 모레이스 등(1979)은 이 연구를 통해 말의 음성학적 단위를 명시적으로 처리하는 능력은 자연스럽게 형성되는 것이 아니라 읽기를 배움으로써 습득하는 능력이라는 점을 강조하였다. 그들은 단순히 말의 음성학적 구조를 인식하는 것이 아닌, 말의 음성학적 구조에 대응하는 문자를 학습하는 것이 읽기와 쓰기를 배우기 위한 선행조건이라는 점에 주목하였다.

음운 인식이 문자 교육에 선행하기보다는 둘 사이에는 상보적인 관계가 있음을 보여 주는 또 다른 연구는 만과 윔머 (Mann & Wimmer, 2002)에 의해 이루어졌다. 이들은 학교 교육을 받기 전에 자모원리(alphabetic principle)를 이미 배운 미국 유치원생들과 문자와 자모원리를 배우지 않은 독일 유치원생들의 음소 인식을 비교하였는데, 미국 유치원생들은 독일 유치원생들에 비해 음소 인식 검사에서 높은 성취를 보였다. 여기서 자모원리란 문자소인 알파벳이 그것이 표상하는 음소와 대응관계를 맺는 것을 의미한다. 한글의 경우, 자모원리는 자음자와 모음자가 독특한 시각적 형태를 취하고 각각은 그에 대응하는 소릿값을 갖는다는 것을 의미한다.

아동이 자모원리를 학습하도록 지원하는 것은 이들에게 문해력 습득을 위한 핵심적인 도구를 제공하는 것이라는 데 이견이 없다. 자음자와 모음자의 시각적 형태와 그것이 표상하는 소리에 대한 지식이 증가할수록 말소리를 구성하는 음소에 대해 주의를 기울이게 되고 음소에 대한 주의를 기울임으로써 음소를 시각적으로 형상화한 문자소에 대한 기억이 공고해진다. 자모원리에 대한 이해 없이 음절과 음소에 대한 표상을 형성하는 것이 불가능하지는 않을지라도 매우 어려운 것은 사실이다.

표의문자인 중국어에서 하나의 한자는 한 음절 이상의 말소리에 대응하기 때문에 음소가 명시적으로 드러나지 않는다. 한자 병음은 중국어 음소를 로마자로 표기함으로써 음소에 대응되는 문자소를 시각화한 것이다. 병음을 학습한 적이 없고 전통적인 한자만 읽는 중국 성인들은 병음을 배운 중국 성인 독자에 비해 음소 인식에서 더 낮은 수행을 보였다(Read, Zhang, Nie, & Ding, 1986).

자모원리를 이해하게 되면 말소리를 분절적 단위로 인식하는 능력이 향상된다. 문해자들은 비단어를 듣게 될 때 비단어를 구성하는 음소를 문자소로 전환하여 시각적으로 기억할 수 있기 때문에 음소를 첨가하거나 삭제하는 과제를 수행할 때 음소라는 추상적인 존재를 문자소라는 구체적인 대상으로 변환함으로써 조작할 수 있다. 그에 비해 문맹자들은 비단어를 듣고 특정 음소를 첨가하거나 삭제해야 하는 과제에서 말소리에 조응하는 시각적 형태를 기억으로 형성할 수 없기 때문에 음소 조작에 어려움을 보인다. 이는 마치 한국인이 새로운 영어 단어를 듣고 따라 말하거나 그것의 음소를 조작하는 과제를 수행할 때 영어를 모국어로 사용하는 사람들에 비해 과제 수행의 정확도나 속도가 떨어지는 것과 비슷하다.

음운 인식 검사는 난독증을 진단하기 위한 핵심 도구임에 분명하다. 하지만 음운 인식 검사는 자모원리를 이미 학습한 대상에게 적용되어야 검사 본연의 목적에 맞게 활용될 수 있다. 만일 피검사자의 문자 습득 여부를 확인하지 않고 모든 대상에게 음운 인식 검사를 실시하게 된다면 피검사자의 음운처리 능력과는 별개로 난독증으로 오진받는 사례가 급증할 것이다.

7. 난독증에 대한 잘못된 인식

교사들이 난독증에 대해 갖는 선험적인 인식 중 하나는 난독증 치료가 의학적인 영역에 속하는 것으로 교사의 지도 한계를 넘어선다는 것이다. 난독이 근본적으로 신경생리학적 요인에 기초하기 때문에 이러한 교사들의 인식이 비합리적인 것은 아니다. 그렇지만 난독이 신경생리학적 문제라는 사실이 난독증 치료 또한 신경생리학적으로 이루어져야 한다는 결론으로 이어지지는 않는다. 난독증 연구의 역사에서 살펴보았듯이, 난독증 치료는 의학적이기보다는 교육학과 심리학적인 기반 위에서 이루어져 오고 있다. 의사들은 신경생리학적인 이해에 있어서는 분명 교사들보다 우위에 있으나, 교사들은 교수-학습에 대한 교육학적 안목이나 심리학적 이해 그리고 교수-학습의 실제에 관하여 의사들이 갖지 못한 전문성을 가지고 있다. 교사들이 난독증을 경원시하게 된 이면에는 어쩌면 난독을 불가해한 실체로 단정 짓고 애써 자신의 역량을 축소해 버리려는 방어 본능이 작동하고 있을지도 모른다. 이 절에서는 난독에 대해 교사들이 갖고 있는 대표적인 오해들을 살펴본다.

1) 난독은 시각적 결함 때문이다

읽기는 문자라는 시각자극을 처리하는 활동을 포함하기 때문에 난독인은 시각 및 시지각적 결함을 가지고 있을 것이라는 가설은 오랫동안 정설처럼 받아들여져 왔다. 그러나 이러한 가설은 시각처리의 결함이 난독증의 핵심적인 특징이 될 수 없다는 사실이 속속 밝혀지면서 1960년대 이후 맹렬한 비판을 받아왔다(Allington, 1982). 시각적 결함과 난독의 관련성을 파악하기 위한 연구는 대세포 시각계의 기능, 시각자극의 순서 판단하기(visual temporal order judgement), 시각기억에서 난독인과 비난독인의 수행을 비교하는 것에 집중되었는데, 결론부터 말하자면 난독인들 중에서 시각적 결함을 보이는 경우도 있지만 그 비율이 낮기 때문에 시각적 결함을 난독증의 핵심적인 특징으로 볼 수는 없다(Georgiou, Papadopoulos, Zaround, & Parrila, 2012; Gibson, Hogben, & Fletcher, 2006; Rasmus, 2003).

대세포 시각계의 경로는 망막에서 시작되어 시상의 외측슬상핵(lateral geniculate nucleus)을 거쳐 시각피질로 이어진다. 대세포 경로는 사물의 전체적인 윤곽이나 움직임을 감지하는 것에 관여하는데, 이 경로에 기능 이상을 보이는 난독인들에 대한 경험적 증거들이 보고되기도 했다(Lovegrove, Martin, & Slaghuis, 1986; Martin & Lovegrove, 1984). 그러나 전체 난독인 중에서 대세포 경로 결함을 보이는 난독인의 비율은 높지 않았으며(Rasmus, 2003), 여러 연구자로부터 대세포 경로의 결함이 일관되게 지지받는 것도 아니다.

시각자극의 순서 판단하기에서 난독 집단과 비난독 집단의 수행 정도를 확인하기 위한 실험연구에서는 2개의 시각자극을 연속적으로 빠르게 제시한 다음 두 자극이 제시된 순서를 구별하는 과제 수행의 정확도를 비교한다. 짧은 시간차를 두고 제시된 2개의 시각자극을 구분하는 검사의 절차를 좀 더 구체적으로 설명하자면 다음과 같다. 피험자가 짙은 회색을 띤 컴퓨터 모니터를 쳐다보고 있으면 모니터의 정중앙에 흰색 십자가가 0.5초 동안 나타났다 사라진다. 다음으로 흰색 십자가가 나타났던 곳에서 왼쪽 또는 오른쪽에 무작위로 흰색 원이 0.083초 동안 나타났다 사라진다. 첫 번째 원이 사라진 후 두 번째 원이 나타날 때까지의 시간은 0.03초, 0.055초, 0.075초, 0.1초, 0.15초, 0.2초로 조금씩 길어지며, 두 번째 원은 첫 번째 원이 나타났던 곳과는 반대 방향에서 나타난다. 피험자는 왼쪽에 원이 나타날 때와 오른쪽에 원이 나타날 때에 서로 다른 버튼을 눌러서 반응하는데, 이때 피험자의 반응시간과 정확도는 컴퓨터에 의해 자동으로 측정된다. 연속적으로 제시되는 2개의 시각자극의 방향을 구분하는 실험에서 난독 아동은 또래 비난독 아동 그리고 동일한 읽기 능력을 가진 더 어린 비난독 아동과 집단과 비교하였을 때 반응시간과 정확도에서 차이를 보이지 않았다(Georgiou, Papadopoulos, Zarouna, & Parrila, 2012).

시각기억에 대한 난독 집단과 비난독 집단의 수행 정확도 연구를 통해서도 두 집단은 시각기억에서 차이가 없다는 사실이 밝혀졌다. 'b' 'd' 'was' 'saw'와 같이 시각적으로 유사한 낱자나 단어에 대한 기억력을 비교하였을 때 난독 집단은 비난독 집단과 아무런 차이를 보이지 않았다(Vellutino, Fletcher, Snowling, & Scanlon, 2004).

2) 난독증은 시지각 결함 때문이다

시각과 시지각을 명확하게 구분 짓는 것은 어렵지만 둘을 대강 구분하자면, 시각은 외부의 시각자극을 감지(感知)하는 것이고 시지각은 시각자극을 인식(認識)하는 것이다. 시각은 시각자극의 존재를 감지하는 수준이라면 시지각은 시각자극을 해석하여 정보로 처리하는 보다 적극적인 활동이다. 감각은 인지활동의 출발점이긴 하지만 모든 감각자극이 사고활동을 유발하는 것은 아니며 감각자극 중 극히 일부만 지각된다.

눈을 통해 유입된 시각자극은 시신경을 거쳐 대뇌의 후두엽으로 전달된 다음 후두엽의 시각피질에서 처리된다. 그런데 시각자극이 정상적으로 입력되었더라도 이를 처리하여 시각 정보로 변환하는 과정에서 이상이 생기면 시각자극을 정확하게 인식할 수 없게 된다. 난독증의 근본 원인을 시지각 결함 때문이라고 생각하게 된 데에는 난독증을 '단어맹'이라고 불렀던 초기 난독증 연구자들의 영향이 크게 작용하였다. 시각 기능에 이상이 없음에도 불구하고 유독 단어만 읽지 못하는 현상인 단어맹은 시지각 이상의 일종이다. 단어맹은 질병과 같은 후천적 요인에 의해 읽기와 관련된 뇌의 특정 영역이 손상됨으로써 발생한 것이며, 난독의 일반적인 형태는 아니다. 그런데 시지각 이상으로 인한 단어맹이 난독증을 가리키는 대표적인 용어로 자리매김하면서 난독은 시지각 결함 때문이라는 오개념이 굳어지게 되었다.

　　난독증은 시각반전 때문에 발생하며 이러한 시각반전은 시지각 이상의 일종이라는 인식이 널리 퍼지는 데 결정적으로 기여한 사람이 바로 오튼이다. 앞서 언급했듯이, 오튼은 당시 난독증을 가리키기 위해 보편적으로 사용되던 '단어맹'이라는 표현 대신에 '거울상 시각장애'라는 용어를 사용하였다. 그가 난독증을 거울상 시각장애로 지칭한 것에서 알 수 있듯이, 그는 난독인들이 문자를 거울상으로 지각한다고 여겼다. 문자나 숫자와 같은 상징을 거울상으로 지각하는 현상은 8세 이전에 드물지 않게 나타나는데, 특히 서로 거울상을 띤 영어 알파벳 'b, d' 'p, q', 숫자 '2, 5', 한글 모음자 'ㅏ, ㅓ' 'ㅑ, ㅕ'와 같은 문자들 간에 더욱 빈번히 발생한다. 초등학교 입학 전이나 초등학교 저학년 시기의 아동이 한글 자음자 ㄹ을 'ㅌ(ㄹ의 거울상)'로 쓰거나 숫자 2와 5를 혼동하는 모습을 관찰한 학부모나 교사들이 해당 아동이 난독 증상을 보이는 건 아닐까라는 의구심을 가지는 것은 오튼의 가설을 여전히 사실로 믿고 있는 현실의 단편이다.

　　거울상으로 보이는 문자쌍을 혼동하는 것이 시지각의 문제가 아니라는 것을 확인하는 실험은 매우 간단하다. 시각반전 특성을 보이는 아동에게 'b, d' 'p, q'와 같은 거울상 문자쌍을 보여주고 낱자들을 종이에 써 보라고 하는 것이다. 이 실험의 피험자들은 거울상 문자쌍들을 보고 쓰는 데 아무런 문제가 없었지만 이들이 종이에 직접 쓴 문자의 이름을 물어보자 문자의 이름을 일관성 있게 말하지 못하였다(Wolf, 2015). 이를 통해 거울상으로 보이는 문자를 혼동하는 것은 시지각의 문제가 아니라 문자의 이름을 정확하게 기억하지 못해서 나타난다는 사실을 확인할 수 있었다. 대부분의 아동은 발달 과정에서 글자의 좌우를 혼동하여 쓰는 경우가 있으며, 문자와 그것의 이름 또는 발음을 정확하게 익힌 다음부터는 이러한 현상이 사라지는데 대략 만 8세가 거울상 문자쌍들에 대한 혼동이 사라지는 시점에 해당한다(Dehaene, 2017; Wolf, 2015).

사물의 좌우를 구분하지 않고 둘을 같은 형태로 인식하는 현상을 대칭 일반화(symmetry generalization)라고 일컫는다. 사람의 얼굴은 정확한 좌우대칭은 아니지만 우리는 얼굴이 좌우 동일하다고 인식하며, 얼굴의 반만 보여 줄 경우에도 이 반을 바탕으로 나머지 반의 모습을 상상함으로써 누구의 얼굴인지 인식할 수 있다. 이전에 학습했던 형태와 대칭인 형태에 대해서도 동일하게 반응하는 것은 뇌가 주변 환경을 능동적으로 일반화하기 때문에 나타나는 현상이다. 이처럼 사물의 좌우를 동일한 대상으로 인식하는 것은 일상생활에 도움이 되지만 읽기를 학습하는 데에는 오히려 장해가 되는데, 가령 거울상으로 보이는 문자들을 동일한 자극으로 인식할 경우 읽기에 혼동이 발생한다.

인간의 뇌는 이전에 보았던 이미지를 처음 보는 이미지보다 더 빨리 인식한다. 이러한 현상을 지각점화(perceptual priming)라고 한다. 그런데 지각점화 효과는 이미 보았던 이미지와 동일한 이미지뿐만 아니라 대칭 이미지에 대해서도 나타난다(Biederman & Cooper, 1991). 대칭 이미지의 일종인 거울 반전을 원래 이미지와 동일한 자극으로 인식하는 것은 인간의 뇌가 세상을 지각하는 방식이지 시지각 이상으로 인해 발생하는 것은 아니다. 인간의 시각체계는 여러 가지 방향에서 본 시각적 자극을 하나로 묶어서 큰 범주에서 동일한 것으로 인식하는 특성을 보인다. 거울반전은 난독증 아동에게만 나타나는 현상은 아니며 대부분의 아동에게 나타나는 일반적인 현상이다(Dehaene, 2017).

3) 난독증 치료에 눈 추적운동이 효과적이다

눈 추적(eye tracking)이란 움직이는 목표물을 눈으로 좇는 것과 한 목표물에서 다른 목표물로 시선을 전환하는 것을 의미한다. 눈 추적운동은 읽기에 필요한 눈의 움직임을 훈련시킴으로써 느리게 읽거나, 읽기 유창성이 부족하거나, 단어나 줄을 건너뛰면서 읽는 문제를 개선하는 데 목적이 있다. 움직이는 목표물을 눈으로 추적할 경우 머리는 고정하고 눈만 움직여 물체를 추적하는데, 물체가 움직이는 속도를 변화시키거나 눈과 물체 사이의 거리를 변화시킴으로써 훈련의 강도를 조절한다. 초기에는 움직이는 물체 전체에 초점을 맞추게 하지만 익숙해지면 물체의 한 부분에 문자나 숫자를 붙여서 아동이 특정한 문자나 숫자만 응시하게 한다.

눈의 응시점을 전환하는 것도 눈 추적운동의 핵심적인 활동이다. 읽기는 움직이는 물체를 눈으로 추적하는 활동보다는 지면에 고정된 문자열을 보고 눈의 응시점을 이동시키는 것과 더 근접한 활동이다. 눈의 응시점 전환 훈련의 일반적인 형태는

여러 개의 알파벳 낱자가 무작위로 나열된 문자열에서 특정 낱
자들의 이름을 말하는 활동이다. 처음에는 각 문자열의 첫 번째
와 마지막 낱자의 이름을 말하고, 그 다음으로 각 문자열의 두
번째 낱자와 끝에서 두 번째 낱자의 이름을 말하며, 문자열의 제
일 가운데에 위치한 낱자(들)의 이름을 말하면 하나의 과제가 완
성된다. 이 과제를 수행할 때 머리는 고정시키고 눈만 움직여야
한다. 낱자 이름 말하기가 정상적으로 이루어지면 다음 단계로
눈과 손의 협응 훈련을 실시한다. 각 문자열의 왼쪽에 위치한 낱
자들의 이름을 말할 때에는 오른손으로 낱자를 가리키고, 반대
로 문자열의 오른쪽에 위치한 낱자들의 이름을 말할 때에는 왼
손으로 낱자를 가리킨다.

　　눈 추적운동은 주의집중의 세 가지 요소인 선택적 주의, 지
속적 주의, 주의의 전환 중에서 선택적 주의 및 주의의 전환을
향상시키려는 데 목적을 두고 있다. 주의력 향상을 목적으로 하
는 눈 추적운동을 난독증 치료에 도입하게 된 것은 난독증과 주
의력이 모종의 관련을 맺고 있다는 근거가 있기 때문이다. 난독
집단은 단일 자극 이름대기를 할 경우에는 비난독 집단과 차이
를 보이지 않으나 연속적으로 이름대기를 할 경우에는 과제 수
행 속도가 떨어지는데, 그 이유는 난독 집단이 주의를 전환하는
데 더 많은 시간을 소요하기 때문이다(Valdois, Bosse, & Tainturier,
2004; Visser, Boden, & Giaschi, 2004). 난독인들에게 눈 추적운동을
실시함으로써 이들의 선택적 주의력과 주의 전환 속도가 향상
된다면 읽기 속도에서도 가시적인 변화가 나타날 것이라고 기

대하는 것은 나름 일리가 있다. 그렇지만 눈 추적운동의 효과가 읽기 학습으로 전이된다는 연구결과가 아직까지 밝혀지지 않았다는 점에서 난독증을 치료하기 위한 방편으로 눈 추적운동을 실시하는 것은 무익하다고 결론지을 수 있다(Washburn, Binks-Cantrell, & Joshi, 2013).

4) 난독증은 컬러 렌즈를 끼거나 색 오버레이를 사용하여 해결할 수 있다

얼렌(Irlen)은 미국에서 학교상담가로 근무하면서 지능이 낮지도 않고, 개인별 맞춤형 교육을 포함한 양질의 교육도 받았으며, 본인의 노력도 부족하지 않았지만 학업에 진전이 없는 학생들의 사례를 관찰할 수 있었다. 그후 얼렌은 1980년대부터 발음이 정확하고, 정상적인 해독 기술과 어휘력을 갖추고 있으나 읽기에 극심한 어려움을 호소하는 일군의 성인 학습장애인들을 연구하게 되었다. 이들은 읽는 데 시간이 많이 걸렸고, 오랜 시간 읽기를 해야 하는 상황에서 심각한 어려움을 보였으며, 읽기를 매우 싫어하는 공통점을 지니고 있었다. 얼렌은 심층면접을 통해 이들이 책장에 적힌 글자와 배경을 일반인과 다르게 인식한다는 사실을 발견하게 되었다. 가령, 글자가 물이 흘러가는 것처럼 보이는가 하면, 책 읽기를 시작하였을 때는 글자와 배경이 구분되어 보이지만 시간이 지나자 글자의 배경이 흐릿해지면서 글자가 사라진다는 것이다. 얼렌은 유사한 증상을 보이는 사람들을 대상으로 면담과 실험을 실시한 결과, 이들의 문제가 빛의 파장을 일반적인 형태로 처리할 수 없는 시지각 결함에 기인한다는 사실을 발견하게 되었으며, 이러한 증상을 얼렌증후군이라 명명하였다(Irlen, 2008).

얼렌은 얼렌증후군을 보이는 이들이 책을 읽을 때 책장 위에 우연히 색 오버레이(colored overlay)[10]를 올려놓게 되었는데, 이를 통해 놀라운 발견을 하였다. 책을 읽을 때 책장 위의 글자가 흔들리거나 글자의 배경이 흐릿해지는 문제를 호소하였던 이들이 하나같이 그러한 문제가 사라졌다고 보고하였던 것이다. 얼렌은 색상을 바꾸어 가며 오버레이를 사용한 결과 얼렌증후군을 가진 이들마다 최적의 색상이 있다는 사실도 확인하게 되었다. 그후 얼렌은 색 오버레이로 책장 전체를 덮는 번거로움을 해결하는 방법으로 컬러 렌즈를 개발하였다.

그러나 얼렌증후군을 가진 이들은 시각자극 처리의 어려움으로 인해 해독을 잘하지 못하는 것일 뿐이며, 음운처리의 결함 때문에 해독에 문제를 보이는 것은 아니다. 엄밀히 말해서, 얼렌증후군은 난독증으로 규정하기 어렵다. 물론 난독인들 중에서 얼렌증후군을 가진 이들이 있긴 하지만 극히 드물다. 시각적인 문제를 교정하기 위해 사용되는 컬러 렌즈나 색 오버레이는 음운처리의 결함을 해결하기 위한 대책이 될 수 없다.

---

10 색이 입혀진 투명한 필름을 말한다.

5) 난독증은 청각처리의 결함 때문이다

난독증의 핵심 증상인 음운처리 결함은 말소리를 음절 또는 음소와 같은 분절적 단위로 인식하여 처리하는 데 어려움을 보이는 것이므로 난독은 청각처리의 이상 때문이라는 가설을 세우는 것은 나름 타당해 보인다. 검증하기 위한 실험들에는 공통적으로 서로 다른 2개의 청각자극을 변별하는 과제가 사용된다. 2개의 청각자극이 아주 짧은 간극을 두고 제시될 때 두 자극을 구분해야 하는 과제 수행에서 난독 집단과 비난독 집단을 비교하였을 때 난독 집단이 비난독 집단에 비해 유의하게 낮은 성취를 보일 경우 난독 집단의 음운처리 결함은 청각처리의 이상에 귀인한다고 결론지을 수 있다. 그런데 난독인들의 청각처리 과제 수행에 대한 연구를 통해 밝혀진 사실들은 대체로 난독증이 청각처리 이상 때문이라는 가설을 지지하지 않는다(Georgiou et al., 2012; Rosen, 2003; Valdois et al., 2004).

난독 아동이 청각처리에 문제를 보이는 경우도 있기는 하지만 청각처리에 문제가 없으면서도 음운처리에 결함을 보이는 아동이 있고 비난독 아동 중에서도 청각처리에 문제를 보이는 아동이 있다(Georgiou et al., 2012; Rosen, 2003). 따라서 청각자극을 처리하는 기제에 이상이 생겼기 때문에 음운처리의 결함이 발생한다고 결론짓는 것은 부적절하다. 난독증의 경우에는 일반적인 소리의 인식에 문제를 보이는 것이 아니라 사람의 말소리를 인식하는 데 어려움을 보인다(Valdois et al., 2004).

8. 난독 아동 지도의 원리

읽기를 구성하는 세 가지 핵심 요소인 해독, 읽기 유창성, 독해 중에서 난독 아동은 해독과 읽기 유창성에서 두드러진 결함을 보인다. 물론 해독과 읽기 유창성의 결함으로 인해 이차적으로 독해에서도 낮은 성취를 보이지만, 난독 아동 지도의 초점은 주로 해독과 읽기 유창성 향상에 맞추어져 있다.

1) 해독 능력 향상을 위한 접근

난독 아동이 해독에 어려움을 보이는 근본적인 원인은 말소리의 분절적 특성에 대한 인식의 부족으로 인해 말소리와 그것을 시각적으로 형상화한 문자소의 대응 관계를 익히는 데 어려움을 겪기 때문이다. 따라서 음운 인식 향상은 난독 아동 지도의 핵심적인 목표 중의 하나이다. 난독 아동의 음운 인식을 향상시키는 데 사용되는 대표적인 읽기 중재는 린다무드와 린다무드(Lindamood & Lindamood, 1998)가 개발한 음소 인식 프로그램(Phoneme Sequencing Program)이다. 이 프로그램이 지닌 가장 두드러진 특징은 음소를 산출할 때의 입 모양 그림을 보여 주고 난독 아동에게 똑같은 입 모양을 흉내 내어 해당 음소를 발음하게 함으로써 시각적·운동감각적·청각적 활동을 통해 음소를 인식하도록 지도한다는 점이다. 특히 음소라는 추상적인 개념을 입 모양 그림을 통해 구체화하고 음소에 따른 입 모양의 차이를 눈으

로 확인하고 발음하게 함으로써 음소에 따른 시각적·운동감각
적·청각적 차이를 파악할 수 있게 했다는 점에서 다른 음운 인
식 프로그램과 차별화된다.

　린다무드와 린다무드의 음소 인식 프로그램을 통해 음운
인식을 지도하는 초기 단계에서는 문자를 전혀 사용하지 않으
며 오직 입 모양 그림만을 활용한다. 가르친 음소의 개수가 축적
되면 각각의 음소를 나타내는 입 모양 그림을 여러 개 조합한 후
각각의 조합이 표상하는 음절을 발음할 수 있도록 연습시킨다.
다음 단계에서는 입 모양 그림이 아닌 색깔 블록을 사용하여 음
절의 발음을 산출할 수 있도록 지도한다. 입 모양 그림은 음소의
발음에 대한 매우 구체적인 단서임에 비해 색깔 블록은 음소에
대한 정보를 거의 제공하지 않으며 다만 색의 구분을 통해 음소
가 다르다는 것만 시사한다. 가령, 음절 /it/의 음소 /i/와 /t/를 색
깔 블록을 사용하여 지도하는 경우라면 노란색 블록과 초록색
블록을 붙여 놓은 다음 손가락으로 블록을 하나씩 가리키며 각
각의 음소 /i/와 /t/를 천천히 발음한다. 이때 노란색 블록은 /i/
를, 초록색 블록은 /t/를 가리킨다. 그런 다음 음소 /f/를 가르치
기 위해 노란색 블록과 빨간색 블록을 붙여 놓은 다음 각각의 블
록을 손가락으로 가리키며 천천히 /i/와 /f/를 발음한다. 이러한
방식으로 몇 개의 음소를 학습하고, 아동은 색깔 블록을 사용하
여 교사가 불러 주는 음절을 조합하거나 교사가 조합해 준 블록
의 순서대로 음절을 발음하는 연습을 하게 된다.

　이 음소 인식 프로그램에서 음운 지도의 최종 단계에서는

입 모양과 색깔 블록을 알파벳 낱자로 대체함으로써 음소와 문자소의 대응 관계를 가르친다. 이 프로그램을 한글교육에 응용한 것이 바로 정재석과 이춘화(2014)가 개발한 '읽기 자신감'이다. '읽기 자신감'은 난독 아동에게 음운 인식을 포함한 자소–음소 대응 관계 지도에 유용한 프로그램인데, 최근 난독이 아닌 일반적인 읽기부진 아동에게 한글 교육을 실시하는 데에도 많이 활용되고 있다.

　　린다무드와 린다무드의 음소 인식 프로그램이 음소 인식을 지도하는 것에서 그치지 않고 문자를 도입하여 음소와 문자소의 대응 관계를 지도하는 것은 음소 인식만으로는 단어 인식 능력이 길러지지 않기 때문이다. 단어를 인식하려면 단어를 구성하는 글자, 글자를 구성하는 문자소들이 표상하는 음절과 음소를 산출해 낼 수 있어야 한다. 문자소와 음소의 대응 관계를 통해 새로운 글자나 단어를 읽어 낼 수 있도록 지도하는 것을 파닉스 교수(phonics instruction)라고 칭한다. 문자소와 음소의 대응 관계를 적용하여 단어의 발음을 산출하려면 자모음자의 이름과 형태, 소리를 반드시 익혀야 한다. 대표적인 파닉스 교수로는 '분석 파닉스 교수' '합성 파닉스 교수' '유추 파닉스 교수'가 있다.

　　분석 파닉스 교수는 아동이 알고 있는 단어 속에 포함되어 있는 자모음자와 그것이 표상하는 음소의 관계를 분석하도록 지도하는 방법이다. 아동의 심성어휘집 속에 시각적 형태와 말소리가 저장되어 있는 단어를 기반으로 교수가 진행되기 때문에 이미 상당히 많은 단어를 알고 있는 아동일수록 지도하기가 쉽다. 분석 파닉스 교수에서 자모음자의 형태와 말소리는 가르치지만 각 낱자의 이름은 가르치지 않는다. 또한 한 낱자의 소리를 단독으로 가르치지 않고 글자 또는 단어 속에 포함된 낱자의 소리를 강조하여 발음해 줌으로써 아동이 해당 낱자와 그것의 말소리에 주의를 기울이도록 한다. 가령, 음소 /ㄱ/를 가르칠 때 '가'를 /ㄱ – ㅏ/와 같이 발음해 줌으로써 /ㄱ/의 소리를 강조하면 아동은 /ㄱ/의 소리에 주의를 기울이게 된다. 초성의 소리를 지도한 다음에는 중성을 동일한 방식으로 지도하며, 종성은 제일 마지막에 가르쳐야 한다.

　　합성 파닉스 교수는 글자나 단어라는 맥락 속에서 자모음자의 소리를 가르치지 않고 개별 낱자를 소개하며 그것의 소리를 명시적으로 가르치는 교수방법이다. 분석 파닉스 교수에서와 달리 낱자의 이름도 명시적으로 가르친다. 개별 낱자의 이름, 형태, 소리를 모두 가르친 다음 아동이 학습한 낱자의 수가 축적되면 각 낱자들을 다양한 형태로 조합하여 말소리를 산출하는 연습을 시킨다. 합성 파닉스 교수를 실시하려면 우선 아동이 낱자의 이름과 형태를 정확하게 매칭할 수 있어야 한다. 자모음자 이름과 형태를 정확하게 매칭할 수 있으면, 다음 단계로 낱자의 말소리와 획순에 따라 낱자를 쓰는 방법도 명시적으로 가르친다. 아동이 최소 4개의 자모음을 익힌 다음부터 '초성자＋중성자' 형태의 글자를 합성하는 방법을 가르치기 시작하며, 최종적으로는 '초성자＋중성자＋종성자' 형태의 글자를 합성하는 방법을 가르친다.

유추 파닉스 교수는 새로운 단어가 출현할 때 단어를 구성하는 각각의 글자를 포함하고 있는 익숙한 단어들을 통하여 그 단어의 발음을 산출해 낼 수 있도록 지도하는 방법이다. 가령, '가위'라는 새로운 단어가 등장할 때 익숙한 글자인 '가방' '바위'에서 각각 '가'와 '위'의 말소리를 결합하여 /가위/로 발음하는 것이다. 또 다른 형태의 유추 파닉스 교수는 익숙한 글자를 사용하여 새로운 글자의 발음을 유추하도록 지도하는 것이다. 가령, '감'이라는 새로운 글자를 '가'와 'ㅁ'으로 분해한 다음 익숙한 글자에 해당하는 '가'의 소리 /가/에 또 다른 익숙한 단어 '곰'의 종성 /ㅁ/을 합성하여 /가ㅁ/이라고 읽는 것이 한 예가 될 수 있다.

2) 읽기 유창성 지도

유창한 읽기가 가능하려면 단어 인식의 정확도를 넘어 단어 인식의 속도가 향상되어야 한다. 개별 자소들과 그것이 표상하는 음소를 하나하나 대응하는 과정을 통해 단어 인식의 정확도가 향상되면, 단일 낱자 단위를 뛰어넘어 낱자들의 패턴을 빠르게 인식할 수 있어야 한다. 한글의 글자는 초성자와 중성자의 결합으로 구성된 민글자와 초성자, 중성자, 종성자의 결합으로 이루어진 받친글자로 구분되는데, 초기 문해력 형성기에는 민글자 읽기의 정확도가 받친글자 읽기의 정확도보다 높다(정종성, 2019). 이처럼 민글자 읽기의 정확도가 받친글자 읽기의 정확도에 비해 높다는 사실은 '초성＋중성＋종성'의 구조로 이루어진 음절에서 초성과 중성 간 결합의 강도가 높다는 것과도 연관이 있다. 한글의 음절에서는 '초성＋중성'의 결합 강도가 높은 데 비해, '초두자음(onset)＋라임(rime)'의 구조로 이루어진 영어 음절에서는 라임의 구성 요소인 핵(모음)과 말미자음 간 결합 강도가 높다.[11]

　　한글 단어 인식의 속도가 빨라지려면 글자 읽기의 속도가 향상되어야 하는데, 우선 민글자 읽기가 자동화되고 그 다음으로 받친글자 읽기가 자동화되어야 한다. 민글자와 받친글자 읽기가 자동화되려면 필연적으로 반복학습의 과정을 거쳐야만 한다. 그런데 반복학습은 자칫 기계적인 반복 활동으로 전락하여 아동으로 하여금 한글 학습을 매우 지겨운 것으로 인식하도록 만들 가능성을 내포하고 있다는 점에 유의해야 한다.

　　기계적 반복학습의 부작용을 없애고 민글자와 받친글자 읽기의 정확도와 속도를 높이면서 학습에 대한 흥미까지 이끌어 낼 수 있는 방법 중의 하나는 게임의 요소를 도입하는 것이다. 울프, 밀러와 도넬리(Wolf, Miller, & Donnelly, 1999)는 난독 아동의 단어 읽기 유창성을 향상시켜 주기 위해 '철자 패턴 주사위' 게임을 도입하였는데, 그 결과는 매우 긍정적이었다. 한글 민글자 읽기에 주사위 게임을 도입할 경우에는 한 주사위의 각 면에는 초성자를, 또 다른 주사위의 각 면에는 중성자를 붙이고 2개의 주

11　단어 like에서 /l/은 초두자음, /ik/는 라임인데, /ik/는 핵인 /i/와 말미자음 /k/로 구분된다.

사위를 굴려서 나오는 글자 읽기의 결과에 따라 말판의 말을 이
동하는 방법을 활용할 수 있다. 민글자 읽기가 익숙해지면 한 주
사위의 각 면에 민글자를 붙이고 다른 주사위의 각 면에는 받침
자를 붙여서 두 주사위의 조합으로 만들어지는 받친글자를 읽
은 결과에 따라 말판의 말을 이동하는 형태로 변형하면 된다.[12]

단어 인식의 속도를 향상시키는 데 매우 효과적인 방법으
로 단어망 확장시키기가 있다(Wolf et al., 1999). 단어망의 확장이
란 핵심 단어를 중심으로 그것과 의미상 관련된 단어들을 의미
망으로 형성하는 것이다. 단어의 의미를 정확하게 알고 의미가
유사하거나 어원이 비슷한 단어를 많이 알수록 단어 인식의 정
확도와 속도는 향상된다. 단어망 속의 단어들을 포함관계에 따
라 범주화하면 장기기억 속에 오래도록 간직할 수 있으며, 어휘
가 확장될수록 독해력은 증가한다.

단어를 구성하는 글자들의 철자 패턴에 익숙해지거나 일견
어휘의 폭이 확장될수록 단어 읽기의 정확성과 속도가 증가하지
만 개별 단어 읽기의 유창성이 반드시 텍스트 읽기의 유창성으
로 이어지지는 않는다. 텍스트 읽기의 유창성은 개별 단어 읽기
의 유창성에 더하여 구문론적 지식, 의미론적 지식, 배경지식 등
이 총체적으로 발현되어 나타난다. 따라서 텍스트 읽기의 유창
성을 향상시키려면 다양한 주제의 텍스트를 반복하여 많이 읽는

12 글자 읽기를 지도하는 데 게임을 활용하는 방법에 대한 보다 자세한 설명은 이 책
의 6장 참조.

것이 매우 중요하다(Rasinski, Samuels, Hiebert, & Petscher, 2011). 읽기 능력은 읽기 경험이 누적될수록 향상될 수 있으며, 읽기 이외의 그 무엇으로 읽기 능력이 향상되는 것은 원천적으로 불가능하다.

08

•

읽기 교육에서 교수와 학습에 대한 소고

읽기의 심리학에 기초한 **읽기잠재력 키우기**

　　행위의 발생 시점을 기준으로 보았을 때 교수는 학습에 선
행하지만 두 행위는 유기적인 관련 속에서 진행된다는 점에서
불가분이다. 그래서 교수 활동과 학습 활동은 교수 – 학습으로
불린다. 교수와 학습이 하나로 통합되어 불리기 때문에 두 활
동이 동일한 정도의 중요성을 갖는다고 생각하기 쉽지만 엄밀
히 말해서 교수 – 학습 활동에서의 초점은 학습에 있다. 교수활
동에서 교사가 활용하는 교수전략의 효과는 그러한 교수전략을
사용한 결과로 인해 학습이 얼마나 잘 이루어졌느냐에 의해 평
가된다. 교수 – 학습 활동의 초점이 학습이라는 점을 감안한다
면 학습자의 현실태를 정확하게 파악하는 것은 성공적인 학습
을 촉진하는 핵심 요소라고 할 수 있다.

학습이란 이미 형성된 지식 체계에 새로운 지식이나 기술을 연합시키는 작업이다. 새로운 것을 학습할 때 그것과 관련지을 수 있는 선행지식 체계가 존재하지 않는다면 새로운 것에 대한 학습은 거의 불가능하다. 읽기부진 아동에게 읽기 교육을 실시하려면 아동이 이미 획득하고 있는 초기 문해 능력이 어느 정도 수준인지를 파악해야 한다. 문자가 메시지를 전달하는 매체이고 그림과는 다른 독특한 의사소통의 도구라는 사실에 대한 인식을 형성하지 못한 아동에 대한 읽기 교육은 읽고 쓸 수 있는 글자나 단어를 조금이라도 갖고 있는 아동을 위한 읽기 교육과는 출발점이 달라야 하며 교수전략 또한 차별화되어야 한다. 문자에 대한 지식이 거의 없는 아동에게 해독 지도를 위해 자음자와 모음자의 이름을 가르친다면, 이러한 새로운 지식을 연결 지을 수 있는 선행지식 체계가 아이의 뇌 속에는 형성되어져 있지 않기 때문에 일시적인 기억으로 남아 있다가 쉬이 사라져 버린다. 읽기부진 아동에게 읽기를 가르치는 것은 문자에 대한 그의 인지도(cognitive map)를 확장시키는 작업이다.

1. 인지도와 읽기 교육

톨만(Tollman)은 세 가지 경로로 이루어진 T자형 미로상자 속에 쥐를 둔 다음 쥐가 3개의 경로 중 목표물에 가장 빨리 도달할 수 있는 경로를 학습하는 것을 확인하였다. 그런 다음 미로

속의 가장 빠른 경로(B)와 두 번째로 빠른 경로(A)를 차단한 다음 쥐를 출발점 S에 두었을 때 쥐는 평소와 마찬가지로 가장 빠른 경로인 B를 따라 가다가 끝이 막힌 사실을 확인하고는 곧장 끝이 막히지 않은 경로 C를 따라서 목표점 G에 도달하였다. 두 번째로 빠른 경로인 A로는 가지 않았던 것이다. 첫 번째, 두 번째 경로가 끝에서 하나로 합쳐진다는 사실에 대한 인지도를 쥐가 형성하지 않았다면 가장 긴 경로를 선택하는 쥐의 행동은 이해될 수 없다. 톨만은 이 실험을 통해 쥐가 미로에 대한 인지도를 이미 형성하였던 것으로 보았다.

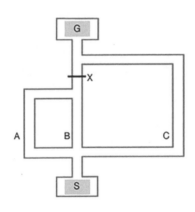

•••• 그림 8-1 ● 톨만의 인지도 실험에 사용된 미로

출처: 윤가현 외(2012)

사람이 공간에 대해 형성하는 인지도는 쥐의 미로보다 훨씬 더 정교하다. 사람들은 누구나 자신의 생활공간에 대한 인지

도를 형성하면서 살아가는데, 성장함에 따라 삶의 공간이 넓어 질수록 더 넓고 정교한 인지도를 갖게 된다. 그런데 대부분의 사람은 자신이 형성한 인지도의 존재를 잘 인식하지 못한다. 공간에 대한 인지도를 이해하는 데 도움이 되는 예 중 하나가 전맹 시각장애인들에 대한 방향정위 교육이다. 방향정위란 시각 이외의 잔존감각을 활용하여 주변 사물을 기준으로 자신의 위치를 파악하는 능력으로, 원하는 목표물을 찾아가는 데 핵심적인 능력이다(이소현, 박은혜, 2011). 전맹인은 방향정위를 습득하기 위해 자신이 생활하는 공간을 탐색해야 한다. 눈으로 공간의 특성을 한 번에 파악할 수 없기 때문에 시각 이외의 감각으로 여러 공간의 특성을 파악하기 위한 훈련을 받아야 한다. 공간에서 이동하려면 현재 자신이 머물고 있는 위치를 정확하게 파악해야 하는데, 전맹인이 자신의 현 위치를 파악하는 데 중요한 기준이 되는 지형지물을 랜드마크(land mark)라고 한다. 자신의 위치를 놓친 경우에는 재빨리 랜드마크를 확인하고 그것을 기준으로 자신이 어느 지점에 놓여 있는지를 파악해야 한다. 자신의 집처럼 익숙한 공간에서 이동할 경우 비교적 자유롭게 이동할 수 있는 것은 집 안에 존재하는 랜드마크를 쉽게 찾을 수 있기 때문이다.

전맹인이 집에서 학교로 이동하려면 방향정위는 한층 복잡해진다. 등교하는 방법으로 도보로 이동하는 것과 대중교통을 이용하는 것 두 가지가 있다고 가정해 보자. 도보로 이동한다면 집에서 학교까지 가는 길에서 방향을 정확하게 잡기 위해 사용할 수 있는 지형지물이 무엇인지 학습해야 한다. 버스나 지하철

을 타고 멀리 등교하는 경우라면 등교를 위한 방향정위 교육이
훨씬 복잡하다. 집에서 나와 버스 정류장이나 지하철역을 찾아
가는 법, 정확한 번호의 버스와 올바른 방향으로 가는 지하철을
타고 올바른 정거장이나 역에서 하차하여 학교를 도보로 이동
하여 찾아가야 하는데, 각각의 과정에 대한 인지도를 형성하고
있어야 길을 잃지 않고 목적지에 정확하게 도달할 수 있다. 전맹
인이 방향정위 교육을 통해 자신이 이동해야 하는 공간에 대한
인지도를 형성하는 데 걸리는 시간은 건강한 눈을 가진 사람들
과는 비교할 수 없을 정도이다. 시각장애를 갖고 있지 않은 사람
들은 새로운 공간에 대한 인지도를 비교적 쉽게 형성할 수 있어
서 낯선 곳으로도 이동하는 데 큰 어려움을 겪지 않는다. 하지만
전맹인은 자신이 인지도를 형성하고 있지 않은 공간 속에서는
안전하게 다닐 수 없다.

　　최근 차량이나 스마트폰에 내비게이션 기능이 내장되어 있
어서 길 찾기가 매우 쉬워졌는데, 그에 대한 부작용으로 여러 번
찾아간 곳도 내비게이션 없이는 찾지 못하는 문제가 생겨나게
되었다. 내비게이션이 등장하기 전에는 자동차에 지도를 구비한
운전자들이 많았다. 어딘가로 이동하기 전에 먼저 지도에서 출
발점부터 목표점까지의 길을 확인하고 중간의 주요 지점들을 머
릿속에 각인한 다음 출발한다. 내비게이션의 활성화는 생활을
편리하게 해 주었지만 사람들로 하여금 공간에 대한 인지도를
형성하려는 노력을 게을리 하게 만듦으로써 결과적으로 생활공
간에 대한 인지도가 확장되는 것을 방해하였다.

필자는 청주에서 생활한 지 10년째를 맞이하고 있다. 하지만 여전히 청주의 지리에 대해서는 무지한 편이다. 그동안 목표 지점을 찾아갈 경우에는 내비게이션을 활용하였고 내비게이션 없이 찾아간 곳은 극히 몇 곳뿐이다. 필자의 눈을 가린 후 낯선 곳에 내려놓고 자동차를 이용해서 길을 찾아오라고 하면 한동안 매우 헤맬 것이 분명하다. 필자에겐 청주의 지리에 대한 인지도가 정확하게 형성되어 있지 않다. 만일 필자의 뇌 속에 청주의 인지도가 정확하게 자리 잡고 있을 경우 어디에 내려놓아도 길을 잘 찾아올 수 있을 것이다. 물론 필자의 직장 근처에 대한 지리는 잘 알고 있는 편이어서 내비게이션을 사용하지 않더라도 큰 어려움 없이 길을 찾을 수 있다. 그런데 같은 구 내에서도 동이 달라지면 내비게이션 없이 길을 찾는 것은 불가능하다.

읽기를 학습하는 것도 공간에 대한 인지도를 형성하는 것과 많은 점에서 유사하다. 문자 교육의 초기에는 일반적으로 자모음자의 이름을 가르치고, 자모음자를 결합하여 글자를 만들고 그것의 이름을 익히며, 글자를 구성하는 낱자들을 재구성함으로써 낱자의 소릿값을 익히는 활동을 한다. 이러한 읽기 지도 방법은 발음중심지도법이라고 불리며, 공교육에서 이루어지는 공식적인 읽기 교육의 가장 전형적인 방법이다. 한글 미해득 아동에게 읽기를 가르칠 때 가장 먼저 무엇을 가르칠 것이냐는 질문에 대해 예비 초등교사들이 제일 많이 답하는 것도 이러한 발음중심지도법이다. 5장에서도 지적하였듯이 읽기부진 아동에게 읽기를 지도하는 출발점은 아동의 현재 문해력 수준을 정확하게 파악하는 것, 즉 아동이 현재까지 문해와 관련하여 형성하고 있는 인지도를 파악하는 것이어야 한다. 읽기부진 아동은 대개 발생적 문해력이 형성되는 시기에 또래에 비해 문자자극에 노출된 경험이나 문자를 매개로 이루어지는 언어적 상호작용의 기회를 많이 갖지 못하였다. 따라서 또래 수준의 일반적인 인지도를 가정하고 이들에게 읽기 지도를 할 경우 교사나 아동 모두 좌절을 경험하게 된다.

유아기의 구어 능력은 학령기의 문해력을 상당히 정확하게 예측하게 해 주는 변인이다. 말하기와 듣기 능력은 문해력이 형성되기 이전에 이미 상당한 정도로 발달하지만, 발생적 문해력 형성기에 가정에서 부모와 책을 매개로 한 언어적 상호작용을 통해 더욱 정교하게 발전한다. 발생적 문해력 형성기의 아동은 말하기, 듣기, 읽기, 쓰기가 총체적으로 이루어지는 환경 속에서 일견어휘를 형성하며, 직접 경험할 수 없는 세계에 대한 배경지식을 갖게 되고, 문자가 의미를 전달하는 상징으로 기능한다는 것을 인식하게 된다. 공식적인 문해 교육이 시작되는 때에 대부분의 아동은 읽기, 쓰기와 관련된 상당한 인지도를 습득한 상태이다. 단어가 글자 단위로 분리될 수 있다는 사실을 인식하고 있는 아동에게 글자를 더 작은 단위인 낱자 단위로 분해하는 활동은 문자와 관련하여 이들이 가지고 있는 인지도에 큰 변화를 유발하지 않는다.

수년 전에 자신이 담임하는 학급의 한글 미해득 아동에게 한글 자모음자의 이름을 가르치다가 읽기 교육을 포기한 교사를 만난 적이 있었다. 초등학교 1학년 국어과 교육과정에 제시된 교육 내용을 다 가르친 상태에서도 아동은 자모음자의 이름을 전혀 학습하지 못하였다. 경도 지적장애를 갖긴 하였지만 자모음자의 이름을 외우지 못할 정도로 지능이 낮은 상태는 아니었기에 교사의 좌절감은 더욱 컸다. 필자는 이 아동에게 그림책을 사용한 읽기 지도를 하면서 왜 그토록 자모음자의 모양과 이름을 매칭시키지 못하는지를 깨닫게 되었다. 이 아동에게는 문자와 관련된 인지도가 거의 존재하지 않는 듯하였다. 아동은 자기의 이름은 쓸 수 있었으나 그 외에는 읽고 쓸 수 있는 글자나 단어가 거의 없었다. 글자가 음절과 일대일로 대응한다는 사실에 대한 인식이 전혀 없는 상태에서 글자보다 더 작은 단위인 낱자의 이름을 암기하는 것은 아이에게 무의미한 활동일 뿐이었다.

새로운 것을 학습하려면 그것과 연관된 인지망이 갖추어져 있어야 하며, 만일 어떠한 형태의 인지망도 전혀 갖추고 있지 못한 경우라면 그것을 학습하는 것은 거의 불가능하다. 기형성된 인지망에 가장 근접한 것부터 학습하면서 차츰 인지망을 넓혀 가야 하는 것이다. 이는 마치 낯선 곳에서 길을 찾아 나오는 상황과 비슷하다. 낯선 공간에 놓여 있을 때 그곳을 벗어나는 가장 빠른 방법은 자신의 현 위치를 주변 지형지물을 이용하여 파악한 다음 자신이 알고 있는 가장 가까운 곳으로 이동하는 것이다. 자신이 아는 곳으로 이동한 다음에는 이미 형성하고 있던 인지도를 이용하여 원하는 곳으로 옮겨 갈 수 있다.

읽기, 쓰기와 관련된 아동의 인지도 크기와 세밀함의 정도를 확인한 다음에는 인지도를 확장할 수 있는 교육 내용을 선정해야 한다. 이때 근접발달영역 내에 존재하는 교육 내용을 선정하는 것이 학습의 성패를 좌우하는 중요한 요소이다. 교수학습에서 무에서 유란 절대로 만들어지지 않는다. 새로운 것을 학습하려면 그것을 유(有)로 존재할 수 있도록 유도할 수 있는 인지도가 마련되어야 있어야 한다.

한국사나 세계사 과목을 공부할 때 가장 힘들게 외워야 하는 것 중 하나가 사건과 그것이 발생한 연도이다. 수많은 역사적 사건과 그것이 발생한 연도를 일일이 외우다 보면 혼동이 발생한다. 사건과 연도를 매칭하여 외우는 것은 사람들이 역사 공부를 가장 싫어하게 만드는 이유이기도 하다. 그런데 간혹 역사 과목을 좋아하고 성적도 잘 받는 학생들도 있는데, 그들은 거의 대부분 역사적 사건을 낱낱의 정보로 기억하지 않고 역사적 흐름에 대한 스토리를 구성하여 시간적·논리적으로 결합된 인지망을 구성하고 있다. 맥락을 잡지 않고 역사 공부를 한 학생들이 그렇게 열심히 외웠던 사건, 시대적 상황, 인물, 사건의 영향, 연대 등에 대한 기억은 시험이 끝난 후에는 마치 썰물처럼 빠져나가 버린다. 초등학교에서부터 고등학교까지 장장 12년 동안 학습한 내용 중에서 현재 기억에 간직하고 있는 것들은 인지망 속에 연결되어 있는 것들이며, 그렇지 않은 것은 대부분 소멸되어 버렸다. 읽기부진 아동에게 읽기를 가르칠 때 지도 대상이 되는 아동의 문해 인지망을 잘 파악할수록 읽기 지도의 효과는 빨리 나타날 것이다.

2. 의미 형성 과정으로서의 읽기

몇 년 전 공교육 지원 프로그램의 일환으로 예비 초등교사를 초등학교 저학년 읽기부진 아동과 일대일로 매칭하여 읽기부진 아동을 지도한 경험이 있다. 예비교사들이 아동을 만나기 전에 읽기 지도를 위한 사전교육을 실시하고 필자가 직접 읽기 지도 시범을 보여 준 다음 예비교사 1명당 읽기 부진 아동을 1명씩 매칭하였다. 예비교사들이 일대일 읽기 지도를 할 때 순회하며 지도하는 모습을 지켜보기도 하였고 매번 읽기 지도 일지를 쓰게 하여 어떤 교수 활동을 하였고 아동의 반응은 어떠하였는지를 기록으로 남기게 하였다.

당시 필자가 시범으로 보여 준 읽기 지도 방법은 5장에서 소개하였던 그림책을 이용한 읽기 지도법이었다. 예비교사들 또한 그림책을 준비하여 읽기 지도를 한 점에서는 차이가 없었으나 이들은 아동이 읽지 못하는 단어를 색인카드에 기록한 다음 읽기 지도를 하는 회기의 초기 10분 정도를 단어 읽기에 소요하였다. 단순히 단어를 읽게 하는 것을 넘어 단어 쓰기를 연습시키는 예비교사도 있었다. 또 하나 특징적이었던 것은 그림책을 읽는 도중에 아동이 책의 내용을 완전히 이해하였는지를 확인하기 위해 수많은 질문을 던지는 점이었다. 예비교사가 묻는 질문에

아동은 대답해야 했고 대답하지 못할 경우 예비교사들은 본인의
질문에 대한 답을 아동에게 말해 주었다.

그림책에 나오는 단어를 색인카드에 기록하여 아동에게 반
복하여 보여 주고 읽고 쓰게 하는 의도는 단어가 장기기억으로
형성되도록 하기 위함인데, 문제는 이러한 방식으로 가르쳤을
때 의도한 효과가 나타나지 않는다는 사실이다. 읽기 지도 횟수
가 누적될수록 아동이 읽어야 할 단어는 늘어났는데, 처음에 읽
을 줄 알았던 단어는 다음에도 정확하게 읽는 확률이 높았으나
처음에 읽지 못했던 단어 읽기의 정확도는 별로 나아지지 않았
다. 그림책에 등장하는 단어이긴 하지만 색인카드에 적힌 단어
는 텍스트 속에 포함된 단어와 달리 탈맥락적이어서 의미도 알
지 못하고 소리만 기억하여 앵무새처럼 말하는 경우도 많았다.
의미를 알지 못하는 단어를 반복하여 읽을 경우 발생하는 전형
적인 부작용이었다. 단어카드에 적힌 단어를 읽은 다음 받아쓰
기를 하는 경우도 관찰하였다. 아동이 새로운 그림책을 읽는다
는 것은 읽고 써야 할 단어의 숫자가 늘어난다는 것을 의미하
는 것이어서 읽기 지도를 받을수록 아동의 학습동기는 저하되
었다.

읽기부진 아동이 책을 읽고 이해하는 수준과 예비교사들이
동일한 책을 읽고 이해하는 수준에는 상당한 차이가 있다. 예비
교사 자신이 이해하는 수준으로 아동이 책 내용을 이해하도록
지도하는 것은 불필요한 활동이다. 그림책 읽기를 통해 책의 내
용을 이해하는 것은 중요하나 세부적인 내용을 모두 이해할 필

요는 없으며 주제를 파악할 수 있을 정도로만 이해하면 충분하다. 익숙한 책 읽기를 통해 여러 차례 같은 책을 읽을 기회가 주어지기 때문에 책의 내용을 한 번에 샅샅이 살펴볼 필요는 없다.

단어를 탈맥락적으로 반복하여 읽고 쓰게 하기와 책을 읽으며 세부내용을 아동이 이해하는지 확인하는 질문을 던지고 모를 경우 교사가 설명해 주는 것은 예비교사들만이 보이는 문제는 아니다. 현장 교사들도 읽기부진 아동을 지도하면서 흔히 범할 수 있는 실수이다. 그런데 이러한 실수를 범하는 이유는 대체로 읽기를 기능이라는 관점에서 접근하기 때문이다. 단기간 내에 기능을 익혀서 혼자 힘으로 책을 읽게 되면 읽기 문제가 해결된 것으로 보는 인식이 근간에 자리 잡고 있다.

읽기를 단지 기능으로만 볼 경우 읽기를 하위 기술들로 세분화하고 각각의 기술들을 숙달할 때까지 반복연습을 시키는 경우가 흔하다. 단어카드를 만들어 반복하여 읽고 쓰게 하는 것도 문장을 더 작은 단위인 단어 수준으로 분해하여 단어를 정확하게 읽고 쓰게 함으로써 숙달에 이르게 하는 반복연습의 일환이다. 하나의 기능을 익힐 때에는 자동화되기까지 반복적으로 연습할 필요가 있기 때문에 반복연습 자체가 문제가 되는 것은 아니다. 그렇지만 학습자가 반복연습을 할 때 자신이 연습하고 있는 것이 어떠한 맥락 속에서 이루어지는 활동인지를 이해하고 반복연습을 하는 것과 정확한 의미를 모른 채 교사의 지시에 따라 반복연습을 하는 것에는 상당한 차이가 있다. 교사의 입장에서 학습자가 반복연습하도록 하는 것은 교사가 구상하고 있는 전체적인 교육과정 속에서 의미 있는 절차이다. 그런데 학습자는 대개 교사의 구상 속 교육과정을 알고 있지 못하기 때문에 자신의 반복연습이 무엇을 위한 것인지 이해하지 못하고 수동적으로 교사의 지시를 따라 할 가능성이 높다. 가령, 자음자와 모음자의 이름과 소릿값을 익히는 활동은 자칫 학습자의 입장에서는 무의미한 기계적 반복 학습으로 전락될 소지가 다분하다. 읽기는 문자를 매개로 의미를 재구성하는 활동이기 때문에 학습활동의 '의미'를 이해하는 것이 매우 중요하다.

인간의 뇌는 의미를 추구하는 활동을 할 때 활성화된다. 새로운 자극이 주어질 때, 그 자극이 가진 의미를 바탕으로 자극을 받아들일 것인지 그냥 무시할 것인지 거의 무의식적으로 결정한다. 자극이 갖는 의미는 개개인에 따라 다르기 때문에 누구에게는 의미 있는 자극이 다른 누군가에게는 무의미한 자극일 수 있다. 새로운 자극이 의미 있는 자극으로 받아들여져서 처리되려면 그것이 뇌에 이미 형성된 지식 구조와 연관되어 있어야 한다. 상호연관을 맺지 못하고 파편화된 자극은 우리의 주의를 끌기 어려우며, 그것과 결합될 수 있는 인지도가 없기 때문에 학습이 불가능하다.

'의미'가 기억에 미치는 영향을 확인하기 위한 간단한 실험이 있다. 간단한 영어 단어를 8~12개 정도 제시한 다음 한 집단에게는 A, E, F, L 등과 같이 직선으로 구성된 알파벳만으로 이루어진 단어가 모두 몇 개인지 세라는 지시를 내렸고 또 다른 집단에게는 단어의 의미를 생각하며 단어에 대한 자신의 선호도를

1~5점 척도에서 평가하라고 지시하였다. 몇 분 후에 두 집단의 피험자들에게 자신들이 보았던 단어들 중 기억에 남는 것을 써 내게 하였을 때 단어의 시각적 형태에 주의를 기울인 집단에 비해 단어의 의미를 기반으로 자신의 선호도를 매긴 집단이 훨씬 더 많은 단어를 기억하였다(Kandel & Squire, 2016).

낱자의 이름과 소리, 글자나 단어 해독, 읽기 유창성, 독해는 읽기를 구성하는 중요한 요소들이긴 하지만 이 중 한 부분만을 집중적으로 학습한다고 해서 읽기 능력이 향상되지는 않는다. 특히 해독 기술을 습득하기 위해 문자소-음소 대응을 반복하여 연습하거나 단어를 반복하여 읽고 쓰는 것, 짧은 텍스트를 반복하여 읽음으로써 읽기 유창성 향상을 도모하는 것은 학습자로 하여금 읽기를 통한 의미 형성보다는 읽기의 하위 기능을 습득하는 데 초점을 맞추게 함으로써 읽기 본연의 목적을 망각하게 하는 우를 범할 수 있다.

읽기 교육은 매 지도 회기에서 읽기를 구성하는 이러한 요소들을 총체적으로 경험할 수 있도록 구성되어야 한다(노명완, 이차숙, 2006). 노명완, 이차숙(2006)은 문해 교육이 단지 읽기나 쓰기를 구성하는 하위 기능들을 가르치는 것으로 전락하지 말아야 하며 읽기와 쓰기를 통해 언어적 사고를 계발하는 데까지 도달해야 함을 강조한다. 초기 문해 교육이라 하여 읽기와 쓰기 기능을 습득하는 데에만 치중할 것이 아니라 초기 문해력 형성기의 아동이 이 시기에 적합한 언어적 사고를 습득하는 것까지도 문해 교육의 중요한 목적이 되어야 한다는 것이다. 초기 문해 교육이 파편화된 지식이나 기술을 익히도록 하는 데 매몰된다면 문해 교육을 통해 언어적 사고를 계발하는 것은 불가능하다.

학습자가 읽기의 하위 기능을 익히느라 '진짜 읽기' 경험을 놓치지 않도록 하는 것이 읽기 교육의 핵심이며, 그림책을 사용한 읽기 지도는 학습자가 매 회기마다 '진짜 읽기'를 경험하도록 하는 데 유용하다. 필자는 오래전에 성가대의 일원으로 활동한 경험이 있는데, 당시의 경험은 '진짜 노래하기'와 '기능적 노래하기'의 차이가 무엇인지를 이해하는 데 많은 도움이 되었다. 필자가 경험한 성가대 지휘자의 모습은 크게 두 부류로 나뉜다. 첫 번째 부류의 지휘자들은 곡을 여러 부분으로 나눈 다음 앞부분부터 순차적으로 가르치되, 대원들이 일정 수준에 도달할 때까지 특정 부분을 반복연습하도록 지도한다. 성가대원들이 곡의 뒷부분까지 모두 불러봄으로써 곡 전체의 느낌을 알게 되기까지에는 상당한 시간이 소요된다. 성가대원의 입장에서는 곡의 전체적인 느낌을 알 수 없어 한동안 답답한 시기를 보내야 하며 곡의 뒷부분을 연습할 때가 되어서야 드디어 곡의 윤곽을 파악하고 감상할 수 있게 된다. 두 번째 부류의 지휘자들은 노래의 완성도와 상관없이 곡을 처음부터 끝까지 몇 차례 불러 보게 함으로써 대원들이 곡의 느낌을 파악할 수 있도록 한 후 연습이 필요한 부분을 좀 더 집중적으로 지도한다. 학습자의 입장에서 필자는 두 번째 부류의 지휘자로부터 가르침을 받을 때 곡을 즐겁게 배울 수 있었으며, 첫 번째 부류의 지휘자에게서 곡을 배울 때에는 곡의 느낌을 모른 채 꽤 상당한 시간 동안 특정 부분만을 연습하는 것에 대해 지겨움을 느꼈었다.

읽기를 배우는 학습자의 입장에서 읽기의 하위 기능들을 반복연습하되 정작 읽기를 경험할 수 없다면 자신이 행하는 학습 행위의 의미를 깨달을 수 없으며 배움의 즐거움도 느낄 수 없을 것이다. 읽기 교육이란 학습자가 읽기에 필요한 기능을 익히는 것은 물론이거니와 읽기 경험을 통해 텍스트의 의미를 이해하고 나아가 읽기의 재미도 느낄 수 있도록 안내하는 것이어야 한다. 아동이 읽기에 필요한 하위 기능들을 숙달할 때까지 읽기를 전혀 경험하지 못한다면 이는 또 다른 형태의 읽기 준비도 교육과 다름이 없다.

3. 인지를 이끄는 정서

"말을 물가로 데려갈 수는 있지만 물을 마시게 할 수는 없다."

이 격언은 학습자가 학습동기를 갖지 않으면 교수활동은 전혀 효과를 발휘할 수 없다는 의미를 담고 있으며 학습자의 능동성을 강조할 때 자주 인용된다. 모든 교수 – 학습 과정의 출발점은 학습자로 하여금 학습동기를 갖도록 유도하는 것이다. 학습동기를 유발하는 역량은 교사의 전문성을 평가하는 중요한 지표이다. 그런데 일부 교사는 이 격언을 사용할 때 학습동기를 형성하는 것은 학습자의 책임이기 때문에 학습동기를 형성하는데 실패한 것은 학습자에게 문제가 있는 것이란 주장을 펴기도한다. "내가 아무리 열심히 가르쳐도 너희들이 나의 가르침을 받아들일 마음의 자세를 갖추고 있지 않는 한 아무것도 배울 수 없다."라는 말을 하고 싶어한다. 이 말 속에는 학습에 대한 책임은교사가 아닌 학생에게 있다는 의미가 담겨 있다. 그런데 학습자의 학습동기 유발에 대한 일차적인 책임은 교사에게 있다는 사실에 대해 반론을 제기할 교사들은 많지 않을 것이다.

교육이란 학습자가 물을 찾아야 하는 이유를 이해하고, 물을 찾아가는 과정이 능동적일 수 있도록 안내하며, 물가에 도착하였을 때 스스로의 힘으로 물을 마실 수 있도록 지원해 주는 일련의 과정이다. 이를 읽기부진 아동을 지도하는 데 적용해 보자. 한글을 해득하지 못하였거나 또래에 비해 한글 해득이 부족한아동일수록 읽기, 쓰기와 관련된 활동을 기피할 것이다. 이러한아동에게 한글을 익혀야 하는 이유를 깨닫게 하고 한글 학습을위한 첫걸음을 내디딜 수 있도록 격려함으로써 독립적인 문해자로 성장할 수 있도록 지원하는 것이 읽기부진 아동을 지도하는교사가 수행할 중요한 역할이다. 특히 학습자의 주도성을 어떻게 이끌어 내느냐는 것은 초기 문해 교육의 관건 중 하나이다.

읽기는 즐거운 활동이어야 한다. 또래에 비해 읽기 능력이많이 지체된 아동일수록 읽기를 즐거운 활동으로 여기지 않는다. 읽기부진 아동을 지도할 때 가장 어려운 점은 이들이 읽기에 대해 가지고 있는 부정적인 인식을 극복하고 읽기 학습을 위한 동기를 형성하도록 유도하는 것이다. 읽기부진 아동 지도는 읽기와 쓰기 지도는 물론 이들이 학습 전반에 대해 갖고 있는 부정적인 인식과 학습 트라우마를 극복할 수 있도록 심리적 지지를 제공하는 것까지 포괄한다. 읽기부진 아동은 질문을 받거나 어떤 행위를 하라는 지시를 받을 때 "못해요." "몰라요." "안 할래요."와 같은 반응을 보인다. 새로운 도전을 기피하거나 쉽게 포기하는 이러한 성향은 기존의 실패 경험을 통해 이들이 형성한 부정적 정서를 그대로 반영하고 있다.

읽기 학습에 대해 긍정적인 정서를 갖게 되는 것은 성공적인 읽기 경험을 통해서 가능하다. 읽기 학습과 전혀 상관이 없는 게임을 활용하거나 아동이 좋아하는 간식을 준비하는 것은 일시적으로 아동의 주의를 끄는 유인책이 될 수는 있으나 읽기 학습에 대한 근원적인 동기를 형성하는 데에는 그다지 효과적이지 않다. 읽기를 배우는 활동 자체가 흥미로울 수 있도록 읽기 수업을 구성하는 것은 교사에게 부여된 중요한 과제이다.

참고문헌

강소영(2018). 교육적 요구 기반의 난독증 유형 분류와 난독증 유형별 특징. 특수교육논집, 22(2), 71 – 83.

강옥려(2016). 경계선급 지능 아동의 교육: 과제와 해결 방안. 한국초등교육, 27(1), 361 – 378.

곽아정(1993). 어머니 – 유아의 상호작용 및 가정의 문해환경과 유아 읽기능력과의 관계. 이화여자대학교 대학원 석사학위논문.

국립국어원(2021). 한글 단어 개수에 대한 질문입니다. https://www.korean.go.kr/front/ onlineQna/onlineQnaView.do?mn_id=216&qna_seq=121709

권오식, 윤혜경, 이도헌(2001). 한글읽기 발달의 이론과 그 응용. 한국심리학회: 일반, 20(1), 211 – 227.

김광해(2003). 등급별 국어교육용 어휘. 서울: 박이정.

김동일, 김신호, 이근재, 정일호, 정종진(2003). 아동발달과 학습. 서울: 교육출판사.

김숙령, 육길나(2007). 어머니와 유아의 그림책읽기 상호작용 현황 및 그림책읽기 상호작용과 유아의 언어표현력과의 관계. 한국영유아보육학, 50, 73 – 94.

김애화, 김의정, 김자경, 정대영(2018). 학습장애, 난독증, 학습부진(경계선 지능 포함) 및 학습지원대상 학생은 누구이며, 교육적 지원은 이

대로 괜찮은가?: 특수교육의 역할과 과제에 대한 소고. **특수교육학연구**, 53(1), 1 – 21.

김애화, 유현실, 김의정(2011). 초등학생의 단어인지와 읽기유창성에 대한 예측변인 연구. **초등교육연구**, 24(1), 277 – 303.

김의수, 김혜림(2012). 다문화가정 아동과 일반가정 아동의 구어 문장 비교 연구. **우리어문연구**, 42, 31 – 62.

김중훈(2014). 조기개입 학습부진 정책을 제안한다. 2013년 배움찬찬이 연구 프로젝트 발표회(2014. 4. 10.) 발표 논문.

김지영(2008). 그림책의 그림읽기 수업을 통한 시각 문식성 향상에 관한 연구. **독서교육연구**, 11, 159 – 162.

나재필(2019). 한글미해득난독증 심각 중도탈락자 1300여 명. http://www.mediaboot.co.kr/ news/articleView.html?idxno=23401(미디어붓, 2019년 11월 20일)

노명완, 이차숙(2006). **문식성 연구: 읽기·쓰기에 대한 교육·심리학적 분석**. 서울: 박이정.

박은혜, 김정효, 박선혜(2013). 유아 연령별 읽기, 쓰기에 대한 교사의 기대수준과 실제 지도수준 비교. **유아교육학논집**, 17(5), 465 – 487.

서문희, 양미선, 손창균(2012). **영유아 보육·교육 비용 추정 및 대응방안 연구**. 육아정책연구소 연구보고서.

성태제, 시기자(2011). **연구방법론**. 서울: 학지사.

양유나, 배소영(2018). 초등학교 1학년 발달성 난독 아동의 낱말 해독, 음운인식, 빠른 이름대기, 자소지식. **말소리와 음성과학**, 10(2), 51 – 60.

엄훈, 정종성(2019). **초등 저학년을 위한 초기 문해력 검사 1·2학년용**. 서

울: (주)인싸이트.

에듀팡(2017). 초등생 난독증 전수조사 결과, 2만 3,491명이 관련 증상 보여. https://news. edupang. com/news/article. html?no=7125(에 듀팡 교육뉴스, 2017년 10월 27일)

윤혜경(1997). 아동의 한글읽기발달에 관한 연구. 부산대학교 대학원 박 사학위논문.

이광오(2010). 문식성 발달에 대한 인지심리학적 접근. 한국초등국어교 육, 42, 51-72.

이무완(2017). 강원도 내 한글미해득학생 비율 뚝. http://www. ohmynews. com/NWS_Web/View/at_pg. aspx?CNTN_CD=A000 2386468(오마이뉴스 2017. 12. 17)

이상아, 이인화(2019). 2015 개정 국어과 교육과정 적용 현황 분석 연구: 초등학교 1~2학년 한글 교육을 중심으로. 학습자중심교과교육연구, 19(12), 497-523.

이소현, 박은혜(2011). 특수아동교육: 통합학급 교사들을 위한 특수교육 지 침서(3판). 서울: 학지사.

이숙임(2006). 가정의 문해환경과 유아의 언어 능력간의 관계. 중앙대학 교 대학원 석사학위논문.

윤가현 외(2012). 심리학의 이해. 서울: 학지사.

정재석, 이춘화, 장현진, 곽신실(2014). 읽기 자신감(1-6권). 서울: 좋은 교사운동.

정종성(2016). 초등학교 입문기 아동의 기초 문해력에 대한 교사의 기대 수준과 지도 수준. 청주교육대학교 교육대학원 교수논문집, 21, 125- 142.

정종성(2017). 초등학교 1학년 학생의 단어 읽기 특성 분석: 단어 유형, 읽기 수준을 중심으로. 아동교육, 26(1), 341–357.

정종성(2019). 초등학교 2학년 아동의 읽기 특성: 글자와 어절 읽기를 중심으로. 교육문화연구, 25(4), 685–704.

정태근(2005). 초등학생의 인터넷 중독과 자기 통제력이 학업성취에 미치는 영향. 열린교육연구, 13(1), 143–163.

조선하, 우남희(2004). 한국 유아의 창안적 글자쓰기 발달 과정 분석. 유아교육연구, 24(1), 315–339.

최나야(2009). 유아의 쓰기 발달과 자모 지식: 만 4–6세 유아들의 자유 쓰기와 이름 쓰기 분석. 유아교육연구, 29(6), 67–89.

최소영(2016). 안구운동추적을 사용한 아동의 언어처리 특성 연구: 우리글 읽기에서 초등학생의 지각폭 측정. 학습장애연구, 13(2), 55–73.

최소영, 고성룡(2009). 우리글 읽기에서 지각 폭 연구. 인지과학, 20, 573–601.

최소영, 고성룡(2014). 우리글 읽기에서 중학생들의 지각 폭 연구. 인지과학, 25, 189–210.

최현석(2013). 인간의 모든 감각. 파주: 서해문집.

한국난독증협회(2020). 난독증이란? http://www.kdyslexia.org/?m=bbs&bid=dyslexia&uid=361

한상규, 김동태(2019). 스마트폰 중독 청소년의 중독원인에 대한 현상학적 분석. 한국융합학회논문지, 10(5), 287–296.

홍순옥, 안영혜(2003). 유아의 읽기·쓰기 지도 현황에 대한 조사연구. 유아교육논총, 12, 195–214.

Aaron, P. G. (1997). The impending demise of the discrepancy formula. *Review of Educational Research, 67,* 461 – 502.

Allington, R. L. (1982). The persistence of teacher beliefs in facets of the visual perceptual deficit hypothesis. *The Elementary School Journal, 82,* 351 – 359.

American Association on Mental Retardation. (2002). *Mental retardation: Definition, classification, and system of supports* (10th Edition). Washington DC: American Association on Mental Retardation.

American Psychiatric Association. (2015). 정신질환의 진단 및 통계 편람 제5판(권준수 외 역). 서울: 학지사. (원전은 2013년에 출판).

Baddeley, A. (1982). Reading and working memory. *Bulletin of the British Psychological Society, 35,* 414 – 417.

Baddeley, A. D., Ellis, N. C., Miles, T. R., & Lewis, V. J. (1982). Developmental and acquired dyslexia: A comparison. *Cognition, 11,* 185 – 195.

Baker, C., Liu, J., Wald, L. L., Kwong, K. K., Benner, T., & Kanwisher, N. (2007). Visual word processing and experiential origins of functional selectivity in human extrastriate cortex. *Proceedings of the National Academy of Sciences, 104,* 9087 – 9092.

Biederman, I., & Cooper, E. E. (1991). One – shot viewpoint invariance in matching novel objects. *Vision Research, 39*(17), 2885 – 2899.

Biemiller, A. (1977 – 1978). Relationships between oral reading rates for letters, words, and simple text in the development of reading achievement. *Reading Research Quarterly, 13,* 223 – 253.

Bloom, B. S. (1964). *Stability and change in human characteristics.* New York: Wiley.

Brady, S., & Shankweiler, D. (Eds.) (1991). *Phonological processes in literacy: A tribute to Isabelle Y. Liberman.* Hillsdale, NJ: Elbaum.

Broadbent, D. E. (1954). The role of auditory localization and attention in memory span. *Journal of Experimental Psychology, 47*, 191-196.

Burgess, S. R., Hecht, S. A., & Lonigan, C. J. (2002). Relations of home literacy environment to the development of reading related abilities: A one-year longitudinal study. *Reading Research Quarterly, 37*, 408-426.

Cain, K., & Oakhill, J. (2011). Matthew effects in young readers: Reading comprehension and reading experience aid vocabulary development. *Journal of Learning Disabilities, 44*, 431-443.

Castles, A., & Coltheart, M. (2004). Is there a causal link from phonological awareness to success in learning to read? *Cognition, 91*, 77-111.

Catts, H. W., Fey, M. E., Zhang, X., & Tomblin, J. B. (1999). Language basis of reading and reading disabilities: Evidence from a longitudinal investigation. *Scientific Studies of Reading, 3*, 331-361.

Clark, M. M. (1984). Language at home and at school: Insights from a study of young fluent readers. In J. Goelman, A. A. Oberg, & F. Smith (Eds.), *Awakening to literacy* (pp. 122-130). London:

Heinemann.

Clay, M. M. (1966). *Emergent reading behaviour.* Unpublished doctoral dissertation, University of Auckland, Auckland, New Zealand.

Clay, M. M. (2016). *Literacy lessons designed for individuals.* Auckland, New Zealand: Scholastic.

Cohen, L., Dehaene, S., Naccache, L., Lehe'ricy, S., Dehaene-Lambertz, G., He'naff, M. A. et al. (2000). The visual word form area: Spatial and temporal characterization of an initial stte of reading in normal subjects and posterior split-brain patients. *Brain, 123,* 291-301.

Cohen, L., Jobert, A., Le Bihan, D., & Dehaene, S. (2004). Distinct unimodal and multimodal regions for word processing in the left temporal cortex. *Neuroimage, 23,* 1256-1270.

Cossu, G., Shankweiler, D., Liberman, I. Y., Katz, L., & Tola, G. (1988). Awareness of phonological segments and reading ability in Italian children. *Applied Psycholinguistics, 9,* 1-16.

Dehaene, S. (2017). 글 읽는 뇌(이광오, 배성봉, 이용주 역). 서울: 학지사. (원전은 2009년 출판).

Dehaene, S., Le Clec'H, G., Poline, J.-B., Le Bihan, D., & Cohen, L. (2002). The visual word form area: A prelexical representation of visual words in the fusiform gyrus. *NeuroReport: For Rapid Communication of Neuroscience Research, 13*(3), 321-325.

DeMann, J. J. (2011). *The relationships among rapid automatized naming, processing speed and reading fluency in clinic referred children.* Unpublished doctoral dissertation. Duquesne University.

Devlin, J. T., Jamison, H. I., Matthews, P. M., & Gonnerman, L M. (2004). Morphology and the internal structure of words. *Proceedings of the National Academy of Sciences, 101*(41), 14984 – 14988.

Durkin, D. (1970). Reading readiness. *The Reading Teacher, 23,* 528 – 534.

Ehri, L. C. (1995). Phases of development in learning to read words by sight. *Journal of Research in Reading, 18,* 116 – 125.

Ehri, L. C., & McCormick, S. (1998). Phases of word learning: Implications for instruction with delayed and disabled readers. Reading & Writing Quarterly: *Overcoming Learning Difficulties, 14,* 135 – 163.

Elbro, C., Borstrom, I., & Peterson, D. K. (1998). Predicting dyslexia from kindergarten: The importance of distinctness of phonological representations of lexical items. *Reading Research Quarterly, 33,* 36 – 60.

Ellis, A. W., McDougall, S., & Monk, A. F. (1996). Are dyslexics different? A comparison between dyslexics, reading age controls, poor readers, and precocious readers. *Dyslexia, 2,* 31 – 58.

Engle, R. W., Tuholski, S. W., Laughlin, J. E., & Conway, A. R. A. (1999). Working memory, short – term memory, and general fluid intelligence: A latent – variable approach. *Journal of Experimental Psychology: General, 128,* 309-331.

Fanning, R. M., & Gaba, D. M. (2007). The role of debriefing in simulation – based learning. *Simulation in Healthcare, 2*(2), 115 –

125.

Felton, R. H., & Wood, F. B. (1992). A reading level match study of nonword reading skills in poor readers with varying IQ. *Journal of Learning Disabilities, 25*, 318 – 326.

Foorman, B., Francis, D., Shaywitz, S., Shaywitz, B., & Fletcher, J. (1997). The case for early reading intervention. In B. Blachman (Ed.), *Foundations of reading acquisition* (pp. 243 – 264). Hillsdale, NJ: Erlbaum.

Foundation year achievement standards by Australian curriculum, assessment and reporting authority. (2021년 9월 29일). https://www.australiancurriculum.edu.au/f – 10 – curriculum/english

Fredman, G., & Stevenson, J. (1988). Reading processes in specific reading retarded and reading backward 13 – year – olds. *British Journal of Developmental Psychology, 6*, 141 – 161.

Gajar, A. H. (1980). Characteristics across exceptional categories: EMR, LD, and ED. *Journal of Special Education, 14*, 165 – 173.

Garris, R., Ahlers, R., & Driskell, J. E. (2002). Games, motivation, and learning: A research and practice model. *Simulation & Gaming, 33*(4), 441 – 467.

Georgiou, G. K., Papadopoulos, T. C., Zarouna, E., & Parrila, R. (2012). Are auditory and visual processing deficits related to developmental dyslexia? *Dyslexia, 18*, 110 – 129.

Gersten, R. Fuchs, L. S., Williams, J. P., & Baker, S. (2001). Teaching reading comprehension strategies to students with learning disabilities: A review of research. *Review of Educational Research,* *71,* 279 – 320.

Gibson, L. Y., Hogben, J. H., & Fletcher, J. (2006). Visual and auditory processing and component reading skills in developmental dyslexia. *Cognitive Neuropsychology, 23,* 621 – 642.

Goodman, Y. M. (1986). Children coming to know literacy. In W. H. Teale & E. S. Sulzby (Eds.), *Emergent literacy: Writing and reading* (pp. 1 – 14). Norwood, NJ: Ablex.

Gordon, S., Duff, S., Davison, T., & Whitaker, S. (2007). Comparison of the WAIS – III and WISC – IV in 16 year old special education students. *Journal of Applied Research in Intellectual Disabilities, 23,* 197 – 200.

Gottardo, A., Stanovich, K. E., & Siegel, L. S. (1996). The relationships between phonological sensitivity, syntactic processing, and verbal working memory in the reading performance of third – grade children. *Journal of Experimental Child Psychology, 63,* 563 – 582.

Goulandris, N., Snowling, M. J., & Walker, I. (2000). Is dyslexia a form of specific language impairment? A study of dyslexia and language impaired children as adolescents. *Annuals of Dyslexia, 50,* 103 – 120.

Haist, F., Song, A. W., Wild, K., Faber, T. L., Popp, C. A., & Morris, R. D. (2001). Linking sight and sound: fMRI evidence of primary auditory cortex activation during visual word recognition. *Brain and Language, 76,* 340 – 350.

Harris, T. L., & Hodges, R. E. (1995). *The literacy dictionary: The vocabulary of reading and writing.* International Reading Association.

Herr, S. E. (1946). The effect of pre‒first‒grade training upon reading readiness and reading achievement among Spanish‒American children. *Journal of Educational Psychology, 37*, 87-102.

Houle, R., & Montmarquette, C. (1984). An empirical analysis of loans by school libraries. *Alberta Journal of Educational Research, 30*, 104‒114.

Inhoff, A. W., & Liu, W. (1998). The perceptual span and oculomotor activity during the reading of Chinese sentences. *Journal of Experimental Psychology: Human Perception & Performance, 24*, 20‒34.

Irlen, H. (2008). 얼렌 증후군과 시지각적 난독증(박형배 역). 서울: GTI 코리아. (원전은 2005년 출판).

Ito, M., & Komatsu, H. (2004). Representation of angles embedded within contour stimuli in area V2 of Macaque monkeys. *Journal of Neuroscience, 24*, 3313‒3324.

Jellison, J. L. (1948). *An analysis of twelve standardized reading readiness tests.* Unpublished master's thesis. Boston University.

Johnston, R. S., Rugg, M. D., & Scott, T. (1987). Phonological similarity effects, memory span and developmental reading disorders: The nature of the relationships. *British Journal of Psychology, 78*, 205‒211.

Jorm, A. F., Share, D. L., Maclean, R., & Matthews, R. (1986). Cognitive factors predictive of specific reading retardation and general reading backwardness: A research note. *Journal of Child Psychology and Psychiatry, 27*(1), 45 – 54.

Kandel, E. R., & Squire, L. R. (2016). 기억의 비밀: 정신부터 분자까지(전 대호 역). 서울: 해나무. (원전은 2009년 출판).

Katzir, T., Kim, Y., Wolf, M., Morris, R., & Lovett, M. W. (2008). The varieties of pathways to dysfluent reading: Comparing subtypes of children with dyslexia at letter, word, and connected text levels of reading. *Journal of Learning Disabilities, 41*, 47 – 66.

Kavale, K. A., & Reese, J. H. (1992). The character of learning disabilities: An Iowa profile. *Learning Disability Quarterly, 15*, 74 – 94.

Krashen, S. (1993). *The power of reading*. Englewood: Libraries Unlimited.

Lancy, D. (Ed.) (1994). *Children's emergent literacy: From research to practice*. Westport, Conneticut: Praeger.

Liberman, I. Y., Shankweiler, D., Fisher, F. W., & Carter, B. (1974). Explicit syllable and phoneme segmentation in the young child. *Journal of Experimental Child Psychology, 18*, 201 – 212.

Lin, B., Coburn, S. S., & Eisenberg, N. (2016). Self – regulation and reading achievement. In C. M. Connor (Ed.), *The cognitive development of reading and reading comprehension*(pp. 75 – 94). New York: Routledge.

Lindamood, P., & Lindamood, P. D. (1998). *Lindamood phoneme sequencing program for reading, spelling, and speech* (LiPS). https://lindamoodbell.com/program/lindamood‐phoneme‐sequencing‐program

Lonigan, C. J., Burgess, S. R., & Anthony, J. L. (2000). Development of emergent literacy and early reading skills in preschool children: Evidence from a latent‐variable longitudinal study. *Developmental Psychology, 36*, 596‐613.

Lonigan, C. J., Anthony, J. L., Phillips, B. M., Purpura, D. J., Wilson, S. B., & McQueen, J. D. (2009). The nature of preschool phonological processing abilities and their relations to vocabulary, general cognitive abilities, and print knowledge. *Journal of Educational Psychology, 101*(2), 345‐358.

Lorsbach, T. C., & Gray, J. W. (1985). *The relationship between processing rate and memory span in learning disabled children.* Paper presented at the annual meeting of the American Educational Research Association, Chicago.

Lovegrove, W., Martin, F., & Slaghuis, W. (1986). A theoretical and experimental case for a visual deficit in specific reading disability. *Cognitive Neuropsychology, 3*, 225‐267.

Lovett, M. W. (1987). A developmental approach to reading disability: Accuracy and speed criteria of normal and deficient reading skill. *Child Development, 58*, 234‐260.

Lovett, M. W., Steinbach, K. A., & Frijters, J. C. (2000). Remediating the core deficits of developmental reading disability: A double – deficit perspective. *Journal of Learning Disabilities, 33*, 334 – 358.

Lyon, G. R. (1995). Toward a definition of dyslexia. *Annals of Dyslexia, 45*, 3 – 27.

Lyon, G. R., Shaywitz, S. E., & Shaywitz, B. A. (2003). Defining dyslexia, comorbidity, teachers' knowledge of language and reading: A definition of dyslexia. *Annals of Dyslexia, 53*, 1 – 14.

MacMillan, D. L., Siperstein, G. N., & Gresham, F. M. (1996). A challenge to viability of mild mental retardation as a diagnostic category. *Exceptional Children, 62*, 356 – 371.

Manis, F. R., Szeszuiski, P. A., Holt, I. K., & Graves, K. (1988). A developmental perspective on dyslexic subtypes. *Annals of Dyslexia, 38*, 139 – 153.

Mann, V. A. (1984). Longitudinal prediction and prevention of early reading difficulty. *Annals of Dyslexia, 34*, 117 – 136.

Mann, V. A., & Wimmer, H. (2002). Phoneme awareness and pathways to literacy: A comparison of German and American children. *Reading and Writing, 15*, 653 – 682.

Marinkovic, K., Dhond, R. P., Dale, A. M., Glessner, M., Carr, V., & Halgren, E. (2003). Spatiotemporal Dynamics of Modality – Specific and Supramodal Word Processing. *Neuron, 38*, 487 – 497.

Martin, F., & Lovegrove, W. J. (1984). The effects of field size and luminance on contrast sensitivity differences between specifically reading disabled and normal children. *Neuropsychologia, 22*, 73 –

77.

McCormick, J. (2020). Indiana academic standards: English language arts(Kindergarten). https://www.doe.in.gov/sites/default/files/ standards/kindergarten – ela – standards – dec – 2020.pdf

McGee, L. M., & Richels, D. J. (2012). *Literacy's beginnings: Supporting young readers and writers*. Boston: Pearson.

Mills, C. L. (1941). *A study of the Betts Ready to Read Tests: Their predictive values in determining reading achievements and their comparison with other predictive measures*. Unpublished master's thesis. University of New Mexico.

Morais, J., Cary, L., Alegria, J., & Bertelson, P. (1979). Does awareness of speech as a sequence of phones arise spontaneously? *Cognition, 7*, 323 – 331.

Morrow, L. (1982). Relationships between literature programs, library corner designs and children's use of literature. *Journal of Educational Research, 75*, 339 – 344.

National Reading Panel (2000). *Teaching children to read: An evidence – based assessment of the scientific research literature on reading and its implications for reading instruction*. National Reading Panel.

Obregón, M. (1994). *Exploring naming timing patterns by dyslexic and normal readers on the serial RAN task*. Unpublished master's thesis, Tufts University.

Paulesu, E., Demonet, J. F., Fazio, F., McCrory, E., Chanoine, V.,

Brunswick, N., et al. (2001). Dylexia: Cultural diversity and biological unity. *Science, 291*(5511), 2165 – 2167.

Powell, M., & Parsley, K. M. (1961). The relationships between first grade reading readiness and second grade reading achievement. *Journal of Educational Research, 54*(6), 229 – 233.

Prior, S. M., Fenwick, K. D., Saunders, K. S., Ouellette, R., O'Quinn, C., & Harvey, S. (2011). Comprehension after oral and silent reading: Does grade level matter? *Literacy Research and Instruction, 50*, 183-194.

Psychological Corporation (2003). *WISC – IV technical and interpretive manual.* San Antonio, TX: Author.

Rack, J. P., Snowling, M. J., & Olson, R. (1992). The nonword reading deficit in developmental dyslexia: A review. *Reading Research Quarterly, 27*, 29 – 53.

Rasinski, T., Samuels, S. J., Hiebert, E., & Petscher, Y. (2011). The relationship between a silent reading fluency instructional protocol on students' reading comprehension and achievement in an urban school setting. *Reading Psychology, 32*, 75 – 97.

Rasmus, F. (2003). Developmental dyslexia: Specific phonological deficit or general sensorimotor dysfunction? *Current Opinion in Neurobiology, 13*, 212 – 218.

Rayner, K. (1986). Eye movements and the perceptual span in beginning and skilled readers. *Journal of Experimental Child Psychology, 41*, 211 – 236.

Rayner, K. Well, A. D., & Pollatsek, A. (1980). Asymmetry of the effective visual field in reading. *Perception & Psychophysics, 27*, 537 – 544.

Read, C., Zhang, Y. F., Nie, H. Y., & Ding, B. Q. (1986). The ability to manipulate speech sounds depends on knowing alphabetic writing. *Cognition, 24*(1 – 2), 31 – 44.

Rosen, S. (2003). Auditory processing in dyslexia and specific language impairment: Is there a deficit? What is its nature? Does it explain anything? *Journal of Phonetics, 31*, 509 – 527.

Roth, F. P., Speece, D. L., & Cooper, D. H. (2002). A longitudinal analysis of the connection between oral language and early reading. *The Journal of Educational Research, 95*, 259 – 272.

Shankweiler, D., Crain, S., Katz, L., Fowler, A. E., Liberman, A. M., Brady, S. A., et al. (1995). Cognitive profiles of reading – disabled children: Comparison of language skills in phonology, morphology, and syntax. *Psychological Science, 6*, 149 – 156.

Shaywitz, S. (2011). **난독증의 진단과 치료**(정재석, 제소영, 이은경 역). 서울: 도서출판 하나의학사. (원전은 2003년 출판).

Shepard, L. A., Smith, M. L., & Vojir, C. P. (1983). Characteristics of pupils identified as learning disabled. *American Educational Research Journal, 20*, 309 – 331.

Siegel, L. S. (1989). I.Q. is irrelevant to the definition of learning disabilities. *Journal of Learning Disabilities, 22*, 469 – 478, 486.

Siegel, L. S. (1992). An evaluation of the discrepancy definition of dyslexia. *Journal of Learning Disabilities, 25,* 618 – 629.

Simos, P. G., Breier, J. I., Fletcher, J. M., Foorman, B. R., Castillo, E. M., & Papanicolaou, A. C. (2002). Brain mechanisms for reading words and pseudowords: An integrated approach. *Cerebral Cortex, 12,* 297 – 305.

Snow, C. E., & Nino, A. (1986). The contracts of literacy: What children learn from learning to read books. In W. H. Teale & E. Sulzby(Eds.), *Emergent Literacy: Writing and reading* (pp. 116 – 138). Norwood, NJ: Ablex.

Snowling, M. J. (1980). The development of grapheme – phoneme correspondence in normal and dyslexic readers. *Journal of Experimental Child Psychology, 29,* 294 – 305.

Squire, L. R., Smith, G. A., & Barondes, S. H. (1973). Cycloheximide affects Memory within Minutes after the Onset of Training. *Nature, 242,* 201 – 202.

Stage, S. A., Sheppard, J., Davidson, M. M., & Browning, M. M. (2001). Prediction of first – graders' growth in oral reading fluency using kindergarten letter fluency. *Journal of School Psychology, 39,* 225 – 237.

Stanovich, K. E. (1985). Cognitive processes and the reading problems of learning disabled children: Evaluating the assumption of specificity. In J. Torgesen & B. Wong(Eds.), *Psychological and educational perspectives on learning disabilities* (pp. 87 – 132). New York: Academic Press.

Stanovich, K. E. (1986). Matthew effects in reading: Some consequences of individual differences in the acquisition of literacy. *Reading Research Quarterly, 21,* 360–407.

Stanovich, K. E. (1991). Discrepancy definitions of reading disability: Has intelligence led us astray? *Reading Research Quarterly, 26,* 7–29.

Stanovich, K. E., Cunningham, A. E., & Feeman, D. J. (1984). Intelligence, cognitive skills, and early reading progress. *Reading Research Quarterly, 19,* 278–303.

Stanovich, K. E., & Siegel, L. S. (1994). Phenotypic performance profile of reading–disabled children: A regression based test of the phonological core variable–difference model. *Journal of Educational Psychology, 86,* 24–53.

Stewart, I. S. (1985). Kindergarten reading curriculum: Reading abilities, not reading readiness. *Childhood Education, 61,* 356–360.

Sulzby, E. (1986). Writing and reading: Signs of oral and written language organization in the young child. In W. H. Teale & E. S. Sulzby (Eds.), *Emergent literacy: Writing and reading.* Norwood, NJ: Ablex.

Tarkiainen, A., Cornelissen, P. L., & Salmelin, R. (2002). Dynamics of visual feature analysis and object–level processing in face versus letter–string perception. *Brain, 125,* 1125–1136.

Teale, W. H., & Sulzby, E. (Eds.). (1986). *Emergent literacy: Writing and reading.* Norwood, NJ: Ablex.

Torgesen, J. K., Wagner, R. K., & Rashotte, C. A. (1994). Longitudinal studies of phonological processing and reading. *Journal of Learning Disabilities, 27*, 276 – 286.

Valdois, S., Bosse, M., & Tainturier, M. (2004). The cognitive deficits responsible for developmental dyslexia: Review of evidence for a selective visual attentional disorder. *Dyslexia, 10*, 339 – 369.

van Atteveldt, N., Formisano, E., Goebel, R., & Blomert, L. (2004). Integration of letters and speech sounds in the human brain. *Neuron, 43*, 271 – 282.

Vellutino, F. R., Fletcher, J. M., Snowling, M. J., & Scanlon, D. M. (2004). Specific reading disability(dyslexia): What have we learned in the past four decades? *Journal of Child Psychology and Psychiatry, 45*, 2 – 40.

Visser, T. A. W., Boden, C., & Giaschi, D. E. (2004). Children with dyslexia: Evidence for visual attention deficits in perception of rapid sequences of objects. *Vision Research, 44*, 2521 – 2535.

Wagner, R. K., & Torgesen, J. K. (1987). The nature of phonological processing and its causal role in the acquisition of reading skills. *Psychological Bulletin, 101*(2), 192 – 212.

Ward (1970). Two measures of reading readiness and first grade reading achievement. *The Reading Teacher, 23*(7), 637 – 639.

Wasik, B. H., & Hendrickson, J. S. (2004). Family literacy practices. In C. A. Stone, E. R. Silliman, B. J. Ehren, & K. Apel (Eds.), *Handbook of language and literacy: Development and disorders* (pp. 154 –

174). New York: Guilford Press.

Washburn, E. K., Binks – Cantrell, E. S., & Joshi, R. M. (2013). What do preservice teachers from the USA and the UK know about dyslexia? *Dyslexia, 20,* 1 – 18.

Wolf, M. (1984). Naming, reading, and the dyslesias: A longitudinal overview. *Annals of Dyslexia, 34,* 87 – 115.

Wolf, M. (1997). A provisional, integrative account of phonological and naming speed deficits in dyslexia: Implications for diagnosis and intervention. In B. Blachman et al. (Ed.), *Foundations of reading acquisition and dyslexia: Implications for early intervention* (pp. 67 – 92). Mahwah, NJ: Erlbaum.

Wolf, M. (2015). 책 읽는 뇌(이희수 역). 경기: 살림출판사. (원전은 2007년 출판).

Wolf, M., & Bowers, P. G. (1999). The double – deficit hypothesis for the developmental dyslexias. *Journal of Educational Psychology, 91,* 415 – 438.

Wolf, M., Miller, L., & Donnelly, K. (1999). Retrieval, automaticity, vocabulary elaboration, orthography (RAVE –O): A comprehensive, fluency – based reading intervention program. *Journal of Learning Disabilities, 33,* 375 – 386.

Yaden, D., Rowe, D., & MacGillivray, L. (2000). Emergent literacy: A matter (polyphony) of perspectives. In M. Kamil, P. D. Pearson, R. Barr, & P. Mosenthal (Eds.), *Handbook of reading research* (pp. 425-482). Mahwah, NJ: Lawrence Erlbaum Associates, Inc.

Young, A., & Bowers, P. G. (1995). Individual difference and text difficulty determinants of reading fluency and expressiveness. *Journal of Experimental Child Psychology, 60*, 428 – 454.

Ziegler, J. C., & Goswami, U. (2005). Reading acquisition, developmental dyslexia, and skilled reading across languages: A psycholinguistic grain size theory. *Psychological Bulletin, 131*, 3 – 29.

찾아보기

저자 소개

정종성(Jongseong Jeong)

청주교육대학교 교육학과 교수. 서울교육대학교를 졸업한 후 초등교사로 근무하였으며, 일리노이 대학교 특수교육과에서 학습장애전공으로 박사학위를 취득하였다. 초등학교 저학년 아동의 문해력 발달 양상을 파악하고 이를 바탕으로 또래 아동과 문해력 격차가 큰 아동을 찾아 교육적 개입을 시도하는 데 관심을 가지고 있다. 읽기부진에 대한 연구와 더불어 난독증에 대한 오개념을 바로잡고 난독 아동을 선별, 진단, 중재하는 일련의 절차를 개발하기 위한 연구를 진행 중이다.

최진오(Jinoh Choi)

국립창원대학교 특수교육과 교수 및 교육대학원 부원장. 서울교육대학교를 졸업한 후 교사로 근무하며 학습부진 및 학교부적응 학생들을 지도하던 중, 역량에 한계를 느껴 학교를 그만두고 미국으로 건너가 일리노이 대학교에서 학습 및 정서행동 장애를 전공하였다. 귀국 후에는 대학에서 예비교사들을 가르치고 있으며, 전국을 다니며 학습부진 및 학교부적응 학생지도에 대한 상담과 연수 프로그램을 진행하고 있다. 주요 연구 분야는 학습부진, ADHD, 다문화학생 학교부적응 등으로, 이와 관련하여 40편이 넘는 논문과 저서를 발표하였다.

읽기의 심리학에 기초한

읽기잠재력 키우기

Developing Reading Abilities of Children with Reading Difficulties

2022년 1월 10일 1판 1쇄 인쇄
2022년 1월 20일 1판 1쇄 발행

지은이 • 정종성 · 최진오
펴낸이 • 김진환
펴낸곳 • (주) **학지사**
　　　　　04031 서울특별시 마포구 양화로 15길 20 마인드월드빌딩
대표전화 • 02)330-5114　　　팩스 • 02)324-2345
등록번호 • 제313-2006-000265호

홈페이지 • http://www.hakjisa.co.kr
페이스북 • https://www.facebook.com/hakjisabook

ISBN 978-89-997-2544-9 93370

정가 15,000원

출판 · 교육 · 미디어기업 학지사

간호보건의학출판 **학지사메디컬** www.hakjisamd.co.kr
심리검사연구소 **인싸이트** www.inpsyt.co.kr
학술논문서비스 **뉴논문** www.newnonmun.com
교육연수원 **카운피아** www.counpia.com